本书获得济南大学出版基金资助
(Publishing Fundation Project of University of Jinan)
教育部哲学社会科学研究后期资助项目08JHQ0034

The Research of Greenblatt Cultural Thought

格林布拉特文化思想研究

傅洁琳◎著

中国社会科学出版社

图书在版编目（CIP）数据

格林布拉特文化思想研究 / 傅洁琳著．—北京：
中国社会科学出版社，2015.3
ISBN 978－7－5161－5495－3

Ⅰ．①格…　Ⅱ．①傅…　Ⅲ．①格林布拉特，S.—文化
思想—思想评论　Ⅳ．①G0

中国版本图书馆 CIP 数据核字（2015）第 018526 号

出 版 人　赵剑英
责任编辑　门小薇
特约编辑　盖　克
责任校对　王　斐
责任印制　戴　宽

出　　版　中国社会科学出版社
社　　址　北京鼓楼西大街甲 158 号（邮编 100720）
网　　址　http：//www.csspw.cn
　　　　　中文域名：中国社科网　　010－64070619
发 行 部　010－84083685
门 市 部　010－84029450
经　　销　新华书店及其他书店

印　　刷　北京君升印刷有限公司
装　　订　廊坊市广阳区广增装订厂
版　　次　2015 年 3 月第 1 版
印　　次　2015 年 3 月第 1 次印刷

开　　本　710×1000　1/16
印　　张　15.75
插　　页　2
字　　数　228 千字
定　　价　49.00 元

凡购买中国社会科学出版社图书，如有质量问题请与本社联系调换
电话：010－84083683

目录

Contents

前　言

格林布拉特（Stephen Jay Greenblatt，1943—）首先倡导的新历史主义与文化诗学理论如今已经成为当代欧美一个渊源广泛、影响颇深的理论批评流派，并成为当代欧美文学理论的重要组成部分。这一诗学理论主要以跨学科的文本阐释为特点，格林布拉特也被哈佛大学命名为“跨学科人文教授”和“新历史主义之父”。本书主要在与其他流派、与其他相关理论家的比较分析的基础上，探索格林布拉特的学术渊源，进而力求厘清与阐明格林布拉特新历史主义与文化诗学理论的特点，探讨格林布拉特新历史主义与文化诗学理论的理论价值。

格林布拉特理论研究隐含着两个层面的观点：一是断裂的历史观。格林布拉特认为历史不是稳定的，不是确定的，而是一种充满着断裂、偶然、间断的存在，历史是不断构建着的。二是整体的文化观，这种整体观与历史的断裂性并不矛盾。格林布拉特认为人的本质不是稳定的，而是一种不断塑形的过程，文化是一种系统的“隐喻性”结构，人类的文化是流动的，不断构建着的。本书根据这两个层面对格林布拉特新历史主义与文化诗学理论进行分析阐述。从某种角度讲，“新历史主义”更多是指一种理论研究方法，在这种理论努力中，必然将文学文本和非文学文本互相对照阐述，论证与探讨它们在内在结构、隐在的符号化等方面的潜在联系与区别。新历史主义意味着对文学与历史内涵的多重阐释与理论构建。

本书第一章介绍格林布拉特的学术经历，采用他自己的理论术语将其学术历程描述出来，并从散见在各论文中的个人故事叙述拣择出他的生活故事，尽可能地从感性的、生活的层面介绍格林布拉特。格林布拉特曾谈起他早期学术生涯中的一些奇特经历和稍纵即逝的机遇。在格林布拉特看来，人的本质不是一个稳定的、完成了的存在，而是一种动态的流动变化过程，具有历史性，他对"自我造型"的阐释，就植根于这样的哲学见解中。再者，故事叙述（story-telling）在格林布拉特的文化诗学理论研究中占有重要地位，正是通过这些叙述（narrative），表明人的历史是如何被构建、被塑形的，这些叙述被融进文化诗学理论探讨之中。格林布拉特的文本结构，体现了文学文本和生活、文学文本与社会文本的零距离和平等性，也体现了格林布拉特作为一个跨学科学者的文化学术理念。不仅文学文本中存在着审美的魅力，生活本身乃至世界上的一切，都同样存在着某种审美的踪迹，蕴含着审美的价值。当然，审美意义并不是独立于社会生活之外的存在，它也内蕴了主流意识形态话语抑制与颠覆的复杂因素。

本书也介绍了格林布拉特新历史主义与文化诗学的三个重要概念。"新历史主义"和"文化诗学"概念经常混同使用，但是各有侧重，是一对共同点颇多，但是又有一定差异的概念。对于新历史主义这一概念，应着重从历史诗学角度加以理解；而文化诗学主要是指从文化的广阔视域寻绎文学与诸文本之间的关系，发见其诗性品质以及其意识形态政治内涵的理论。第二章首先从历史诗学的角度介绍了新历史主义，新历史主义强调抹除历史与文学边界，从而在理论上消解了文学与历史、文学与生活、文学文本与非文学文本的二元对立。现实的历史是无法再现的，能够再现的大都是以文本形式存在的，特别是因为主流意识形态的规置和政治制度的压制，人们不可能把事态的真相全部记入历史，社会权力结构、意识形态因素规制了文本的潜在意义，所以历史文本不是整体的、稳定的而是断裂的，在这种断裂的缝隙中潜存着某些审美特质，所以历史文本也是文化诗学分析的对象。历史叙述里包含了诗学因素，它暗合了主导性历史符码或意识形态符码，既迎合又构建了主流意识形态。作为主流意识形态话语的传统历史文本，往往意味着对边缘化生存的盲视和对异己力量的删除。同时，在文学文本中存在着政治的和主流意识形态压制与颠覆的张力，作家的个性、作家的人格、作家的创作目的、作品的流通等，都并不是完全自主的，文学文本参与了权力结构的构成，因此，文本与社会能量是双向交流、多次往复形成的。按照新历史主义的观点，人的存在是众多社会文化因素合力的结果，并且人是社会网络结构中的不能忽视的力量，人不是被动地生存着的。

其次，从诗学概念的生成以及整体文化视域介绍了“文化诗学”。文化诗学把人类生存看成是一种隐喻性模式，将一切人类活动都看成一种文化文本，在文本的阐释中体验文化的诗性魅力。当然，“文化诗学”更多的是指对于文学的文化阐释与解读策略。它是将文学文本纳入特定历史时期以及所处文化机制的关系之中反复加以分析描述，从而赋予作品完整的集体性经验。

本章还分析了“轶闻主义”这一新历史主义与文化诗学的重要内容或者方法。“轶闻主义”是格林布拉特新历史主义与文化诗学主要使用的文本阐释手段，体现了格林布拉特新历史主义与文化诗学的历史意识和文化观念。格林布拉特对轶闻（anecdote）、尘封的档案资料、警察记录、航海日记等非正史资料有着非凡的兴趣，这也是所有新历史主义学者理论写作的一个重要特点。这种对轶闻的重视，上升到方法论的高度，就是对非主流历史的关注和重视，对边缘化生存意义的肯定。格林布拉特认为以往被排斥在正史之外的轶闻，具有可以“触摸到真实”和“反历史”的诗学特点。

第三章分析格林布拉特新历史主义与文化诗学与其他理论批评流派的关系，从一个宏观的文化层面，多角度阐述了格林布拉特理论的主要特点。首先介绍新历史主义历史观的来源、发展以及历史转向的特点，并分析了文化诗学整体文化观的理论发展脉络和主要内涵，以及格林布拉特的新历史主义与文化诗学理论产生的现实理论语境。然后，从格林布拉特与西方马克思主义的理论纠葛入手阐述了传统马克思主义和西方马克思主义与新历史主义与文化诗学理论的隐在关联。在格林布拉特看来，马克思主义揭示了资本主义原始积累时期的残酷性，并把它上升到历史必然性的高度，说明了资本主义血腥发展的实质。但是这种抽象概括很容易丧失文本对黑暗时代叙述的诗学品质，从而无意中把人们感性的痛苦归化成抽象的概念，进而失掉文本中震撼人心的诗学力量。论文着重从威廉姆斯和杰姆逊两个人的理论见解入手，分析格林布拉特的理论研究与其他文化批评理论之间的互文性特点。再者，分析文化人类学与格林布拉特理论之间的关系。本书从人类学文化整体的视角，探讨格林布拉特整体文化观与文化诗学的来源和特点，其中提到了“厚描”和“隐喻性”结构两个概念。在格林布拉特看来，现实生活中的一切无不是某种“隐喻”的表达，隐藏着诗性的意义，因此，文化诗学就是在人类文化的整体范畴里的一种诗性阐释和“隐喻性”发现，它意味着将文学与文化以及人类一切有意义的事件联系起来的一种理论努力。同时，从读者批评理论的角度来分析格林布拉特的文本阐释策略，以厘清格林布拉特文本阐释中对读者参与的重视。没有读者的积极多重的交流和互动，格林布拉特的理论是无法成立的，如果阅读和阐释使读者和评论家参与到文本的构建之中，那么就必然包含一定的政治倾向和意识形态态度。这种读者参与其中，被文本激活的情感和理性力量，就是格林布拉特所说的“惊叹”和“共鸣”。

第四章重点阐述了格林布拉特对文艺复兴时期的“自我造型”文本阐释的研究成就与主要特点。首先探讨了关于欧美文化传统中“自我”概念发展的理论脉络，然后把格林布拉特的观点放在与其他理论家观点的比照中凸显格林布拉特“自我造型”理论的特点。格林布拉特通过对文艺复兴时期从莫尔到莎士比亚这些作家作品的分析发现，这些作家的自我造型主要是向专制权力和权威的强烈反抗与顺从承认同时存在，是通过对异己形象的反叛才得以塑形的。在格林布拉特看来，自我造型是在与主流意识形态以及他异因素的颠覆、抑制的矛盾冲突中逐步实现的，这种“自我造型”体现了自我在塑形过程中被压抑、被化解的动态过程，凸显出自我与权力结构、意识形态无处不在的内在关联。文学阐释中的自我是在历史的合力中形成的。在格林布拉特看来，“自我造型”是一种综合性的文化行为，它包含了作者的创作、文本的呈现与实现，以及阅读与阐释，这种文化行为相互联系、多次反复，不是一次性完成的，是一种特定文化中多重意义复杂互动的意识。任何的人类行为绝对不是真空中的行为，而是处于受到他人的影响，与对他人的影响之中，所以，任何的界限都只是一种形而上的愿望和表达，是一种理论规范和认识实现的需要。

第五章从格林布拉特文本阐释的跨学科特点入手，分析格林布拉特文本阐释的主要内容。格林布拉特通过对文艺复兴时期莎士比亚戏剧的研究，以具体的审美实践阐释新历史主义对理论疆界的跨越。首先介绍了格林布拉特文本阐释的对话主义和狂欢化特点，把格林布拉特的理论与巴赫金的诗学联系起来分析解读。这种对话主义和狂欢化旨在形成对主流意识形态的颠覆与反抗，也力避形成新的学术权威和权力话语。其次介绍了格林布拉特文本阐释的不同层面和不同特点。首先分析了格林布拉特理论对文学文本与历史文本界限的消解。文学是社会历史构成因素中最具人性化和情感力的因素，历史是被激活的历史，而不是僵化的事实和文学背景，文学与历史从来就没有确定的疆界，在两者互相渗透、互相构塑的过程中，形成现实的张力。该书还介绍了格林布拉特文学文本与社会能量的“商讨”“交易”“流通”理论，格林布拉特把文学文本放在社会文化的广泛视域里加以解读，进而将文学文本和社会文本的界限消解。格林布拉特认为，艺术作品的形成隐含着社会能量的商讨（negotiation）与交易过程，涉及社会的主宰通货——金钱与声誉，从而揭示出艺术和社会、历史、经济的复杂关联。另外，格林布拉特在文本阐释的审美效果“惊叹”与“共鸣”的论述中体现了他对文本诗学性质的重视。格林布拉特尽管强调意识形态无处不在的权力结构，那种普遍的抑制颠覆和塑形，但是他也注意到了伟大作品超越意识形态的特点，因为吸收了特定时代的语境因素，而产生了艺术作品伟大的艺术力量。格林布拉特提到了“文学的共鸣性质”，主要指文学文本中所包含的审美内涵，其中也包含了各种社会能量的相互作用的张力，它激活和产生了新的文本力量。所以文学阅读不是一个对象化的过程，而是一种能量的冲突、融会和交流的过程，也是自我力量的形塑和新的文本产生的过程。

第六章着力探讨和阐述格林布拉特的权力观。格林布拉特深受福柯权力观的影响，认为有时候权力是一种令人捉摸不定的思维方式。权力有时候是存化于人们思维的深处的潜在力量，它决定了人们的行为和命运，这种权力涉及宗教、习俗、心理结构、社会制度、家庭伦理等社会的方方面面，而文本的产生就是文本与社会力量之间“商讨”的结果。在格林布拉特看来，这些无形的权力角逐、运作和生活的诗性内涵一样都是生活的真相。格林布拉特使用诸如哥伦布发现新大陆等原始资料分析阐述和揭示了殖民过程中的权力征服。殖民过程是在宣布王权占有的仪式和赠送一些玻璃珠子等小礼物的友好气氛中进行的，这样，知识文化和权力结合起来共同成为殖民权力的工具。这种本质就是一种内在的真实，触摸真实，就会发现事件的权力真相。殖民者不会想到那些被殖民的当地人是一些行为个体，或者与自己一样的、独立的生命存在，而是把他们看成是另类的“他者”，是一种物化的存在。这种潜在的思维意识，构成了一种无形的、潜在的文化暴力，通过将他人在思维上非人化，保持了自己优越的占领者的优势，并以此忽略和遮蔽侵略行为的险恶目的。

可以说，格林布拉特对社会文本和文学文本的分析，根本着力点并不完全在于对文本的美学性质、语言特点等的形式主义分析，而是在于通过在文本阐释中不断重构文本，发见被隐藏在的主流意识形态和政治力量塑形下的历史因素。格林布拉特文化诗学的跨学科特点，不仅是对大学或研究机构中已经确定的学科的跨越，也是对文本与社会生活的跨越，这是一种新的理论研究理念，所有的学科之间、学科与生活之间都是相通的。从某种程度上说，格林布拉特的贡献在于将文本阐释与社会政治、经济等一切现实活动结合起来，着力透过文学文本发现现实的物质流动，并在社会文本的剖析过程中发现文学艺术与审美的踪迹。格林布拉特从宏阔的角度探索人类文化活动的意义，所以并不囿于一个领域，所有的人类文化现象，都是其关注的中心，所以是跨学科的，是一种网络化的文化阐释方式。格林布拉特的新历史主义与文化诗学以独特的研究方法和理论思维方式改变了文学理论批评的研究范畴，对文学研究发生了革命性的影响，并广泛渗透到小说、诗歌、戏剧以及电影、电视等多种文艺样式之中，体现于创作实践和理论批评等各个文艺活动层面，具有重要的理论价值和现实意义。

应该特别提到的是，本书写作初期即与格林布拉特本人取得联系，一直得到启发和鼓励。本书主要有三个方面的特点。第一，对格林布拉特的个人学术经历以及理论阐述并没有完全局限于国内的译介，而是从断裂的历史观、整体的文化观两个层面，将格林布拉特的理论放在与其他相关理论家相联系的基础上，进行横向与纵向的比较阐释，具有理论新意。第二，格林布拉特的论文论著译介过来的不多，且国内尚无关于格林布拉特理论研究的专著发表，所以本书很大部分采用此前国内未曾使用的第一手资料，在深入阅读格林布拉特的原作的基础上构思完成，对格林布拉特的学术思想有较为独特的阐发和理解。再者，格林布拉特对于新历史主义与文化诗学的理解，是建构在跨学科的理论研究之上，特别是对于莎士比亚作品的深入研究，给研究者形成很大的挑战。第三，本书没有把格林布拉特作为新历史主义与文化诗学理论的标签进行抽象研究，而是把他还原成富有个性、见解独特的理论批评学者，对他的理论和学术结构进行分析和研究，并着力复制他汪洋恣肆、没有成见的写作风格，并将格林布拉特的理论思维内化于论文的实际写作当中，多层面、多角度地阐述格林布拉特的文化思想。

导　论

在当代西方文学批评理论中，“新历史主义”是一个重要的流派，有时又被称为“文化诗学”，国内外很多著名学者对此作了深入的研究。到了21世纪，学术界仍然对“历史转向”和曾经有过的“文化转向”一样热衷，各个人文学科大都喜欢冠以“历史”或“新历史”一词，“在历史的天空下”和“在历史的视野里”成为一种理论时髦。新历史主义研究的热情目前还远没有结束。在这种理论情势下，我把研究集中在对新历史主义的领军人物格林布拉特（Stephen Jay Greenblatt，1943—）的理论解读上。因为格林布拉特的理论研究主要涉及新历史主义和文化诗学两个层面，这两个层面又基本密不可分，所以在分析阐述格林布拉特的理论构成时，本书特别将格林布拉特的新历史主义与文化诗学连接成一个核心名词进行研究和阐述。

格林布拉特首先倡导的新历史主义与文化诗学理论，如今已成为当代欧美一个渊源广泛、影响颇深的批评理论流派，并成为当代欧美文学理论的重要组成部分。这一诗学理论主要以跨学科的文本阐释为特点，格林布拉特因此也被哈佛大学命名为“跨学科人文教授”和“新历史主义之父”。应该说，格林布拉特的新历史主义与文化诗学理论，是在当代欧美理论批评广阔的学术背景中勃兴和展开的。当代学术研究基本处于一个跨学科的时代，从20世纪60年代以来批评理论的跨学科态势已经极度明显，比如新马克思主义、后殖民主义、新女权主义、新历史主义、文化研究等无不如此，离开了跨学科的理论研究方法，就很难有当代欧美批评理论的繁荣，也较难有理论的新见和独特的理论贡献。

格林布拉特的理论思想和学术话语都深嵌在西方传统文学理论语境之中，与当代欧美其他流派的文学批评理论具有深刻、复杂的内在联系。格林布拉特由于受到同时代的新潮思想，如新马克思主义、后结构主义、人类学、文学阐释学、后殖民主义、新女性主义等的影响，他的文学研究和文学批评理论有异于传统的历史主义批评方法。特别是格林布拉特对自我的建构、对文学及文学史的解读，以及他的文化诗学理论都具有跨学科的理论性质，具有政治批判性，具有批判主流权利话语的现实姿态，更具有多重复杂的理论视角。

近年来，随着文化研究理论的兴盛，格林布拉特多次撰文探讨文化问题，其跨学科文化诗学理论逐渐融合进文化研究的理论潮流之中。因此，也有很多欧美学者认为新历史主义就是广泛意义上的文化研究的一部分，而文化诗学理论几乎就等同于新历史主义理论，特别是 1986 年格林布拉特自己就在《通往一种文化诗学》一文中畅谈新历史主义，在此文中他不断提及文化诗学的理念。这篇文章被视为新历史主义的宣言，同时也造成了国内批评理论界的理论困惑：到底是新历史主义还是文化诗学？怎样界定格林布拉特提到的文化诗学？这种文化诗学的历史渊源和主要特征是什么？

因此深入探讨格林布拉特的新历史主义与文化诗学理论，具有重要的理论与现实意义。2007 年春，笔者曾就新历史主义和文化诗学的有关问题用 E-mail 的形式请教格林布拉特，并有幸得到格林布拉特教授的指导和惠寄资料，于是，探索格林布拉特的学术历程，悟解格林布拉特的理论思想，就成为本书写作的一个重要契机。

在初步选好关于格林布拉特新历史主义和文化诗学研究的论著题目，并查阅了国内外大量资料后，心里便存在很多理论疑惑。虽然新历史主义已经被认可的根本特征是冲破文学与其他学科的界限，跨向人类学、历史学、艺术学、政治学乃至经济学等学科，关注“文化的文本间性”，但是新历史主义很少涉及个体生命活动、审美实践之类感性问题，给人的感觉好像是理性的、形而上的、经济化的、政治化的，几乎脱离了对文学性的关注。例如，蒋述卓先生谈到，中国的文化诗学不能被视为是一种文学的外在批评，就在于它保持了审美性，这也是与西方文学批评中的新历史主义区别开来的重要标志。西方新历史主义是对20世纪初二三十年代新批评的一种反拨，将过分注重文学内部的文本批评的趋势作了大的扭转，更多地强调对作者与社会文化、政治境遇以及意识形态关系等方面的研究，以及对作品如何被社会所接受并且参与政治与社会运动过程的研究。新历史主义着重在批评的历史社会学取向上，离开文学审美性的趋势已很明显。因此，我们现在所提倡的文化诗学不同于格林布拉特所主张的那种属于新历史主义范围内的文化诗学。中国文化诗学既是文化系统的实证性探讨与文学审美性描述的统一与结合，又是文学外在研究与内在剖析和感受的统一与结合，是西方哲学化批评与中国诗化批评的结合。[①] 蒋先生的想法是把格林布拉特的文化诗学看成与文学审美性较少关联的学说，因此才有这种辩证的区别，这一观点很典型。可以说，认为新历史主义忽略文学的审美性质，应该是学界比较普遍的观点。2007年初春，笔者借助E-mail就某些问题请教格林布拉特，并向他坦陈了自己较为肤浅的看法，现翻译如下：

笔者：文学艺术不仅与历史环境、政治、阶级等社会因素有关，更重要的是个体审美经验的表达和追求，是一种具有审美价值的情感表达方式。文学文本与历史文本的不同之处就在于文学更多地渗透了个体生命的感性追求，在自觉与不自觉之间，作家企图通过文学艺术表达自己生命的畅想和生存的感受，宣泄自己的审美理想和对现实的不满与希冀，所以，我认为新历史主义缺少生命感性的维度，它仅仅强调文学中的历史、政治、阶级、商讨、流通等因素，其实，每个人都在潜意识中抗拒着这种种社会理性的约束和规范，希冀一种审美的自由和生命的解放。实际上，感性的、美的、理想的乌托邦式的生存是人类内在的生命

---

① 参见蒋述卓主编《批评的文化之路》，中国社会科学出版社2003年版，第8页。

追求。人类除了经济的、理性的追求之外，更存在着审美的生存需求。理性的存在和感性的存在矛盾和冲突着，构成人类生命的意义和张力。您认为我说的对吗？

格林布拉特：我很同意你的观点，历史环境、政治、阶级等的确不能概括艺术家所能够表达的一切。至少在我看来，在艺术家的内在的生活和人们所生存的社会、历史的环境之间有着巨大的间离，这些有时似乎对我造成了某些误导。你所感兴趣的艺术的维度——情感的、理想的和解放的因素——当然是存在的，并且实际上非常重要。但是，在很长一段时间里，至少在我受教育的时期里，英美形式主义与此有很大的不同。我很怀疑，在你的文学训练过程中，这些生命真实的维度是完全自主的，好像历史就是一种装饰性背景，某些东西被礼貌地认可，然后就被遗忘了。我反对这种遗忘。

格林布拉特简洁的回答给我们开启了一个思考此类问题的新的维度，激发了我对新历史主义诸多问题的深入思考。格林布拉特的回答主要涉及三个层面的内涵。

第一，格林布拉特认为，“好像历史就是一种装饰性背景，某些东西被礼貌地认可，然后就被遗忘了。我反对这种遗忘”。在格林布拉特看来，传统历史主义认为有一个确定的、客观的历史可以叙述和观照，它是背景式的存在。而新历史主义打开了新的视角，它从一个更广阔的高度揭示人类审美、生命体验的内涵与构成。“文学是活的历史”，不能因为文学的审美性而忽略文学的社会历史含义。从某种意义上讲，历史就是构塑你生活的每一个事实，它不是彼岸的、背景的东西，而是生命的成长与延展，是社会变革与社会存在的一部分。文学艺术不是对社会生活和时代规律的单一反映和观照，而是作家在多重文化意义上相互阐释构塑的结果。这种观点也可以说是“新历史主义”与传统历史主义的显著区别。

第二，在文本阐释中，艺术的维度是很重要的。格林布拉特谈到，“你所感兴趣的艺术的维度——情感的、理想的和解放的因素——当然是存在的，并且实际上非常重要”。实际上，如果脱离了对文本魅力即审美特点的关照，格林布拉特的文本阐释就不可能会有什么理论影响，也不可能产生理论的共鸣和意义。这种共鸣和意义从来都不是透明的、纯粹的，而是复杂的、多角度的，格林布拉特是把文学文本放在特定时期的权力话语结构中加以分析，发现在文本的诗性之下隐含的意识形态镜像以及社会权力的运作。格林布拉特说：“因为毫不费力就得到关于艺术的两种明显相互矛盾的说法，正是20世纪末美国资本主义的特点，是艺术与资本关系中各种长远发展倾向的结果。审美与真实之间的功能性区别的确立与取消是同时发生的。”① 格林布拉特在《文艺复兴时期的自我塑造——从莫尔到莎士比亚》中阐述了作家创作活动与意识形态权力的内在关联，主流意识形态话语潜在地限制和塑形了作家的内在的自我，而文学艺术的审美性是在对权力结构的颠覆与拆解的裂隙中呈现出来的，存在着一种“惊叹”和“共鸣”的审美效果。格林布拉特是一个有独特理论见解的学者，他在诸多文章中使用文化诗学（Cultural Poetics）的概念，特别是在谈及文本阐释中的审美魅力时频繁使用，说明无论怎样界定和理解格林布拉特文化诗学这一理论范畴，都会涉及潜存于诸种文本中的诗性审美因素。

第三，生命真实的展现是不自主的，肯定要受到内在与外在诸种社会因素的影响。格林布拉特通过对文本的文化分析和诗学阐述，采用广泛的跨学科文本阐释策略，揭示文本中潜存的权力结构和主流意识形态力量，发见各种文本中习焉不察的主流意识形态话语，实际上，这是格林布拉特一切理论研究的内在生发点。格林布拉特是把对文学与文学史的研究放在意识形态、社会心理、权利斗争、民族传统、文化差异的综合文化场域中进行整合分析和研究，揭示被主流意识形态所压抑的异在的不安定因素，揭示出在这种复杂社会状况中文化产品的社会品质和政治意向，因为这种种因素常常是以隐蔽的方式传达出来的。无疑，作家

---

① Stephen Greenblat, *The Greenblatt Reader*, Edited by Michael Payne, Blackwell Publishing, 2005, p. 24.

和文学作品与意识形态、权利话语有着内在的、难以割舍的复杂关系。

正是通过这样的复杂探视和深入研究，格林布拉特把对文学文本的阐释与社会政治、经济等一切现实活动结合起来，并努力透过文学发现现实的物质流动，又着力在文学文本和社会文本的比照和剖析过程中，发现文学艺术与审美的踪迹，从而表达了对人类现实生存与生命的深切关怀。现实、历史、文学艺术、政治生活、社会存在等以平等的价值和距离被释放在同一历史平台上，共同进入格林布拉特的理论研究视野，它们重重交织，相互影响和阐释，构成格林布拉特新历史主义与文化诗学研究的广阔理论视域，形成了跨学科、多角度的理论特点。

总体来说，格林布拉特首倡的新历史主义与文化诗学理论，在美国已经形成比较成熟的理论研究领域。随着时间的推移，“新历史主义”一词逐渐成为一种意义基本明确的概念。但是，格林布拉特伯克利分校的同事们很早就发现，格林布拉特后来还是经常使用“文化诗学”这一概念，并公开反对一些学者对“新历史主义”僵化的、体制化的理解。可以说，格林布拉特的这种做法，来自他力图消解学科理论边界的艰难努力。在 2000 年哈佛大学英语系师生见面会上，格林布拉特谈到，一些高校竟然在《北美现代语文学会学刊》（*PMLA*）上登载招聘“新历史主义”师资的广告。格林布拉特断然否认有这门学科或者研究方向，更质疑竟会出现专门研究“新历史主义”的专业人员。[①] 2000 年，格林布拉特和伽赫勒（Gallagher）合作出版《新历史主义实践》（*Practicing New Historicism*）一书。他们在这本书的前言中也谈到了这件事情，仍然感到难以置信。该书质疑说：“新历史主义”仅仅是几个表示新的阐释实践的词而已，其实并不真实存在，怎么会成了一个“领域”呢？它是什么时间发生的？我们怎么没有注意到呢？如果这是一个领域，那么，谁对此做了专业鉴定？这些专业鉴定又包含什么内容？确实，我们都知道某些历史和新历史主义原则，但是我们首先知道的是它

① 朱刚编著：《二十世纪西方文论》，北京大学出版社 2006 年版，第 395 页。

（或是我们）拒绝体制化。我们从来没有构建什么系列理论主张，也没有发布什么纲领。我们没有为自己规划什么，更不用说为别人策划什么了。当我们与文学作品遭遇的时候，总有一些问题要提出来，以形成新的历史阅读。我们不能傲慢地反对别人说，"你不是一个真正的新历史主义者"。确定性的观念看起来似乎一直放错了地方，因为新历史主义并不是一个可以规定谁可以进入、谁要被排斥的、一致的、紧密联系的流派。"新历史主义"一词主要是用于某些特殊种类的批评实践，很多地方和我们不同。这本书不是要捕捉这种丰富的变化，这里我们只代表我们自己说话。"新历史主义"一词起初意味着对美国新批评的反拨，是一种异议和狂热的好奇相交织的产物，它不是要建立模式或程序。[①] 在这种情况下，我们有必要追溯一下国外与格林布拉特相关的"新历史主义"研究状况。

1980 年，加拿大批评家麦肯利（Michael McCanles）在研究文艺复兴文化的论文中首先使用"新历史主义"一词，但是并没有引起足够的反响，这个名词的确立和重要的理论价值最先是由格林布拉特赋予的。1982 年格林布拉特在《文类》（*Genre*）学刊上组编一系列关于文艺复兴研究的论文，这组论文体现了一种"新历史主义"理念，引起了美国学术界的理论反响。由此之后，"新历史主义"一词出乎意料地逐步成为批评理论界一种新的方法论，或者一种新的理论研究的思潮。格林布拉特说："如果不是对新历史主义下一个定义，至少应该将它界定为一种实践——一种实践，而不是一种教义，因为就我而言（我应该是知情者之一），它根本不是教义。"[②] 从新历史主义产生之始，对于格林布拉特来说，对具体文本的文化阐释就是一种理论实践。

1989 年，H. 阿兰穆 · 威瑟教授编辑出版了《新历史主义》论文

---

① Gallagher C. & Greenblatt S., *Practicing New Historicism*, Chicago: The University of Chicago Press, 2000, pp. 1–2.

② ［美］格林布拉特：《通向一种文化诗学》，载张京媛主编《新历史主义与文学批评》，北京大学出版社 1993 年版，第 1 页。

集,[1] 成为新历史主义的重要研究资料，其中收入的格林布拉特的文章《走向一种文化诗学》是研究新历史主义的颇有影响力的权威资料。国内学者张京媛主编的《新历史主义与文学批评》一书，基本上以威瑟教授的集子为蓝本，同时收入了海登·怀特、弗雷德里克·杰姆逊等人的文章。廖炳慧说，美国新历史主义学者之中，专以文艺复兴为研究主题，且不断撰文或编辑专刊推动“新历史主义”的，在西岸有格林布拉特，东岸有弗格荪（Margaret Ferguson）等人。在美国境外，往往以英文发表且在美国出书，极力倡导新历史主义的，在德国有威曼（Robert Weimann），在意大利有莫拉提（Franco Moretti），在加拿大有帕克（Patricia Parker）等等。[2] 新历史主义在美国兴起以后，《表述》（*Repersentations*）、《美国季刊》（*American Quarterly*）、《文化批判》（*Cultural Critique*）、《美国历史评论》（*The American Historical Rewiew*）等刊物都发表了众多关于新历史主义的评论文章。

1992 年，美国现代语言学会出版了由格林布拉特和吉利斯·伽尼（Giles Gunn）合编的论文集《重划疆界》（*Redrawing the Boundaries*）。该书收录了 21 篇思想各异、风格不同的论文，以呈现传统学科界限的坍塌和新的理论视域的拓展。该论文集收录的文章主要有非裔美国文学批评、后现代研究、女性批评研究、后殖民批评、马克思主义批评理论，等等，其中蒙特洛斯的《新历史主义》也收录于此。在格林布拉特与伽尼所写的前言中谈道：“展望理论边界问题的前景，我们意识到文学不是一次性完成的东西，而是一个不断构建着和重构着的并不断转换概念范畴和限度的产品。”[3]

1993 年，格林布拉特编辑出版《遭遇新大陆》（*New World Encounters*），以哥伦布发现新大陆的事件为历史史实，通过对航海日志、档案

---

① H. Aram Veeser ed. , *The New Historicism*, New York: Routledge, 1989.

② 参见廖炳慧《新历史观与莎士比亚》，载张京媛主编《新历史主义与文学批评》，北京大学出版社 1993 年版，第 267 页。

③ Stephen Greenblatt S. & Gunn G. ed, *Redrawing The Boundaries*, New York: The Modern Language Association of American, 1992, p. 5.

记录、庭审纪实以及当时的历史报道等被正史忽略的“小历史”资料的考察研究，分析阐释 1492—1616 年哥伦布发现新大陆的历史实质，打开历史尘封的档案，以“触摸真实”（touch the real）、透视历史的真相。

应该注意到，新历史主义学者大多对 16 世纪文艺复兴时期的戏剧很感兴趣，他们主要通过对文艺复兴时期的戏剧与当时的社会语境的内在关联，寻绎意识形态政治对自我、文本、戏剧的种种抑制与颠覆的过程。1997 年，科欧斯（John D. Cox）和卡斯特恩（David Scott Kastan）共同编辑出版了《早期英国戏剧的新历史主义》（*A New History of Early English Drama*）。[①] 格林布拉特在这本书的序言中谈到，《早期英国戏剧的新历史主义》这本书并不是在讲一个简单的故事，也不是为了激发读者去想象几个世纪前的剧场活动仅仅只是威廉·莎士比亚生涯的精心准备和排练的结果，甚至也不是为了阐释文本和过去的物质踪迹而提供一种直白的、统一的文学理论定义。该书抛弃了对线性叙述和文学必胜信念（literary triumphalism）的心理满足，而致力于提供一种关于早期戏剧的更为广阔的、令人迷惑和甚为复杂的画面。[②] 这部论文集收录了 25 篇论文，内容主要涉及令人惊叹的文化景象、戏剧与市民文化、戏剧与民族文化、戏剧与文学文化、审查制度、观众、戏剧与宗教文化、剧本的出版、戏剧脚本等。这些论文从诸多层面探讨戏剧与各种社会制度、习俗、宗教、社会心理等的复杂关联，考察戏剧与当时各种社会能量多重互动与交流的关系。

1999 年，德国学者彼特（Jürgen Pieters）编辑出版了《批评的自我塑形——格林布拉特和新历史主义》（*Critical Self-Fashioning*：*Stephen*

---

① 参见 John D. Cox and David Scott Kastan eds.，*A New History of Early English Drama*，Columbia University Press，1997。

② 参见 Stephen Greenblatt，Foreward，In John D. Cox and David Scott Kastan eds.，*A New History of Early English Drama*，Columbia University Press，1997，p. xiii。

Greenblatt and the New History)①，该书收录了10篇重要的关于格林布拉特新历史主义与文化诗学理论研究的论文。这些文章主要从格林布拉特的“自我造型”与对文学史的构建、格林布拉特与新历史主义的哲学语境、神秘的领域、李尔王与财产话语、格林布拉特“抑制”的历史化以及冷战、功能主义和社会病理学的起源等层面，探讨格林布拉特新历史主义与文化诗学理论众多问题，颇有新见。这本书在美、德、法三国同时出版，有很大理论影响。

2000年，由伽勒赫（Cathering Gallagher）和格林布拉特共同写作出版的《新历史主义实践》（*Practicing New Historicism*）② 出版。该书收入《触摸真实》、《反历史和轶闻》、《墙上的伤》、《唯物主义想象中的土豆》、《捕鼠器》、《小说和其他悬置了怀疑的话语》（*The Novel and Other Discourses of Suspended Disbelief*）等六篇文章，这些文章表现了新历史主义的基本内涵。通过对轶闻、布什对土豆拼词的解释、捕鼠器等“小历史”，体现了文本阐释中“反历史”态度的总体态度，将日常生活的小事以及不起眼的非正统历史资料摄入理论批评视域，以触摸真实、揭示真正历史的真相，从而体现了当代学者激进的政治观与价值观。

2005年，美国学者佩尼（Michael Payne）编辑出版了较为全面地反映格林布拉特学术思想的论文集《格林布拉特读本》，其中收录了14篇格林布拉特各个时期的重要论文。该读本首页介绍格林布拉特时谈到了新历史主义理论产生以来学术界有诸多反对意见：有的学者把新历史主义视为与文学、审美价值对立的理论；也有学者认为新历史主义把文学降低为历史，或者是把历史降低为文学，甚至认为新历史主义否认了人的主观能动性和创造性；也有学者认为新历史主义从外部颠覆了文化

---

① 参见 Jürgen Pieters ed.，*Critical Self-Fashioning*：*Stephen Greenblatt and the New History*，Peter lang GmbH，1999。

② 参见 Cathering Gallagher & Stephen Greenblatt，*Practicing New Historicism*，The U. of Chicago Press，2000。

政治和批评理论，以及认为新历史主义是反理论学派，等等。凡此种种，其实大都是出于不同层面理论研究的视角误差而已。认真阅读格林布拉特的论文，基本上可以廓清这些模糊见解。①

显然，新历史主义从产生之日起，就引起了广泛的争论，文化理论家们各有看法，莫衷一是。1986 年，希利斯·米勒在现代语言学会的一次会议上的演讲，曾经描述过新历史主义的到来的理论氛围，“最近几年，文学研究经历了一个突然的、几乎是全面的转向，抛弃了以语言本身为对象的理论研究，而转向历史、文化、社会、政治、机构、阶级和性别条件、社会语境、物质基础”。② 米勒认识到理论批评界存在的问题。他曾经谈到，在以大学为基础的制度化的文学研究中，包括文化研究在内的很多研究工作，一直将可视为文学作品的文本看成历史文献、社会文献或者自传材料，似乎它们并非文学作品。文学研究制度，当然也包括大部分报刊上的书评，构成方方面面、自相矛盾的强劲力量。它们对文学中的文学性因素进行压制、抹杀、掩盖、不予理睬、将之遗忘。这里的文学性因素，指的是脱离对现实的指涉或对语言的施为性应用，这是文学语言或视为文学语言所具有的特征。③ 在米勒看来，在文学文本之外的其他文本中也存在着文学性，对这种文学性的忽略，也是一种大学体制和意识形态权力运作，这种在更为广泛的领域内对文学性的释放和阐释，是一个非常重要的理论课题。实际上，新历史主义的出现，是有其深厚理论生长土壤的，新历史主义的研究方法乃是新近文学理论与批评革新的结果，或者说它们本身就构成当前文学理论与批评新近最主要的成果和发展前景。新历史主义因为其包罗万象的开放性主题，似乎正在宣告神话般的传统学科边界正在消融与重构。

目前国内对新历史主义的研究比较广泛和深入，大量知名学者发表

---

① Stephen Greenblatt, *The Greenblatt Reader*, Edited by Michael Payne, Blackwell Publishing, 2005, p. 1.

② ［美］J. 希利斯·米勒：《主席演讲，1986：理论的胜利，对阅读的抵抗和物质基础问题》，载《现代语言学会会刊》第 102 卷，1987 年，第 283 页。

③ ［美］希利斯·米勒：《解读叙事》，申丹译，北京大学出版社 2001 年版，第 169 页。

学术论文和学术著作，探讨欧美新历史主义的主要理论特点。但是，目前尚未见有研究格林布拉特的学术专著出版，也没有出现专门研究格林布拉特理论的博士论文。国内学者对格林布拉特的研究，基本散见在一些介绍研究新历史主义的论文论著里。从某种程度上讲，只要涉及新历史主义的文章，就必然会涉及格林布拉特对新历史主义与文化诗学的阐释和理解。可以说，对格林布拉特理论的分析阐释是与国内新历史主义的译介和讨论紧密相连的，这样就有必要对国内新历史主义与文化诗学研究的状况做一个简要的回顾。

西方新历史主义理论批评在中国的译介和阐释要追溯到20世纪80年代末90年代初。20世纪80年代国内兴起了一股“西学热”，很多欧美文学理论著作被译介到中国来，北京大学研究生也积极参与欧美文论的译介热潮。北大研究生刊物《学志》于1990年率先刊登了海登·怀特的《评新历史主义》，这是国内最早翻译介绍新历史主义理论的文章之一。[①] 后来又有高峰枫翻译的雅克·拉康的《镜像期》，段映红翻译的罗兰·巴特的《文化与悲剧》，宋伟杰翻译的特利·伊格尔顿的《论意识形态》，等等。这些译者为国内文化批评理论的勃兴做出了理论贡献。这时候，中国学者王岳川在北京大学讲授“当代西方文化思潮”选修课，将新历史主义归入“后现代主义思潮”的理论范畴进行阐述，为“新历史主义”在国内的研究和发展提供了理论准备。

1992年，王岳川的《后现代主义文化研究》出版。这部著作阐述了欧美当代批评理论的发展脉络，深入探讨了西方后现代主义产生的主要特点和理论影响。其中第14章“后现代主义思潮新趋势”介绍了新历史主义在欧美的兴起。王岳川指出，新历史主义诞生于美国，而受欧陆思想的熏染并呼应德法思想的冲突演进，这样，新历史主义有可能跳出狭窄的文本视界，获得新的更为客观的视野，去洞悉后现代文艺的意识形态性，发见现代文化工业的生产与消费规律，从而通过时代意识的

---

① 参见［美］海登·怀特《评新历史主义》，吉余译，载北京大学研究生学刊《学志》1990年第4期。

调节以及文本分析与历史透视的方法，制衡后现代文化灵与肉分裂的畸形发展。这样有可能在解构思潮那种“为了文本而放逐历史”的喧嚣中，造成新一轮波及整个人文学科的范式革命，从而使人在“文本与历史”的透镜中，把握后现代社会中物化隐秘和意识形态控制的真相，增进否定意识和批判性文化实践。① 王岳川以敏锐的学术眼光洞悉了新历史主义的政治批判实质，预言了新历史主义可能“造成新一轮波及整个人文学科的范式革命”，这种学术预见和理论定位，十分准确地显示了新历史主义的理论重要性。在王岳川看来，后现代主义文化是在消解深度模式而走向平面模式的理论意向中，表征出一种对世界的基本态度。后现代主义所禀有的颠覆既有意识形态的潜能，又揭露了资本主义意识形态的欺骗性和虚假性，凸显出那些潜抑在统治秩序深层的盲视，以及现代人难以言喻的精神空白和裂隙。后现代主义力图书写出那些被排斥在中心秩序和既有的历史阐释之下的历史无意识，从而使那些堂皇的虚假意识形态设定以及种种对终极本源的不实承诺，在宏大叙事的消解中，逐渐显露出历史与现实的真相。王岳川对后现代主义的这种理论表述与新历史主义的理论主旨颇为相似。1999 年王岳川出版了《后殖民主义和新历史主义》一书，这本书被认为是最早将后殖民主义与新历史主义联系起来加以探讨的重要著作。在这本书的第十章，王岳川在介绍新历史主义产生的历史语境的基础上，主要从“文艺复兴的自我造型”和“文化诗学”两个层面，分析阐述了格林布拉特的理论内涵和特点。王岳川认为格林布拉特的文化诗学主要有三个特点：一是“跨学科研究”性，二是“文化的政治学”属性，三是历史意识形态性。国内研究新历史主义的理论文章大多引证了王岳川的观点。到目前为止，这一章对格林布拉特的介绍，仍然是国内较早最为全面阐述格林布拉特新历史主义与文化诗学理论的重要资料。

此外，王岳川发表了很多论文进一步深化对新历史主义的研究，例

---

① 参见王岳川《后现代主义文化研究》，北京大学出版社 1992 年版，第 399 页。

如《海登·怀特的新历史主义理论》《新历史主义的文化诗学》《新历史主义的理论盲区》等。在《新历史主义的理论盲区》[①] 一文中，王岳川对理查·勒翰（Richard Lehan）[②] 和卡瑞利·伯特[③]（Carolyn Porter）的新历史主义批评作了介绍性评论。勒翰认为，新历史主义存在着诸多理论局限，在任意将历史修饰打扮、颠倒重组的过程中，已经瓦解了历史的观念与作品的观念，使人们进入历史或作品时，不再注意历史或作品本身，而仅仅注意作品的隐喻所包容的弹性能指。同时，新历史主义脱离了其所标榜的中立的学术态度，而具有太过强烈的政治意识形态性。新历史主义惯常使用“政治”视角，凡事都要放到政治的角度加以审视，并将意识形态泛化，处处要显示出权力隐喻的实质，力求从文本中发掘出本来不明显不突出的东西，加以夸张、放大，使其具有浓厚的政治意识、权力意识和意识形态性。这样就使新历史主义的文章充满了权力斗争的气息，阶级、斗争、霸权、颠覆等政治术语层出不穷，使得一些学院派学者难以接受或很不习惯。同样，伯特（Carolyn Porter）认为新历史主义存在诸多理论盲区，例如新历史主义内蕴的“新政治化”（new politicization）问题。所谓“新政治化”就是在文化文本中力图将历史因素抽象出来，使它变成合法性与反合法性、政治性和反政治性之间的一种文化斗争史。以此说明正是权力本身制造了它自己的内涵及自身的颠覆性，并把这种权力斗争和政治解读策略深置于所有历史文化文本的阐释中。新历史主义过分强调边缘与弱势文化的政治性实质，过分重视轶文趣事，并以此作为颠覆大历史叙事模式的文本政治策略。伯特预言，因为新历史主义的政治性与杂糅性，必将导致它很快走向自己的反面，走向消亡，走向新历史主义之“后”。在新历史主义产生之初就能够以此对新历史主义的理论局限性有全面深刻认识，这十分难能

---

① 参见王岳川《新历史主义的理论盲区》，载《广东社会科学》1999 年第 4 期。

② 理查·勒翰是美国加州大学洛杉矶分校英文系教授，对新历史主义理论颇有研究。参见 Richard Lehan，“*The Theoretical Limits of the New Historicism*”，NLH，21. 3. Spring 1990，pp. 533 – 553.

③ 卡瑞利·伯特是美国加州大学伯克利分校英文系教授。

可贵。王岳川的这一学术评介，具有重要的理论意义。

实质上，格林布拉特的新历史主义与文化诗学的理论价值在于没有成见、没有界限、跨学科的理论态势，以及通过对文本的意识形态政治解读，将学术研究与日常社会生活联系起来思维的特点，它表现了对现实生活的深切关注和积极参与。这样，格林布拉特的新历史主义与文化诗学理论，就将学术研究的智慧和热情从文学象牙塔中释放出来。这种思维态度和文本阐释实践，是现实社会实践活动的一部分。新历史主义的理论方法和思维模式，因此而具有革命性意义。

1993 年是国内“西学热”中译介欧美文论成果极为丰硕的一年，中国最早的两本汉译“新历史主义”论文集——《新历史主义与文学批评》（张京媛主编，北京大学出版社）和《文艺学和新历史主义》（中国社会科学院外国文学研究所《世界文论》编辑委员会编，社会科学文献出版社）出版。这两本书不仅成为国内研究新历史主义的重要理论资料，同时也引起了中国学界对欧美新历史主义的广泛关注，很多知名的学者开始发表专著或撰文探讨新历史主义。1996 年，著名学者盛宁先生的《新历史主义》一书出版。

1997 年，盛宁又一部重要著作《人文困惑与反思——西方后现代主义思潮批判》出版。盛宁将新历史主义与后现代主义文化思潮联系起来加以阐述，对新历史主义思潮提出了有价值的反思。在盛宁看来，如果说新历史主义理论有什么独特之处，最主要的一点恐怕就是他们有意无意地把历史文本中性化，进而把历史文本最终所指的曾经实实在在发生过的“事件”放逐了。由于后结构主义的理论影响，西方学界已经习惯于任凭意识自由地在诸文本之间穿行，在这种“互文性”的解读策略之下，文本与文本似乎可以不受约束地拼接在一起，从而产生新的含义。在这种文本阐释中，曾经存在的真实历史事件本身的内涵和意义就被搁置起来了。[①] 这种对真实历史确定性意义的牵挂与忧思，充斥

① 参见盛宁《人文的困惑与反思——西方后现代主义思潮批判》，生活·读书·新知三联书店 1997 年版，第 160 页。

于盛宁对新历史主义的诸种评价之中，表现了一位真诚的学者对历史意义的深切肯定和强烈关注。因为对于历史书写而言，它的第一任务就是确定所有以往的事实，并进一步在整体的过程中赋予它们以存在的意义。历史书写的客观有效性就在于，虽然有着那么多不可能获得全部人认可的不同表述，但依然有大量的存在由于它的表述而获得了一致的认可，并且它所要表述的存在大多数也的确具有获得有效的整体共识的可能。实际上，既然历史存在的意义是需要通过公共认同被赋予的，那么，所有认知体系之间必然的互动也就必然指向一个整体认同的体系，而任何一种事实的有效性都只存在于一个给定的体系中。[①] 尽管历史事实在特定的时空之中是真实确切的，但是离开了特定的时空，历史真实也只能以历史书写的形式存在。然而，历史书写并不等于历史真实。历史书写的客观真实性，是要在整体的认知体系中才得以存活的。因此，对事实的记录以及对事实的意义的有效赋予同样重要。所以，从某种角度来说，新历史主义正是通过它的文本阐释实践，通过对非正统历史的分析阐释，揭示出被主流意识形态规置的潜在历史真相，从而“触摸真实”，力图还原历史真相。同时，新历史主义通过对文学文本与非文学文本界限的消解，将现实生活纳入文本阐释的诗性文化视域之内，表达了对历史与现实生活的深切理解和关注。历史真相就是在这种阐释实践中被凸显出来，而不是被放逐掉了。因此，盛宁的观点还是有待进一步商榷。盛宁发表了很多论文阐释新历史主义的诸多问题，在国内学界具有极为重要的影响，特别是《新历史主义·后现代主义·历史真实》[②] 深入地阐述了新历史主义与后现代主义、后结构主义、解构主义的关联，并质疑新历史主义对历史真实问题的处置，具有重要的理论启发性。

南京大学著名学者杨正润对新历史主义也很有研究。1989 年，杨

---

① 卓立：《论李凯尔特的历史哲学》，载《历史与当下》第二辑，上海三联书店 2005 年版，第 221 页。

② 参见盛宁《新历史主义·后现代主义·历史真实》，载《文艺理论批评》1997 年第 1 期。

正润在《文艺报》撰文介绍正在欧美勃兴的新历史主义。[①] 1994 年，杨正润在《外国文学评论》上发表论文《文学的颠覆与抑制：新历史主义的文学功能与意识形态论述评》[②]，比较全面地评介了欧美新历史主义的现状和主要特征，对学术理论界产生了一定的影响。后来，杨正润主持完成了国家“八五”社科项目“新历史主义与马克思主义”。

现任美国加州圣玛利学院英文系教授的徐贲先生于 1996 年出版了《走向后现代与后殖民》一书。在该书第二章，作者非常精辟地阐述了新历史主义的主要特点。在徐贲看来，新历史主义的政治分析，无论是集中在文化产品对主导意识形态的支持作用还是破坏作用，都贯穿了一个基本的想法，那就是每一种占统治地位的文化都包含着对它显见格局和核心价值的否定，这种否定同时也体现为对潜在的对立格局和边缘价值的默许。每一种文化的真正整体格局都存在于各种政治力量的功能性平衡之中，在官方提供的与官方反对的政治格局之间存在着某种潜在的张力。在这种现实政治语境下，新历史主义批评着力揭示了占统治地位的文化和他异因素之间不是单纯的对抗关系，而是极复杂的支持、破坏、利用和化解的动态过程。这一过程不是一次性单向完成的，而是不断呈现出交错与演化的现实状态。文化统治不是一个静止的状态，它是一个渐进的过程，是一个不断有争夺、不断需要更新的历史过程。因此，新历史主义批评实际上是一种文化批评。毫不奇怪，新历史主义的领军人物格林布拉特因此把自己的文本批评阐释实践称为“文化诗学”。[③] 由此可见，徐贲对新历史主义以及文化诗学理论的把握与阐述是很透彻的。

徐贲发表于 1993 年《文艺研究》的论文《新历史主义批评和文艺

① 参见杨正润《文学研究的重新历史化——从新历史主义看西方文艺学的重大变革》（上），载《文艺报》1989 年 3 月 4 日。《文学研究的重新历史化——从新历史主义看西方文艺学的重大变革》（下），载《文艺报》1989 年 3 月 12 日。

② 参见杨正润《文学的颠覆与抑制：新历史主义的文学功能与意识形态论述评》，载《外国文学评论》1994 年第 3 期。

③ 参见徐贲《走向后现代与后殖民》，中国社会科学出版社 1996 年版，第 63 页。

复兴文学研究》，具有相当的理论深度和学术影响。徐贲认为，新历史主义对“文本的历史性”和“历史的文本性”的理论确认，表明新历史主义从文学与历史的互文性关系出发，拒绝了以往赋予文学文本特殊地位的研究模式，代之以对文学与非文学一视同仁的研究模式，从而将文学文本置于一切文化文本的框架中。在新历史主义那里，文学批评家的任务与其说是消除文学的文本性，不如说应当从文本性来看待一切社会现象。文学并非寄生或依附于历史事实，而是同历史事实共处于符号化的思想空间，在这个共同的空间中，文学参与了历史过程，参与了对历史的构塑。① 此后，徐贲大量采用新历史主义的理论研究方法进行学术研究，注重对轶闻、小故事、纪实、野史等边缘存在的关注和阐释，取得了令人瞩目的成绩。例如，他在《该怎样满足我们的需要?》一文中讲述了1935年一位因贫困饥饿而偷面包的老太太的庭审故事。这一故事是徐贲从网上得到的。老太太是为了贫穷饥饿而啼哭着的小孙子去偷了面包，被指控。尽管如此，法官依然例行公事，冷若冰霜，并当庭宣称：“我必须秉公办事，你可以选择10美元的罚款或者10天的拘役”。判决宣布后，时任纽约市市长的拉瓜地亚从旁听席上站起来，脱下帽子，放进5美元，然后向其他人说：“现在，请诸位每人另交50美分的罚款，这是为我们的冷漠付费，以处罚我们生活在一个要老祖母去偷面包来喂养孙子的城市。”旁听席上的每个人都闻之动容，认真地捐出了50美分。在作者看来，一个老妇人偷窃面包被罚款，与外人何干?市长拉瓜地亚说得很明白——“为我们的冷漠付费”。徐贲以此故事为文章起点，分析了物质需要和物质所形成的物质文化在社会生活中的重要作用。从某种角度讲，社会秩序正是由物质文化来体现和维持的。徐贲论述说，人和人之间，并非孤立无关，人来到这世间，作为社会的动物，是订有契约的。物质利益的来往，有法律的契约；行为生活的交往，有精神的契约。② 徐贲的这种写作风格与格林布拉特理论研究作风

---

① 参见徐贲《新历史主义批评和文艺复兴文学研究》，载《文艺研究》1993年第3期。

② 参见徐贲《该怎样满足我们的需要?》，http://biz.163.com，2006年8月31日。

非常相似。格林布拉特的文章基本上开头都是引述一个被人忽略的“小历史”故事，随后阐释这一“小历史”背后的巨大的意识形态以及政治含义，历史的真实常常就藏蕴在司空见惯的轶闻琐事之中。

著名学者陆贵山先生对新历史主义也很关注，他的论文《新历史主义文艺思潮解析》对新历史主义进行了全面的分析探讨，提出了很多有价值的见解。陆贵山认为，新历史主义实质上是一种文本历史主义，是一种与历史发生虚构、想象或隐喻联系的语言文本和文化文本的历史主义，是一种带有明显的批判性、消解性和颠覆性特征的后现代主义的历史主义。[①] 这一观点颇有实质性地廓清了新历史主义的基本含义。

2004 年，青年学者张进的博士论文《新历史主义与历史诗学》出版，其中不少内容涉及格林布拉特的新历史主义与文化诗学理论。此后他发表了《新历史主义文艺思潮的悖论性处境》《论福柯解构史学对新历史主义的影响》《通向一种历史诗学》《唯物史观视野下的新历史主义文艺思潮》等系列论文。张进的著述主要从历史哲学的角度，对新历史主义进行分析阐释，表现出深厚的理论功底和学术潜力。

学者毛崇杰在 2002 年出版的《颠覆与重建》一书中谈到“文化诗学”的特质：文化诗学，从某种意义来说，就是新历史主义在“互文性”历史文化的话语实践中，得以运作的“通货”。[②] 这一观点有很好的学术价值。2004 年，学者杜忠昌出版《跨学科文化批评视野下的文学理念》一书，深入论证了文学与语言学、历史、宗教哲学、心理学、人类学的种种内在关联，体现了开阔的理论视野，有相当的理论影响。国内其他著名学者撰文讨论新历史主义理论主要有陆扬的《关于新历史主义批评》[③]、赵一凡的《什么是新历史主义》、凌晨光的《历史与文学——论新历史主义文学批评》、王一川的《后结构历史主义诗学——

① 参见陆贵山《新历史主义文艺思潮解析》，载《中国人民大学学报》2005 年第 5 期。

② 参见毛崇杰《颠覆与重建》，社会科学文献出版社 2002 年版，第 344 页。

③ 参见陆扬《关于新历史主义批评》，载《外国文学研究》1994 年第 3 期。

新历史主义和文化唯物主义述评》等。另外，李淑言的《什么是新历史主义》、韩毓海的《“和平年代”——走向一种“新历史主义”》、张宽的《后现代小时尚——关于新历史主义的笔记》、姚乃强的《历史的终结和文化的冲突：兼评新历史主义和文化批评》、王晓娜的《历史叙事的虚构性问题》、赵静蓉的《颠覆与抑制——论新历史主义的方法论问题》等也都从不同层面对新历史主义展开研究。

还要特别提到的是中国台北学者廖炳慧于1990年出版的著作《形式与意识形态》①，其中一些章节对新历史主义作了深刻的分析阐述，特别是《新历史观与莎士比亚研究》部分，主要分析了新历史主义对文艺复兴时期文本的理解和阐释，有一定的理论影响。

近几年来，国内对于新历史主义与文化诗学的论文论著太多，不能一一罗列。这些论文论著有的从宏观角度进行分析，有的从历史诗学角度进行理论的梳理和研究；有的则主要从文艺复兴时期的“自我塑形”的角度进行理论归纳；有的从新历史主义与其他欧美理论批评流派的理论渊源的角度进行比较研究，寻找新历史主义的理论优势和学术发展前景；也有的学者主要论及新历史主义与文化诗学的理论缺陷和弊端。种种研究各有千秋，为“新历史转向”做出了理论的贡献。这些论文论著基本上都涉及格林布拉特的新历史主义与文化诗学理论，这就为本论文的形成提供了有益的参考。

概括地说，新历史主义与文化诗学作为欧美文化批评理论的一部分，是一个跨学科、超国界比较松散的学术群体，它最先由格林布拉特发轫于美国，逐渐波及英国和其他国家。在英国，新历史主义又被称为文化唯物主义，以多利莫尔为代表。因为新历史主义主要代表人物格林布拉特、蒙特洛斯、海登·怀特等人各自著书立说，有时观点一致，有时却观点相反，形成了一种影响广泛的“历史转向”。特别是在当代，如果想要探讨批评理论问题却没有从历史的层面来加以考虑，就好像没

① 参见廖炳慧《形式与意识形态》，（中国台北）联经出版事业公司1990年版。

有了理论深度，“历史”问题因此成为多个学术领域理论的时髦标签。可以说，格林布拉特是新历史主义的领军人物，也是文化诗学理论的构建者。

在这种情况下，许多学者对格林布拉特的新历史主义与文化诗学理论并无系统的了解，对这一理论表述没有清晰地界定，甚至感觉文化诗学的概念过于宽泛、比较模糊，并不成立。再者，可能由于格林布拉特跨学科研究的特点，文笔作风汪洋恣肆，文章论著中涉及多方面词语和知识，也涉及众多的作家作品，所以，目前国内格林布拉特的文章论著译介过来的不多，仅有一部著作《尘世中的莎士比亚》和论文《通向一种文化诗学》《〈文艺复兴时期自我造型〉导言》以及《什么是文学史》等翻译过来，并被广泛研究引用，可以说国内学界对格林布拉特学术研究和理论阐发的情况并没有全面确切的了解，因此，廓清格林布拉特文化诗学的理念、介绍格林布拉特的学术思想就显得非常重要。

由于目前对格林布拉特的作品介绍和翻译的不多，有一些人还是认为格林布拉特是美国加州大学伯克利分校的教授，而实际上格林布拉特已经在哈佛大学工作了十多年。可以说，国内学者对格林布拉特的理论研究，主要停留在他的新历史主义理论成就层面，大多国内学者都在宽泛的意义上涉及格林布拉特的学术思想。更进一步讲，目前国内学者对格林布拉特的理论阐述和研究，目的大多是为新历史主义的宏观研究做一个理论上的垫附，而没有对格林布拉特新历史主义与文化诗学理论的特色进行更有个性的全方位探讨研究。另外，需要特别指出的是，由于颇为复杂的原因，本书没有过多阐述分析以童庆炳先生为核心的中国文化诗学理论，期待未来能有机会专门撰书阐述。

本书主要采用跨学科理论研究方法，在与其他流派、与其他相关理论家的比较分析的基础上，探索格林布拉特的学术渊源，进而力求厘清、阐明格林布拉特新历史主义与文化诗学理论的主要特点，深入探讨格林布拉特新历史主义与文化诗学理论的重要理论价值。本书的特点是着力将格林布拉特的理论思维内化于该著作的实际写作当中，用他建构理论的方法和术语，来分析阐述格林布拉特本人的学术特点。所以，本书没有机械地单层面介绍格林布拉特的新历史主义与文化诗学理论，而是把他放在横向的文化网络和纵向的文化历史理论发展中，进行多角度、多层面比较分析。同时又选取了一些他自己对文本的阐释作为示例，来说明他的理论特点，这也是坚持了格林布拉特的断裂的、偶然的历史观。用这些选取的示例，能够比较好地、"隐喻性"地把握格林布拉特的理论特点。另外，作者选取了一些格林布拉特的个人故事"叙述"，来阐述理论的内涵，这样不仅会冲淡一些理论的晦涩，更是着力复制格林布拉特的写作风格的结果。

总之，作者主要将格林布拉特与其他理论家、理论流派、思想见解进行对话性、比较性、多向度的阐释和理解。所谓"不识庐山真面目，只缘身在此山中"。如果要发现对象的特点，就不仅要透彻把握对象本身，而且要从对象之外加以观测，这也是该书通篇使用的主要研究方法。理论与理论、人与人的交流，肯定是存在着互文性的，这种理论联系也许不是显在的，也许是英雄所见略同。总之，按照新历史主义的说法，一切都是不确定的，一切都是变化的。例如，福柯与格林布拉特的理论关系比较复杂，这种影响，就像烟雾一样，不知从哪里冒出来，弥漫了一切。这一问题可以写一本书，无法在一处加以廓清，因此会不时提到。套用格林布拉特的话来解释我的写作困境，本来有些内在的关系是无法析解出来的，只能在整体的文化语境中不断加以阐释，这种阐释不是一次性的，而是反复多次的、复杂的。坦率地讲，对格林布拉特新历史主义与文化诗学这一复杂的理论现象，进行这样的跨越式解读是非常困难的。本书中涉及大量的理论家，特别是格林布拉特在个人学术历程以及论文、论著中提到的相关理论家，尽可能作了介绍和涉猎。

第一章

格林布拉特的主要学术经历

格林布拉特的生平经历资料丰富，大多散见在他的理论著述中间，通过对自己亲身经历的叙述，说明了新历史主义与文化诗学理论的丰富内涵。

第一节　人的本质是历史的、流动的、构建着的

格林布拉特（Stephen Jay Greenblatt）1943 年 12 月 7 日出生于马赛诸塞州的牛顿市，后来进入牛津高等学校，师从于已故的约翰·亨利。亨利是一位很风趣的英语老师，他对格林布拉特产生了深刻的早期影响。在文章里，格林布拉特曾经用玩笑的口吻谈起他早期学术生涯中的一些奇特经历和稍纵即逝的机遇。在格林布拉特看来，人的本质不是一个稳定的、完成了的存在，而是一种动态的流动变化过程，是具有历史性的存在，他对“自我造型”的阐释，就植根于这样的哲学见解中。

格林布拉特谈到的三个经历是：（1）格林布拉特很喜欢古典音乐，大学期间的一个夏天，他来到夏令营做吉他和感伤民歌的辅导员。另一个辅导员加芬克尔（Art Garfunkel）主动介绍自己的朋友西蒙（Paul Simon）给他认识，并希望有机会他们共同组成合唱队演出，因为格林布拉特自己一直想继续求学，所以拒绝了。西蒙和加芬克尔（Paul Simon

和 Art Garfunkel）的二人组合歌曲取材于普通人的日常生活，有着质朴、亲切的魅力，后来几乎风靡全球，两人都成为歌唱明星。（2）格林布拉特在耶鲁大学求学的时候，和约瑟夫·利伯曼（Joseph Lieberman，1942—）成了好朋友。利伯曼曾经认真地对格林布拉特说过，如果我将来当了总统，只要你愿意，我就任命你做邮政总署署长。2000 年 8 月 7 日，美国民主党总统候选人戈尔确定自己的竞选伙伴为康涅狄格州的参议员利伯曼，利伯曼由此成为民主党副总统候选人。虽然利伯曼最终未能当选副总统，后来只晋身为联邦参议院议员，但他所表达的愿望和友情都非常美妙。（3）格林布拉特在药店门口无意地撞上了一个老人，这个老人就是艾略特（T. S. Eliot），这个老人对他的学术道路有很大影响。艾略特认为："历史感不仅感知到了过去的过去性，也感知到了它的现在性。这种历史感迫使一个人不但用铭刻在心的他们那一代人的感觉写作，而且，他还会感到自荷马以来的整个欧洲文学，以及处于这个整体之中的他自己国家的文学同时存在，组成一个共存的秩序。这种历史感既是永恒感又是暂存感，还是永恒与暂存交织在一起的感觉。就是这种意识使一个作家成为传统的。"① 艾略特对历史感与文学传统的认识，启发了格林布拉特的历史意识。格林布拉特的故事叙述说明了人生中的偶然事件可能改变人生历史的发展方向，这些小的稍纵即逝的事件，隐含了丰富的社会能量。格林布拉特在理论著作中对大量类似看来是"小历史"的人生经历或隐藏的历史事件的叙述，体现了他没有成见、充满活力的理论态度。

1965 年，格林布拉特的学士学位论文《三位讽刺诗人：沃、奥威尔和赫胥黎三位》（*Three Modern Satirists：Waugh，Orwell，and Huxley*）在耶鲁大学出版社发表。这部作品的发表，既标志着格林布拉特文学研究的开端，也成为格林布拉特学术研究逐步转向新历史主义与文化诗学研究的理论前奏。

---

① ［英］艾略特：《传统与个人才能》，载《艾略特诗学文集》，王恩衷编译，国际文化出版公司 1989 年版，第 2 页。

1969 年格林布拉特在耶鲁大学获得博士学位后，就一直在美国加州大学伯克利分校工作了 28 年，是国际著名莎士比亚专家。同时他在世界很多知名大学如牛津大学、纽约州立大学、柏林大学、北京大学等作访问教授，开设讲座。他与其他学者合作出版了 10 多本书、大量文章，并担任了 10 多种杂志或著述的主编，特别是主持编写的七卷《诺顿英语文学选》具有广泛的世界性影响。格林布拉特是美国艺术科学研究院的成员，曾获得众多的学术荣誉和奖项。

1982 年，格林布拉特在《文类》（*Genre*）杂志的一期专刊前言中使用"新历史主义"的概念，引起理论批评界巨大反响，格林布拉特遂成为一种新的理论批评方法——"新历史主义"的领军人物。这一年，格林布拉特曾经来到中国的北京大学做过访问学者。1983 年他与美国加州大学伯克利分校的同事们合编了杂志《表述》（*Representations*）。这本杂志相继发表了欧美学界大量与新历史主义理论相关的论文。在这期间，格林布拉特的重要著作《莎士比亚的商讨》（*Shakespearean Negotiations: The Circulation of Social Energy in Renaissance England*，1988）发表。1989 年，该书获得美国现代语言学会詹姆斯·卢塞尔·洛威尔奖（the James Russell Lowell）。1997 年，格林布拉特来到哈佛大学任教，因为他在新历史主义和文艺复兴时期莎士比亚研究方面的巨大成就，被哈佛大学艺术科学系聘为亨利·列文（Harry Levin）文学教授。

2000 年，格林布拉特被哈佛大学校长尼尔·陆登庭（Neil L. Rudenstine）任命为约翰·科根（John Cogan）人文学科大学教授①，从此，格林布拉特成功进入了这个哈佛大学精选的学术团体。这是哈佛大学教授职位中的最高荣誉，目前仅有 19 位哈佛教授获此殊荣，专门从事跨越传统学科的前沿性学术研究②。现在，格林布拉特主要在哈佛大学教授文艺复兴时期文学、莎士比亚、新历史主义，也主持本科生的

---

① 约翰·科根人文教授是哈佛大学教授最高荣誉，标志着特殊的天赋和突出的成就。

② Greenblatt named University Professor of the Humanities. http://www.hno.harvard.edu/gazette/2000/09.21/greenblatt.html.

主要英国作家调查课。2001 年，格林布拉特出版了《炼狱中的哈姆雷特》（*Hamlet in Purgatory*），这本书的写作再一次证明了格林布拉特理论写作那种自由潇洒、引证丰富的独特风格，文本阐释已达到收放自如、出神入化的程度。

2002 年，格林布拉特同时获得伊拉斯谟研究所奖（Erasmus Institute Prize）和梅隆卓越人道主义奖（Mellon Distinguished Humanist Award）两个大奖。这种奖金丰厚的大奖的获得，意味着格林布拉特学术研究的成功。2004 年，《尘世中的莎士比亚》（*Will in the World How Shakespeare Become Shakespeare*）出版，并被《纽约时报》评为 2004 年全球十大年度畅销书目之一。2005 年，较为全面地反映格林布拉特学术思想的论文集《格林布拉特读本》出版。2007 年年初《学会诅咒》（*Learning to Curse*）再版，这本书收录了格林布拉特早年新历史主义与文化诗学有关的重要论文，这部论文集的开头新增了作者对自己的学术生涯的回顾性文章，是研究格林布拉特的学术思想的重要资料。

哈佛大学校长尼尔·陆登庭（Neil L. Rudenstine）在授予格林布拉特约翰·科根（John Cogan）人文学科大学教授的授职词中说：在过去的四分之一世纪里，在形成自己的学术方向和文学批评理论方面，没有谁做得比格林布拉特更好了。他把具体的历史方法（particular historical approach）和文学研究联系起来，他的真正贡献远远超出了任何主要研究方法。更重要的是，他把文学文本的阅读阐释当作是一种生动的、有意义的艺术工作。对于文学文本的阅读阐释，格林布拉特具有强烈的敏锐性和敏感性（acumen and sensitivity）。陆登庭（Rudenstine）先生称格林布拉特为“新历史主义之父”。他主要集中在历史、社会、人类学的视域内理解文学。陆登庭（Rudenstine）谈到他自己就对格林布拉特将历史和文学联系起来的理论研究有深刻的、持久的兴趣。因为将文学与历史联系了起来，立刻就会将某些杰出的艺术作品深植在高度特殊的生活世界，这样就好像可以不断自由地从真实的生活现实中抽离出来，并不断地被这种奇妙的阅读所打动，理论作品好像成了对话的、私人的、亲密的场域[①]。可以说，对格林布拉特理论著作的阅读有时就好像是一种出其不意的学术探险，精彩的话语里有丰富的内涵。格林布拉特以其独特的文本阐释实践以及敏锐开放的理论研究才能，获得了不可忽视的重要社会地位和重大的学术影响。

斯坦福大学斯蒂芬·奥格尔（Stephen Orgel）教授评价格林布拉特说：在过去的几十年里格林布拉特成为早期现代理论研究最有创造性、最有见识、最勇敢的声音。他的阅读视域是广泛的，他的理论关联常常是令人难以预料的，并具有深刻的揭示性，他的写作风格简洁而精彩。[②]

第二节　学术方向的抉择

2007 年，在有关文艺复兴文化诗学的论文集《学会诅咒》的前言中，格林布拉特介绍了自己的学术生涯。20 世纪 60 年代末格林布拉特在耶鲁大学研究生院时，一段时间突然对自己的学术研究方向感到模糊。当时在美国各大学中形式主义批评理论影响很大，格林布拉特这一时期主要对英美新批评的代表性人物维姆萨特的理论很感兴趣，尤其是维姆萨特的理论观点：作为一种神秘和特殊的产物的诗歌，它既具有高度的普遍性也具有高度的个性。这一观点引发了格林布拉特对自己职业的思索和抉择。这样看来，按照自己的兴趣做一个诗歌研究学者，无疑如同一位神秘的神父，毕生努力寻找诗歌神秘的踪迹。格林布拉特因此十分迷惘。有一天下午，他信步走到一家酒吧，发现维姆萨特正在圆桌前对着所有的服务生滔滔不绝地发表有关诗与美学的演讲。维姆萨特的语气笃定坚决，非常自信，但是格林布拉特却隐约感到所有一切都并非

---

① Greenblatt named University Professor of the Humanities, http://www.hno.harvard.edu/gazette/2000/09.21/greenblatt.html.

② Stephen Greenblat, *The Greenblatt Reader*, Edited by Michael Payne , Blackwell Publishing, 2005，封面内页。

是确定的，正如诗人菲力普·西德尼爵士（Sir Philip Sidney）[①] 所说："没有什么事情是确定的，好像我们本身就是一连串不确定因素的产物"。

于是，在开始研究生学习之前，格林布拉特来到剑桥大学做为期两年的福布赖斯访问学者。这时候，他博览群书、参加各种学术会议，期望能够从大学时代的学术焦虑中解脱出来。格林布拉特开始主要对罗利爵士（Sir Walter Ralegh）的诗歌产生兴趣，他的老师——英国新马克思主义代表人物威廉斯，对他一生的学术道路产生了重要的影响。这一时期，格林布拉特还没有相应的学术敏感可以完全理解威廉斯，因为在格林布拉特看来，威廉斯所继承的剑桥文学批评传统中的细读原则以及文化批评理论与他在大学里所受的学术训练完全不同。威廉斯的细读主要是将文本中的某些细节与某些社会政治因素联系起来解读，而新批评的细读则更多关注的是文本的形式主义因素。所以他决定研究生学位论文的写作要将自己对罗利爵士的诗歌兴趣和威廉斯的文化理论结合起来，在社会文化的视域内研究罗利爵士的社会政治生涯与诗歌创作的关系，阐释罗利爵士"自我戏剧化"生命历程及其虚幻实质。1973 年，这篇博士论文沃尔特·罗利爵士：文艺复兴的人等角色（*Sir Walter Ralegh: The Renaissance Man and His Role*）在耶鲁大学出版社出版。

后来，格林布拉特在《学会诅咒》前言中讲述了自己学术生涯中的一个具有关键性的事件。他在搜集资料写作论文的时候发现了一些由哈克里特（Hakluyt）、帕切斯（Purchas）和瑞默西（Ramusi）收集的大量游记，这些资料具有诡异的魅力，交织着愤怒、厌恶以及深深的忧虑，使格林布拉特不由自主地、梦回萦绕地阅读着这些资料。这些独特的游记资料影响并决定了其随后十多年的工作成果。当他清晨醒来时，

---

① 菲力普·西德尼爵士（Sir Philip Sidney，1554—1586），英国 16 世纪著名诗人，著名的作品《为诗辩护》（*An Apology for Poetry*）中将《圣经》视为文学，指出并非所有的文学尽是伤风败德，有些文学很干净，如同《圣经》一般，可以寓教于乐。与斯宾塞（Edmund Spenser，1552—1599）齐名。

不止一次地想起对过去历史事件的这种阅读，于是种种历史情景拥挤冲撞着呈现到面前，他开始明白了为什么莎士比亚戏剧《暴风雨》中卡列班据说根本就不会说话，正是普洛斯帕罗和女儿教他会说话。……格林布拉特所受到的学术训练使其意识到这些资料虽然不显眼但是非常令人振奋。他发现不仅可以把锋利的理论批评工具用在应该用的地方，而且也可以用在那些看起来不值得引起关注的东西上。后来，他试着把文学档案和历史档案用一种新的揭示性方式放在一起。[①] 格林布拉特所认识到的游记魅力是指历史文本的审美因素，也是格林布拉特新历史主义与文化诗学理论着力阐发的重要内涵之一。

格林布拉特所讲的卡列班是《暴风雨》中独居荒岛的丑怪土人，普洛斯帕罗刚刚来到荒岛上时他并不会说话。卡列班跟普洛斯帕罗学会说话后，就将岛上的物产分布等一切事情都告诉了普洛斯帕罗，卡列班因此失掉了自由，被普洛斯帕罗囚禁在岩石里。会说话让卡列班祛除了蒙昧和黑暗，但是却使他变成奴隶，所以他通常出场后就不满地辱骂。这是一个悖论：卡列班得到了说话的自由，却失掉了人身的自由；他学会了说话，也学会了辱骂。因此，历史不是一个连续的整体，历史断裂的空间隐藏了决定历史命运的秘密，在历史的必然性中，往往存在着很多被忽略的偶然因素，对这些因素的文本叙述与阐释，可以揭示某一历史时刻的决定性内涵。正如巴特所说，艺术就是对偶然性的征服。卡列班命运的隐喻和格林布拉特自己得到新的历史资料的机遇具有相通的质素。卡列班因为学会了说话而被奴役，格林布拉特本人因为被这些历史资料的魅力所震撼，而魂牵梦绕。两者之中都蕴含了某种意识形态对自我意识的强力塑造，人们在遭遇文明或者获得偶然性机遇拯救的历史时刻，往往又更深地陷入某种被压制、被束缚、被创造的历史必然性的陷阱里。

因为事物的发展性、不确定性、间断性，因此从历史的维度透视人

---

① Stephen Greenblatt, *The Greenblatt Reader*, Edited by Michael Payne, Blackwell Publishing, 2005, p. X.

类生活的所有现象尤为重要。新的历史视角不仅意味着用辩证发展的、联系的眼光看问题，而不用静止的眼光看问题，也意味着对小的历史事件和历史偶然性的重视，用新的历史视角来审视文学与艺术，就会认为文学艺术不仅是重要的社会文化现象，更重要的是社会网络结构中的能动因素，所以“新历史主义”的产生有其理论的必然性。这样的研究方法意味着对疆界的跨越，或者对疆界的忽略。新历史主义的跨学科特点，不仅仅是对大学或研究机构中已经确定的学科的跨越，也是对文本与社会生活的跨越。这是一种新的理论研究理念，所有的学科与生活都是相通的。历史是由各种状态、各种文本构成的，这些文本是相互联系的整体。历史文本可能是必然的，更可能是偶然的故事，因为必然性往往是由很多偶然性促成和构塑的。

德国现代社会学的奠基者韦伯（Max Weber）这样说：“既然对象自身并不会提供意义，亦即意义并非对象本身内在具备的一种性质，那么，使用某种旨在研究事物之性质、律则及其固定特性的方法，自然无法对意义加以掌握，赋予同样的意义。”[①] 因此，把文学文本的诠释和阐释能动地放在更广阔的历史场域加以理解，可能会使文学文本自身存在的丰富内涵得到激发和彰显，也能够更加透彻地凸显被主流化了的历史对人性的压抑和疏漏，这可能是新历史主义产生的本来意义。从某种程度上说，格林布拉特的贡献在于他着力将文本阐释理论实践与现实政治、经济等一切现实活动结合起来，努力透过文学文本发现现实的物质流动，又极力在社会文本的剖析过程中发现文学艺术与审美的踪迹。

第三节　格林布拉特个人故事的“叙述”

故事叙述（story-telling）在格林布拉特的新历史主义与文化诗学理论研究中占有重要地位，正是通过这些叙述（narrative），表明人的历

---

① ［德］韦伯：《韦伯的学术》，钱永祥等译，载《韦伯作品集》，广西社会科学出版社 2004 年版，第 77 页。

史是如何被构建、被塑形的。这些叙述被融进了格林布拉特的新历史主义与文化诗学理论的探讨之中。这样的文本结构，既体现了文学文本与生活、文学文本与社会文本的零距离和平等性，也体现了格林布拉特作为一个跨学科学者的文化学术理念：不仅文学文本中存在着审美的魅力，生活本身乃至世界上的一切，都同样存在着某种审美的踪迹，蕴含着审美的价值。当然，审美意义并不是独立于社会生活之外的存在，它是主流意识形态话语的抑制与颠覆的复杂过程。

一　家庭与个人的故事“叙述”

在论文《中国：访问的仪典II》（*China*：*Visiting Rites II*）中，格林布拉特谈到，1961年他作为耶鲁大学新生，在斯特林图书馆藏书架前读书时，偶然发现在《波士顿登记簿》（*Boston Register*）中有关于祖父莫瑞斯·格林布拉特（Morris Greenblatt）的记录。祖父的职业一栏写的是：“捡破烂的人”（ragpicker）。格林布拉特的父亲是律师，父亲曾经告诉小格林布拉特：他的祖父有一匹马和马车，是一个到处买卖旧货的人。登记簿中祖父的职业令格林布拉特十分震惊，这种震惊不是因为做了律师的父亲隐瞒了自己的阶级来源，而是因为“捡破烂的人”（ragpicker）这个词本身。这个词和掌灯人（lamplighter）、制冰人（iceman）一样，已经彻底不再使用，它的存在仅仅是一种不复存在者的符号而已。这一词语证实了迫使这一词语过时的社会力量的存在。起先也许是出于委婉的需要，因为“捡破烂的人”这一词语招致了某种令人不快的鲜明意象：一个人弯腰捡起脏污的破布。因此这一词语就被短语“旧布商人”（used clothes merchant）所代替。然后，由于经济的、技术的发展，这一词语随着这一职业以及原本标明这一职业名称的消失而被完全废弃了。

在格林布拉特看来，祖父职业的发现，正好说明了美国个人、家庭、社会制度的变化性与流动性。大量的移民家庭，从低社会阶层——劳工、收废品的人、鞋匠、女裁缝之类，进入政界、商界和知识界，甚至进入研究院，其变化是巨大的。格林布拉特的祖父经营社会的废品，父亲位居社会的司法系统，而他本人则处于社会的审美领域。格林布拉特说，这种叙述很质朴地显示出，他本人就是他的家庭历史发展的目的。似乎他的家庭从俄罗斯逃出来，作为移民为了生存而艰难挣扎，最后的结果和目的就是产出了一位大学英文教授。格林布拉特的坦诚叙述，说明了人的历史流动性。从某种程度上来说，格林布拉特感觉到自己的家庭历史情况似乎表明了自己的文学研究生涯，不仅仅是促进美国社会历史文化发生同化的积极因素，同时也是这种同化成功完成的一个奇妙象征。也就是说，格林布拉特的工作本身所代表的不仅是一种文化发生的过程，而且是其自身中产阶级化的安全完成。① 格林布拉特用这样的叙述表明，每一个人都是社会文化符号系统的一部分，人们自我的存在不仅是一种鲜活的生命形式，更是一个社会意义结构的符号。所以，政治权力形式是内置于人的生命活动之中的存在，它体现了人们存在的社会阶层的变化。

在 1961 年，格林布拉特只是大学新生。可是，在他发现祖父职业的同一个星期里，格林布拉特遭遇到一个重要的事件，这件事情使他不得不深刻认识到，必须将社会文化理解与文学研究联系起来。当时一位著名英文老师需要学生助手来为自己正在写作的书搜集一些资料。这位老师经过观察后，鼓励格林布拉特申请这一职位。

当格林布拉特来到手上戴着很大的耶鲁指环的斯波尔丁先生（Mr. Spaulding）跟前申请这一职位时，斯波尔丁先生（Mr. Spaulding）倾身问道："格林布拉特，你是犹太人，对吗?"

格林布拉特回答："是的。"

"那么，坦率地说，我们恶心和厌倦了大量犹太人获准进入我们的办公室，试图把钱骗出耶鲁大学。"

格林布拉特无言以对。

---

① 参见 Stephen Greenblatt, *The Greenblatt Reader*, Edited by Michael Payne , Blackwell Publishing, 2005, pp. 282 - 283。

最后，格林布拉特问："你是如何做出这样的判断的?"

"全部来自统计数字。"

后来，斯波尔丁先生（Mr. Spaulding）问："你如何看待西西里人(Sicilians)?"

格林布拉特回答："我没有见过西西里人。"

斯波尔丁先生（Mr. Spaulding）又问："胡弗（J. Edger Hoover）有统计数字表明西西里人有犯罪倾向，你持有我这种观点吗?"……

格林布拉特简直快晕了，几乎哭了出来。

只记得斯波尔丁先生（Mr. Spaulding）说："整个学校遍布布朗克斯（Bronx）高级学校的毕业生，但是我们不这样选择。"

而实际上，格林布拉特毕业于牛顿高级中学。①

整个过程、所有的语言都是以一种文化暴力的形式流布出来，显示了个人自我身份与整个文化内涵的复杂关联。这位大学职员斯波尔丁先生（Mr. Spaulding）的意识形态偏见，以一种无形的权力形式，试图破裂格林布拉特对工作与生活的热望。无疑，在斯波尔丁先生(Mr. Spaulding）的自我意识空间里，无论格林布拉特是谁、他做过什么、他拥有什么才华和个人品质，这都不再重要，重要的是作为犹太人的格林布拉特本身就是一个与种种犹太异象联系在一起的社会结构符号。在这种意识形态与政治权力的符号结构里，格林布拉特似乎不再是一个真诚的生命个体，而是犹太人、西西里人、布朗克斯（Bronx）高级学校的毕业生等种种他者的化身与组合，他们正在图谋抢夺着耶鲁大学的金钱。同时，斯波尔丁先生（Mr. Spaulding）则将自己幻化成耶鲁大学的维护者和代言人。鲜活的生命个体，就这样被抽象成宏大历史叙事的一个实例，成为一个图像或者一个幻觉。从这个意义上讲，意识形态与政治权力是构成现实生活文化层面的重要因素，也是一种遍布现实生活角落的无可回避的社会力量。

---

① 参见 Stephen Greenblatt, *The Greenblatt Reader*, Edited by Michael Payne, Blackwell Publishing, 2005, p. 284。

后来，格林布拉特又在《故事——叙述》中叙述自己的各种真实生活经历。他认为正是通过这些对自己生活事件的叙述，确立了自我的身份（having a identity），并形成自我（being a self）。因此，这也是格林布拉特文化诗学理论中关于“自我造型”理论的一个实践。

格林布拉特说，童年时代的回忆都与自我身份的确立以及自我造型有关。因为他常常用人称“I”来讲述自己的故事，但是母亲却称呼自己的名字。格林布拉特认为，自我的本质是隐含在这种真实生活体验的叙述之中的，而不是蕴含在毫不含糊的、中间性的自我身份里。实际上，关于自我的体验不一定都需要自己去亲身经历，自我身份的表达也是如此。“我、母亲特别喜欢讲一个名字叫特别的斯坦利（Terrible Stanley）的男孩的故事。这个小孩特别像他自己，总是在生活中做出一些灾难性的人生选择，冲到马路上、玩火、攀爬在窗户沿上、试图穿越酒吧后面我母亲用来晾衣服的铁栏杆。”[①] 当时格林布拉特的家人住在洛克斯伯里（Roxbury），但是在那些日子里，在富兰克林公园，一位波士顿的犹太邻居和特别的斯坦利（Terrible Stanley）发生了一连串糟糕的、莫名其妙的、不幸的事件。[②]

斯坦利男孩的意象就像德国犹太传统里的一首儿歌“小驼背人”。德国犹太传统中有一个习俗，每当孩子闯祸或打破东西，妈妈就会说“笨先生看着你呢”。这个笨先生就是小驼背人，他常常偷偷溜进房间从角落里瞧着你，于是一切都变得混乱起来。儿歌的歌词是：当我走进厨房，那儿的羹汤只待盛满，小驼背人已经在那里，我的小勺子一下子折断；当我走进房间，去把床儿铺好，小驼背人已经在那里，浑身颤抖着哈哈大笑；当我在凳子上跪下，当我正准备祷告，一个小驼背人正待在屋里，开口对我说道，我亲爱的小孩子，求求你也为小驼背人祈祷。

这是犹太人苦难生活与多舛命运的戏论化以及寓意性描述。造成生

---

① Stephen Greenblatt, *The Greenblatt Reader*, Edited by Michael Payne , Blackwell Publishing, 2005, p. 303.

② Ibid. .

活混乱和灾难的小驼背人，就在某个生命的角落注视着你。在这首儿歌里，小驼背人的笑声是一种隐在命运的诗性意象，它把生命的断裂和挫折置换成生命戏谑的寓言性表达，就像把整体性的历史转化为偶然的事件一样。这样既保存着犹太人生命的快乐与尊严，又隐示着犹太人生活在混乱与苦难中的无奈。这意味着在个体生存与世界存在的巨大的裂隙里、在生活和历史的断裂处，肯定隐藏着一些文化真实和坚硬的社会物质，这正是格林布拉特理论探索的真相。实际上，正是这种粗糙意象的召唤和运行，造成了一系列可怕而荒谬的事件。这种不自觉的意识造型，是人类遭受苦难怪诞的一个不自知的陷阱。如果用欢快幸福的意象来隐喻生活，呼唤喜乐，坚强信念，则生命必然就会成就新的美好境界。

格林布拉特还写道："我断定在附近肯定有一个美国人会像小孩子斯坦利一样按时醒来，因为总是听到附近狮子咆哮的声音。我仍然记得我在门厅走来走去，想象着自己是一头笼中的狮子。我的母亲记得带我到酒吧，我的嘴张得很大的情景。我想象着我正在咆哮。"① 这种童年意象似乎本能地记录着格林布拉特对如铁般的社会隐秘的反抗、征服和超越。格林布拉特因为对生命中声音的关注，所以抖落了生活琐碎的表象，从而将个人生存转换成一种隐喻性的揭示。正如卡夫卡总是听到命运的"瑟瑟的落叶声一样"，苦难对于卡夫卡成为一种生命的盛宴，也是一首关于生命的无声乐章。从格林布拉特的故事里，我们感受到的是一种畅达的极为丰富的思维方式和生存方式，感觉到生活的文化想象性诗性内核，这种来自内在生命真实的呐喊和呼唤，不仅是一种具有丰富内涵的文化意象，也是一种对社会现实的诗性反叛。当然，生命的诗性不仅在于对美好生活坚定的信念和呼唤，更在于对成功境界的追求与超

---

① Stephen Greenblatt, *The Greenblatt Reader*, Edited by Michael Payne, Blackwell Publishing, 2005, p. 303.

越，格林布拉特用自己的生命参与研究和创作，诠释了新历史主义与文化诗学创造性的意义。在粗糙而荒谬的现实里，也一样蕴含着生命的喜乐和狂欢，宣泄着生命当下的欢乐与永恒的意义。

格林布拉特的父亲是位律师，也有经常叙述故事的嗜好。格林布拉特叙述说，在自己逐渐成长的过程中，对于自我意识的认定是与自我的叙述以及父母的故事叙述重重交织在一起的。父亲的叙述不像母亲那样集中在他自己幼时的经历上，而主要是讲述父亲自己和比他年轻很多的老朋友之间发生的那种激动人心而又十分精彩的故事，其实，这些事一直对父亲造成困扰。父亲与他的老朋友来自同样的社会背景，即对于来自立陶宛的贫困犹太移民来说，他们是在波士顿出生的第一代美国人，两人后来都成了律师。他们的故事就是从这里开始的。父亲叫哈里·J. 格林布拉特（Harry J. Greenblatt），他的朋友叫约瑟芬·H. 格林布拉特（Joseph H. Greenblatt）。但是，当后者也成了律师后，就在父亲办公室的同一幢楼里开了个事务所，并开始自称 J. 哈里·格林布拉特（J. Harry Greenblatt）。父亲认为，他总是设法挖走自己已经建立起业务关系的主顾。这件事情本身就足以构成相当程度的张力。几年后，矛盾更为激化，他显然比格林布拉特的父亲哈里 J. 更富裕。在格林布拉特看来，这种富裕基本上可以用 J·哈里每年在地方慈善机构的捐款金钱数目来估算，这些捐献每年都会被印在一张小的阅读量很大的手册上。格林布拉特长大后，有很多关于 J·哈里的故事发生。因为身份被混淆，机缘际会总是会让父亲非常沮丧，对方有时流着眼泪道歉，但是很快就会被新的积怨代替了，随之而来的就是巨大狂欢般的慈善捐献。这种情况持续了数年，格林布拉特觉得自己已经对父亲老套的故事有些不耐烦，其中总也不出现富有戏剧性的情节。可是，在父亲 86 岁去世之前的几年里，这种竞争和双重身份产生了奇怪的纠葛，J. 哈里·格林布拉特（J. Harry Greenblatt）被指控为盗用公款，这项指控被突出地登载在报纸上。但是报纸却印错了名字的拼写，错写成：哈里·J·格林布拉特（Harry J. Greenblatt）被起诉和被判入狱。有好事者打电话对母亲表示同情。这种混淆让人很窘困，但是起码有一个好处，格林布拉特父亲因此而叙说了关于自己和他的朋友新的完整的系列故事。如果一个人已经80多岁了，新故事就是一件十分宝贵的东西了。[①]

在格林布拉特看来，父亲潜在的叙事意图，肯定是着力将失望、愤怒、竞争、威胁的情绪转化为一种喜剧性的愉悦，从而在惧怕失去自我的位置上重建自我。[②] 这种叙述在某种程度上疏解了人与人、人与社会的矛盾与张力，通过将现实生活的种种不尽如人意的事件的“文本化”和“再文本化”，压缩事件的现实张力，将矛盾通过形而上的语言加以升华，使矛盾变得遥远而抽象，从而在想象中失掉威胁和伤害的力量。叙述出来的故事因为其文本中的诗性品质而失掉现实冲突性，因此叙述有时是将事件加以抽象和得以缓解的意识形态与政治力量。

二　对“叙述”的阐释与理论比较

美国解构主义批评代表人物希利斯·米勒（Miller J. Hillis）谈道：叙述这一概念暗含判断、阐释、复杂的时间性和重复等因素。叙述就是回顾已经发生的一串真实事件或者虚构出来的事件。与此同时，这串事件被阐释，……叙述是神秘的直觉，由无所不知的人来重叙事件；叙述也是诊断，即通过符号的识别性解读来进行鉴别和阐释。尽管从表面来看，这些话十分清楚明白地表达了其所指，但读者却不得不设法解开其中的谜。这种解谜是另一种叙述，是读者在阅读时对自己讲述的故事，本人在此所做的难题就是对叙述的难题进行叙述。[③] 米勒对叙事理论的解构是一种文本再阐释的策略，它涉及对传统的叙事理论的应用和拆解，与格林布拉特对自己生活事件的叙述是两种不同的阐释角度。

---

① Stephen Greenblatt, *The Greenblatt Reader*, Edited by Michael Payne, Blackwell Publishing, 2005, p. 304.

② Ibid. .

③ ［美］希利斯·米勒：《解读叙事》，申丹译，北京大学出版社2001年版，第44页。

格林布拉特的“叙述”（narrative）意义范畴与德国解释学美学家、哲学家狄尔泰（Wilhelm Dilthey，1833—1911）的“表达”（Ausdruck）概念有某些层面的共同之处，这种叙述是一种自我体验的话语表达。狄尔泰认为，对人生的意义不可能通过理性得到理解，只能通过个人的体验才能触摸到生活的真实本质。这与格林布拉特的“触摸真实”（touch to the real）理念是一致的。在狄尔泰看来，只有通过体验，人才能够真切而内在地将自身置身于生命之流中，从而与他人的生命融汇在一起，为此超越了人与我、世界与我的界限障碍，使人在当下的存在中与人类历史相遇。狄尔泰谈到，诗是生活本质的诗意表达，它扩大了人的解放范围和人的生命体验的视界，诗能够满足人的内心渴求，超越现实的生存事实；同时，读者通过再度体验，与诗人的心灵沟通，并重新唤起读者对生活的种种感受。体验就是生活意义的创造性过程，从而使个人达到一种诗意的有灵性的生存境界。为此，狄尔泰用“表达”的范畴来传达这种个人心理世界的符号化过程。借助对自我生命体验的“表达”，拓展了人的生命空间，将人与人、人与社会、人与自然等多重关系加以贯通，使个体人的生命过程有了历史的深度内涵。“毋庸讳言，‘表达’是一个重要的哲学概念，是把人所生活的可见的、具体的文化世界看做一种内在的力量——有意识的生命的产物。整个具体文化世界好比一个有意识的生命或精神表达自己的文本。生命在流逝，只是留下许多物质载体——‘文本’，它们表达了运动中的人类体验。这些文本意义可以被他人理解。”① 在本质上，狄尔泰的“表达”所体现的文化诗学内涵以及历史存在价值与格林布拉特对叙述的阐释大致是相同的。

如果说狄尔泰的“表述”概念流露的是人对世界的诗性体验，那么福柯在他的早期著作《疯癫与文明》和《诊所的诞生》中提出的“陈述”（statements）概念则充满了对权力话语的意识形态能量的揭示。

---

① 王岳川：《二十世纪西方哲性诗学》，北京大学出版社2000年版，第60页。

"陈述"主要是指"严肃"的言语行为，福柯的这一话语实践行为与日常生活中的言语行为显然不同。"陈述"是权威性主体以某种被人们认可的方式说话，要求人们承认其真理性，例如写作、绘画等就是此类行为。因此，福柯谈道："陈述不像我们呼吸的空气那样透明，陈述是被传递、被保存的东西，是人们想要占有的东西。人们复制陈述，不仅通过誊抄和翻译，而且通过诠释、评论以及从内部来扩散意义。"① 福柯后来在《知识考古学》中在悬置话语的真理性的基础上，分析话语的形成和话语形成所经历的变化，从而寻绎出体现"陈述"的严肃言语（主要指人文学科语言）与普通言语关系的规律性，福柯把这种话语分析研究的方法称为"考古方法"（archaeology）。福柯的观点可以诠释格林布拉特叙述中内含的意识形态权力特点，既然一切文本都是意识形态文本，那么格林布拉特的叙述也是这样。

格林布拉特有强烈的叙述自己经历的愿望，因为非常想让这种叙述把自我释放出来。正是这种愿意叙事的强烈冲动，在内心深处促使他致力于文学的文化诗学批评，这样不断释放自我，又重新回归到自我。在这样多次往复的过程中，使自我不断得到重塑。在这种肯定与重塑自我的叙事中，体现了对文化多元、流动、跨域界限的自我意识和强烈的自信力。对于他者，我的叙述是权威的、理论的、有着生活真意的，用福柯的术语来阐释：叙事本身也是一种话语权力的运作。格林布拉特强调自己可以容忍他者的声音，但是却无法容忍强迫性的人生安排。童年时代内心多重语言的存在——"I"的声音、"特别的斯坦利"（Terrible Stanley）的声音、他的声音、狮子的声音，这种众语喧哗的局面颇似巴赫金对陀思妥耶夫斯基小说《罪与罚》的解读，小说中的主人公拉斯科尼科夫内心总是处于对话状态，有多种声音交织其中，形成着复杂而具有多面性的自我，诠释着巴赫金的对话原则和多声部、狂欢化理论。在文化诗学的语境空间里，个人的事件被外化为文化表述或社会历史的

① Foucault, *The Order of Things*, New York: Random House, Pantheon, 1972, p. 120.

诗性呈现。

这种内在想象力和内在声音的叙事，意味着在诗学理论中重建人的真实经验，体现了一种人们潜在的要求冲破束缚、打破人我等一切界限的渴望。这种叙述本身昭示着现实对自我的压制，疏解着自我对自由和力量的向往，也意味着人性本质潜在的重塑。在格林布拉特看来，这种人生经历的叙事，不是老年人的唠叨，而是文本叙述展开的一种方式，正如他在《〈文艺复兴时期的自我造型〉导言》中所提到的：生活并不像想象中的那样缺乏艺术。艺术或审美的魅力深植于生活之中，每一个细节、每一个人性的冲动、每一个想象和举动，都是一种文本叙述的方式，它们展开了人生，也构建了人性的本质，是一种能动复杂的“自我造型”。

作为真诚的理论批评家，格林布拉特不可能囿于文学文本的狭小空间，而是在广阔的文化空间通过故事“叙述”的形式，表达了对生命的诗性思索，从而将理论思考和现实生活本身结合起来。格林布拉特敢于挑战学术成见，敢于“叙述”个人真实的故事，显露个人真实的情感，将抽象的理论研究和真实的生命事件融合起来，凸显自我形成和自我生产的事实，揭示出社会主流意识形态如何通过文化权力的生产，强制地或潜在地把个人纳入权力者的历史空间里面。这并非只是一种理论时髦，而是一种文化自觉和政治自觉，是一种文化上的自我认同和使命感。

第二章

新历史主义与文化诗学的三个主要理论范畴

“新历史主义”和“文化诗学”两个概念经常混同使用，但是各有侧重，是一对共同点颇多，但是又有差异的概念。新历史主义着重从历史诗学角度加以理解，而文化诗学则着重体现了从文化的广阔视域寻绎文学与诸文本之间的关系，并发现其诗性品质以及其意识形态政治内涵的特点。另外，“轶闻主义”是格林布拉特新历史主义与文化诗学主要使用的文本阐释手段与概念范畴，这一概念深刻体现了格林布拉特新历史主义与文化诗学的历史意识和文化意识。

第一节　新历史主义

“新历史主义”文化现象产生之后，学术界对它的内涵、意义和范围的界定并不非常明确。格林布拉特在叙述中曾经谈到：1975 年他应邀出席 UCLA 的一次学术会议之后得到了一些珍贵的历史史料，主要是一些 16 世纪前后的航海日志、游记、英国殖民情况记载等，从而改变了他的学术道路。按照格林布拉特的阐释方法，这一事件不仅对格林布拉特本人很重要，而且其中所蕴含的价值，以一种突然令人“惊叹”并不断产生“共鸣”的方式，注释了新历史主义最初产生的理论缘起。

一 新历史主义的理论缘起

新历史主义的产生是20世纪中后期英美批评理论家理论期待的结果，当时英美学术界的共同特点是不同程度上各自采取的广义符号学方法论和跨学科视野。同时，新历史主义的“新”可能也和20世纪60年代出现的“新历史”有关系。因为“新历史”的研究手法与当时传统的历史学研究不同，它对历史研究关注的重点由传统的历史文本转移到政治和外交事件，并且主要依赖于叙事作为叙述历史的基本手段。

在《回声与惊叹》一文中，格林布拉特谈到使用“新历史主义”的初衷。长期以来，注重形式和文本细读的英美新批评已经形成体系，并且占据了大学和研究体制，格林布拉特提出的“新历史主义”，标志着一种新的理论转向。因为历史的偶然性中往往潜含着文化质素，“新历史主义”一词由此获得了某种理论价值。其实，人们对“新历史主义”从一开始就存在着种种误解，某些理论批评家甚至将自己标榜为新历史主义者。但是，格林布拉特声称自己坚决反对任何僵化的理论定位。

无论如何，“新历史主义”一词流行之初，还是令格林布拉特始料不及。到了20世纪后期，当颠覆和反抗成为理论时髦时，没有谁会愿意构建一种严密的理论体系，因为当理论成熟和严密的时候，就意味着这一理论的僵死和过时。所以，1986年，格林布拉特在西澳大利亚大学《通向一种文化诗学》的演讲中，开头就说他感觉脚下有点发虚，这并非调侃和玩笑，而是内心真实的感受。格林布拉特明确反对把新历史主义建设成一个有体系的流派或组织，而认为新历史主义主要是一种方法论或一种消解界限的思维方式，它着重于自己的文本阐释诗学的理论实践，而不是建立固定的流派。

可以说，新历史主义的产生只是格林布拉特以及他的伯克利大学同事们从事文艺复兴时期文本阐释理论实践的学术个性的结果，它由此引发和带来一系列对于文学研究和理论批评方法的新的热情，因此逐渐形成20世纪后半叶一种重要的文学理论批评思潮。新历史主义的主要代表作家为：格林布拉特、海登·怀特（Hayden White）、多利莫尔（Jonathan Dollimore）、蒙特洛斯（Louis Adrian Montrose）、韦恩（Don E. Wayne）、赖恩（Kiernan Ryan）、辛菲尔德（Alan Sinfield）等。

格林布拉特在《通向一种文化诗学》一文中深入阐述了新历史主义和文化诗学概念。在格林布拉特那里，新历史主义和文化诗学从一开始基本就是一个混用的概念。格林布拉特用新历史主义和文化诗学来概括加州大学伯克利分校他的同事们的文学批评实践和文化阐释。当然，这两个概念的使用虽然极为含糊，但是的确存在着一定差别。新历史主义这一指称更侧重于体现新历史主义的历史诗学思想，它注重文本阐释中存在的主导意识形态压抑、规置的政治内涵；而文化诗学则侧重于文学的文化阐释，是将文本放在整个人类文化视域内进行分析阐释，更注重对人类生存活动隐喻的诗性内涵的把握。

二　旧历史主义与新历史主义的区别

格林布拉特在《通向一种文化诗学》中提到《美国传统字典》（*The American Dictionary*）列举的“历史主义”三个主要含义：（1）认为历史的进程是人们难以改变的；（2）历史主义必须避免对过去时间里或者说从前的文化进行价值判断；（3）尊重过去或者传统。以此出发，格林布拉特阐述了新历史主义与旧历史主义的重要差别。旧历史主义坚信历史进程是人们难以改变的，这实在是对人类的能动作用的抽象和偏离。在特定的时间、特定的场景中的男男女女们所做的具体人生选择构成了“人”，这些无色彩、无姓名的人类群体的存在并没有有效干预历史进程，但是并不能说明那些改变历史进程的人们是不存在的。相反，新历史主义避免使用“人”这个字眼，其兴趣并不在于抽象的普遍性，而在于具体视情况而变化的实例、自我塑造以及由生产规律和特定的文化冲突而出现的事件。阶级、性别、宗教信仰、种族、民族身份等经验形成了自我，人类的历史进程不断促使自我产生变化。[①] 一般看来，由于新历史主义偏向于文学文本分析，强调历史语境中形成的审美意蕴，因而新历史主义也经常被称为文化诗学。

格林布拉特曾经论述说：旧历史主义倾向于独白话语，即它致力于发现一个唯一的政治图景，就是那个据说被整个知识界甚至全世界认可的图景……这种图景虽然有时被分析为两种或两种以上的成分的聚合，通常认为这种图景内部连贯一致，具备某一历史事实的地位。人们不会认为这个图景是史学家阐释的结果，更不会把它看作是与其他社会集团有利益冲突的某一社会集团的利益所致。因此这个图景避免了阐释和冲突，超越了偶然性，可以作为稳定的指涉让文学阐释安全地加以引用。[②] 而新历史主义则动摇了批评和文学的所依赖的稳固的历史现实基础，反对既定的历史文本对历史叙述的可靠性、连续性、稳定性的理论依赖，发现了历史断裂的空间和被压抑的边缘那种异在的历史意识。

格林布拉特曾经写道："文学研究中的'新历史主义'的特点之一，恰恰是它（也是我自己）与文学理论的关系上的无法定论，从某种意义上说，这种关系是说不清道不明的。一方面，我觉得，新历史主义与20世纪初实证论历史研究的区别，正在于它对过去几年的理论持一种开放的态度。当然，米歇尔·福柯生前最后五、六年始终待在伯克利的校园里，说得更宽泛一些，还有欧洲（尤其是法国）人类学和社会理论家们在美国的影响，都对我自己的文学批评实践的形成发生过作用。而另一方面，总的说来，历史主义的批评家一般都不愿意加入这个或那个居主导地位的理论营垒。"[③] 这种理论的开放性是新历史主义理论价值构成的关键，它意味着新历史主义的跨学科的特点，以及它极为

---

① Stephen Greenblatt, *Learning to Curse*, New York and London , Routledge, p. 222.

② Stephen Greenblatt, *Introduction to The Power of Forms in the English Renaissance*, 1982. In Vincent B Leitch, 2001, pp. 2253 – 2254.

③ ［美］格林布拉特：《通向一种文化诗学》，载张京媛主编《新历史主义与文学批评》，北京大学出版社1993年版，第2页。

辽阔的文化视域。

传统历史主义（或旧历史主义）往往把社会历史看成是客观的、连续的、有规律的。新历史主义则认为历史是断裂的、不稳定的，是不断构建的，从而把文学文本与非文学文本（主要指社会政治、宗教、习俗等）放在等同的视角平台上研究。新历史主义尽管对社会历史事实采用全景式关照，但是尽量避免使用主流意识形态和主导性历史话语，主要把边缘化的各种轶闻野史以及被历史尘封的现实可能性拉到文本阐释中来。当然，新历史主义在具体分析时和20世纪后期其他批评理论一样，较多地采用形式主义和解构主义的文本细读，从遮蔽不彰的历史现实文本踪迹中找寻曾经被忽略的社会历史存在。

美国著名新历史主义文论家吉恩·霍华德认为："'新历史主义'的文学批评的出发点有两条：（1）人是一种构成，而不是一种本质。（2）历史考察也相应是人的历史的产物，它永远不能认识一种纯粹的差异性，而总是只能通过现时的框架部分识别它。这最后一点把我们引向任何'新'历史批评的关键所在，也就是我们所认为的历史究竟是什么的问题：是一个可以重新获得的领域，还是一种由历史学家或阐释者以各种方式将文本化的痕迹聚合起来而形成的构造物。当海登·怀特论证历史是产生的而不是发现的，当他说明那些旨在描述某个时期的综合性的历史，都是某个人的特定历史条件下的构成物的时候，他便点到了这个颇有争议的中心问题。这时，他对文学批评家通常借用'历史'的方法提出了质疑，他们把历史当作一个事实领域，认为文学作品那多元或多义性的本质就植根其中。"①

那么，首先，按照新历史主义的观点，人与历史都不是本质，而是构建着的文本存在。并非说人是虚无的存在，历史完全是相对的，而是指人的存在是众多社会文化因素合力的结果，而人又不是被动地生存。人是社会网络结构中的不能忽视的力量。其次，新历史主义最重要的观

---

① ［美］吉恩·霍华德：《文艺复兴研究中的新历史主义》，盛宁译，载《文艺学与新历史主义》，社会科学文献出版社1993年版，第99页。

点是认为历史叙述里包含了诗学因素，它暗合了主导性历史符码或意识形态符码，既迎合又构建了主流意识形态，所以，作为主流意识形态话语的传统历史文本往往意味着对边缘化生存的盲视和对异己力量的删除。因此，新历史主义从产生起，就与批评理论家产生了众多的纠葛，引起了社会科学领域广泛的反应。可以说，无论是杂多的抨击，还是广泛的阐释，都说明了新历史主义的理论存在价值和时代魅力。

从某种角度讲，新历史主义更多是指一种理论研究方法，在这种理论努力中，必然将文学文本和非文学文本互相对照阐述，论证与探讨它们在内在结构、隐在符号化等方面的潜在联系与种种差别。同时，新历史主义意味着对“历史”内涵的多重阐释和理论构建。在新历史主义看来，历史是被激活的历史，而不是僵化的事实和文学背景。格林布拉特说：“一个人在这种阐释工作中，是不可能遗忘自己所处的环境的，我在这本书清晰地表明，我针对自己的材料提出的问题，而且实际上这些材料的性质，统统受到了我向自己提问的支配。”①

格林布拉特的阐述非常清楚地表明了历史文本阐释中的当代立场，这一观点与克罗齐（Croce，1866—1952）的著名观点非常相似。克罗齐认为，“在一切历史判断的深层存在的实际需求，赋予一切历史‘当代史’的性质，因为从年代学上看，不管进入历史的事实多么悠远，实际上它总是涉及现今的需求和形势的历史，那些事实在当前形势下不断震颤”②。不管是对一切历史“当代史”性质的理解，还是对历史事实“在当前形势下不断震颤”的感受，格林布拉特与克罗齐的观点都基本是一致的，格林布拉特总是用“共鸣”一词代替历史事实的“震颤”性效果。

---

① 格林布拉特：《〈文艺复兴时期自我造型〉导论》，赵一凡译，载《文艺学与新历史主义》，社会科学文献出版社 1993 年版，第 81 页。

② ［意］克罗齐：《作为思想和行动的历史》，田时纲译，中国社会科学出版社 2005 年版，第 6 页。

三　新历史主义的理论构成

新历史主义发展到20世纪90年代之后，因为对文化研究的广泛涉及，逐步融入文化研究的理论视域。因此，有学者认为：当代文化研究基本上可以分为两部分，一是大众文化研究；二是新历史主义。大众文化研究的新“左派”色彩较浓，大都有新马克思主义的理论背景。1987年，理查德·约翰逊（Richard Johnson）发表《究竟何谓文化研究》一文，在这篇文章中，他所指称的文化研究主要是指当今的大众文化研究，与新历史主义可作为相互参照。他认为文化研究与新历史主义都可以看成是“后—后结构主义”①。也就是说，新历史主义是对后结构主义的发展和超越。公开肯定地认为新历史主义与后结构主义有承继关系的是蒙特洛斯（Louis A. Montrose）。一般认为，新历史主义基本上继承和发展了后结构主义的知识体系，表达了理论批判话语的特殊政治意向。在这一意义上，后结构主义解构中心、反抗权威、强调边缘性、强调少数族群的利益，给新历史主义提供了阐释主题和思想路向。与后结构主义有所不同的是新历史主义往往是在文本的诗学阐释的时刻，通过对文本的文化阐释与解读凸显出隐蔽的主流意识形态的压迫性内涵。格林布拉特的观点是：审美很重要，但是意识形态的政治压力是无处不在的，现实社会中的人类是不能完全自主的，因为总是处于权力网络的压力之中。格林布拉特对形式主义的极度反感，症结就在于此。在格林布拉特看来，审美是重要的，但是作为审美的文学性也是忽略甚至掩盖意识形态实质的因素之一。中国学者盛宁论证了新历史主义与后现代主义消解中心、拆除界限的共同点，将新历史主义归入后现代主义的思想洪流中；而中国学者王岳川则把新历史主义与后殖民主义联系起来研究，认为新历史主义和后殖民主义有着不可分割的内在关系。这些

---

① Richard Johnson, “*What is Cultural Studies Anyway*?” Social Text 6.1, 1987, 38—39. In John Storey (Ed.), *What Is Cultural Studies A Reade*, London: Hutchinson, 1996, pp. 75 - 114.

观点当然都有着某一层面深刻的理论依据。格林布拉特的论文论著还涉及16世纪前后的英国殖民的“小历史”，直接阐述分析语言殖民问题。①

新历史主义理论界定和阐述较为成功的重要学者还有蒙特洛斯(Louis A. Montrose)。20世纪80年代初，他发表了《关于文艺复兴文化的诗学》(*A Poetics Renaissance Culture*)、《文化诗学与政治》(*The Poetics and Politics of Culture*)等一系列论文，阐述“新历史主义”的主要特点和理论范畴。蒙特洛斯还对格林布拉特所提倡的“文化诗学”作了充分的阐发。他认为，这一研究构想是对“文本与文本之间的轴线进行了调整，以一种整个文化系统的共时性的文本取代了原先自足独立的文学史的那种历史性的文本”，这是一种“具有后结构取向的历史观”，一种“既是历史主义又是形式主义”“两者不可分割”的新历史主义。过去以为“文学”与“历史”、“文本”与“语境”之间的区别是一成不变、毋庸置疑的，而新历史主义之“新”，则在于它摒弃了这样的看法，它再也不把作家或作品视为与社会或文学背景相对的自足独立的统一体了。蒙特洛斯认为新历史主义的特征是“文本的历史性”和“历史的文本性”。②

蒙特洛斯是这样解释“文本的历史性”与“历史的文本性”的：“我以‘文本的历史性’指所有的书写形式——包括批评家研究的文本和我们身处其中的研究其他文本的文本——的历史具体性和社会性、物质性内容；因此我也指所有阅读形式的历史性、社会性和物质性内容。”③ 文本的历史性意味着文本所具有的物质含量，也意味着文本参与社会历史的建构过程。正是因为如此，历来统治阶级对文学戏剧的管理和控制都极为严格，这是无处不在的意识形态权力抑制。

---

① Stephen Greenblatt : *Learn to Curse*: *Aspects of Linguistic Colonialism in the Sixteenth Century*, In *Learn to Curse*, New York and London: Routledge, 2007, p. 22.

② 盛宁：《人文困惑与反思——西方后现代主义批判》，三联书店1997年版，第156页。

③ Greenblatt S. &Gunn G. ed. , *Redrawing The Boundaries*, The Modern Language Association of American, New York, 1992, p. 410.

从某种角度讲，"新历史主义"更多是指一种理论研究方法，在这种理论努力中，必然将文学文本和非文学文本互相对照阐述，论证与探讨它们在内在结构、隐在符号化等方面的潜在联系与种种差别。同时，新历史主义意味着对"历史"内涵的多重阐释和理论构建。在新历史主义看来，历史是被激活的历史，而不是僵化的事实和文学背景。格林布拉特说："一个人在这种阐释工作中，是不可能遗忘自己所处的环境的，我在这本书清晰地表明，我针对自己的材料在某种程度上的这种文化颠覆，是被统治阶级预置在文本之中的，并通过主流意识形态的抑制，从而使民众的政治意图消解在文本的矛盾冲突的张力之中。因此，这种颠覆性的声音确保了现存秩序，并不摧毁现存秩序的根基。"[①] 在格林布拉特看来，这种颠覆不是一种抽象意义上的戏剧力量的理论需要，而是一种历史现象，是一种特殊文化的特殊形态。统治者的权力构成，是通过戏剧舞台上对皇家的崇拜，以及对这种崇拜的敌人在舞台上施以暴力惩罚来加以表现的。[②] 按照杰姆逊的说法，"颠覆"和"抑制"都是一种政治无意识行为。

再者，蒙特洛斯认为："'历史的文本性'首先是指如果不以我们所研究的社会文本为媒介，我们就没有任何途径去接近一个完整、真正的过去和一个物质性的存在；而且那些历史踪迹不能被视为仅仅是偶然形成的，而应被设定为至少是部分必然地源自选择性保存和涂抹的微妙过程——就像那些生产出传统人文学科规划的过程一样。其次，那些在物质及意识形态斗争中获胜的文本踪迹，当其转化成'档案'，变成人文科学阵地的材料，并成为人们自己描述和解释文本的基础时，它们自身也充当了后人的阐释媒介。"[③] 按照新历史主义的观点，无论历史如何真实，在它的文本化过程中总是存在着巨大的意识形态语境；同时，

---

① Greenblatt, *Shakespearean Negotions: The Power Of Forms in the English Renaissance Eegland*, Berkeley&Los Angeles: U. of California, 1988, p. 52.

② Greenblatt, *Renaissance Self-Fashioning*, The University of Chicago Press, 1980, p. 57.

③ Greenblatt S. &Gunn G. ed., *Redrawing The Boundaries*, The Modern Language Association of American New York, 1992, p. 410.

历史在文本化过程中也隐含着诗性的因素。

在蒙特洛斯看来，新历史主义的目的之一是重新描述文本与产生文本的文化制度、意识形态、国家机器、政治权力结构等社会因素之间的关系，从而探索文本的政治与权力因素，因为任何作家在创作的时候都不可能是孤立的存在，必然是各种权力机构及其话语控制与影响的产物。

新历史主义的另一个重要人物是海登·怀特（Heyden White，1928— ）。怀特的主要著作有《论维柯》（1969）、《元史学：十九世纪欧洲的历史想象》（1973）、《话语转义学：文化批评论文集》（1978）、《形式的要旨：叙述话语与历史表征》（1987）。怀特主要研究19世纪欧洲意识史，尽管他本人并不承认自己是新历史主义者，但是还是被公认为新历史主义的代表性人物。怀特主要是在历史诗学层面为新历史主义理论做出了贡献。怀特认为，历史离不开想象性的虚构。从本质上来说，历史与文学都含有一定的虚构性，都具有一定的诗学性质。历史与文学的不同在于，历史学家是直接面对事实，与事实相关联；而文学家则主要是通过想象，与想象中的事件发生关系。历史文本的形成过程，就是把真实事件和想象构思运作过程融合起来，这既是一种历史书写过程，也是一种想象性构建过程。海登·怀特说："除了鉴别和说明19世纪欧洲历史意识的主要形式之外，我的一个主要目的在于，要在历史学和哲学中确定那种任何时代都在使用的独一无二的诗学要素。……通过揭示出一种特定的历史学观念赖以构成的语言学基础，我试图确定历史作品不可回避的诗学本质。……根据我对19世纪历史意识的研究，可以得出的一般结论大体如下：（1）既是正统历史学，则同时是历史哲学；（2）史学的可能模式与思辨历史哲学的可能模式相同；（3）这些模式实际上又是它的诗性领悟的形式化，与某些特殊理论赋予历史书写的'阐释'模式基本一致；（4）没有一种确定无疑的理论能要求一种权威性，从而认定这种模式具有更大的'确定性'；（5）以上逻辑说明，我们对历史的解释只是彼此竞争的各种阐释策略其中的一种；

(6) 选择某种有关历史的看法，主要是根据美学的或道德的方面，而不是认识论方面。最后，对史学科学化的要求，仅仅表达了对一种特殊历史概念化的偏好，其基础要么是美学的，要么是道德的，而它的认识论上的论证仍然有待确立。”[①] 在怀特看来，历史文本从认识论来说是不确定的，历史书写中蕴含了美学和道德的因素，而且对任何历史问题的阐释，都只是众多阐释中的一种。从而对传统历史学把历史文本看成是确定的、客观的、稳定的、连续的观点提出了一种反驳。怀特的论证，把想象、虚构的因素和事件一起列入历史文本的书写过程之中，具有重要的诗学意义。海登·怀特因此阐述说：“特定历史过程的特定历史表现，必须采用某种叙事化形式，这一传统观念表明，历史编纂包含了一种不可回避的诗学——修辞学的成分。”[②]

由此来看，不同的历史学家所构建的历史文本是有差异性的。为此，怀特借鉴弗莱（Northrop Frye）在《批评的解剖》中对叙事故事的分类类型，来说明历史书写的不同美学形态。怀特认为弗莱的浪漫剧、悲剧、喜剧和讽刺剧四种故事的原型，为我们提供了不同的阐释方式。史学家正是借用不同的阐释工具，提供了历史书写的情节化效果。这样，怀特把历史文本看成是叙事化的产物，在研究历史叙事的基础上，怀特提出了“元史学”理论。怀特说：“叙事决非某种文化用来赋予经验意义的诸多代码中的一种，而是元代码，一种人类普遍性，在这种普遍性基础上，人们可以分享作为实在本质的传递的跨文化信息。”[③] 因此，历史文本并不是旧历史学家所说的那样，是一种透明的、客观的、具有稳定性的真实再现，任何历史书写都蕴含着意识形态性和想象性，而这种想象性也是一定的意识形态的体现。怀特说：“历史永远不仅是谁的历史，而且总是为谁的历史。不仅是为某一特定意识形态目标的历

---

① ［美］海登·怀特：《元史学：十九世纪欧洲的历史想象》，陈新译，译林出版社 2004 年版，第 4—5 页。

② 同上书，第 2 页。

③ Heyden White, *The Value of Narrativity in the Representation of Reality*, In Critical Inquiry, Vol. 7, No. 1, 1980, pp. 5 – 6.

史，而且是为某一特定社会群体或公众而书写的历史。"① 在怀特看来，任何历史写作都是在一定的意识形态范畴之内进行的。

无论是“历史的文本性”还是“文本的历史性”都强调抹除历史与文学边界，从而在理论上消解了文学与历史、文学与生活、文学文本与非文学文本的二元对立。现实的历史是无法再现的，能够再现的大都是以文本形式存在的，特别是因为主流意识形态的规置和政治制度的压制，人们不可能把事态的真相全部记入历史，所以历史文本不是整体的、稳定的而是断裂的，在这种断裂的缝隙中潜存着某些审美特质，所以历史文本也是文化诗学分析的对象。同时，在文学文本中存在着政治的和主流意识形态压制与颠覆的张力，作家的个性、作家的人格、作家的创作目的、作品的流通等，并不都是完全自主的，文学文本参与了权力结构的构成，而社会权力结构、意识形态因素又规制了文本的潜在意义，所以文本与社会能量是双向交流、多次往复形成的。

另外，还需要特别提到“历史诗学”与“新历史主义”的关系。“历史诗学”（The Poetics of History）是一种传统的文学理论基本问题，主要研究探讨历史与诗学的关系问题。“历史诗学”这一概念应该从两方面来加以理解，一是历史诗学是关于历史的诗学，即关于历史的诗性问题的理论，它涉及历史及“历史书写”在本质上的转义性、文本性、创造性、虚构性、审美性以及意识形态性等；二是历史诗学是关于诗学的历史方法，即以历史意识为主导线索的文学理论研究方法或诗学方法。前者偏重于历史，是以文学及其本质为方法论而建构的史学理论；后者偏重于文学，是以史学及历史原则方法为方法论而形成的文学理论。新历史主义的诗学观点和批评实践应归入历史诗学，或者说它是一种新历史诗学，因为它试图对历史诗学的根本问题作出自己的解答。在思想承继上，新历史主义是对历史诗学的深化，将历史诗学推到叙事历史诗学阶段，也使历史诗学“问题化”和“具体化”。“新历史主义”

① ［美］海登·怀特：《历史主义、历史与比喻想象》，载《后现代叙事学》，陈永国、张万娟译，中国社会科学出版社2003年版，第105页。

的诗学观点和批评实践是历史诗学理论的一部分，甚至可以说，“新历史主义”是一种新的历史诗学，因为它试图对“历史诗学”的根本问题加以深化并作出自己独特的阐释。“新历史主义”是对历史诗学的深化和延展，它将“历史诗学”推到叙事历史诗学阶段，使“历史诗学”与文本阐释实践联系起来，并成为当代人文社会学科“历史转向”的中坚力量。

第二节　文化诗学

“文化诗学”这个概念是格林布拉特从人类学家格尔茨（Clifford Geertz）那里得到启发使用的。格林布拉特曾经阐述文化诗学的含义是“研究文化活动的集体创造，并探讨这些活动之间的关系”；这种研究关注的是“集体信仰和经验怎样形成，怎样从一种状况传向另一种，怎样集中于可把握的美学形式，怎样进入消费领域，以及通常被视为艺术形式的文化活动和其他相关的表现形式之间的界限是怎样划分的”。[①] 在格林布拉特的诗学概念里，文化成为一种诗学的对象，这样就意味着文化审美性的认可，当然，在文化诗学的概念里文化的审美性有时是以独特的方式展现出来的，它体现了如同海德格尔“诗意的栖居”的人类学和阐释学含义。它主要探索了一种文本与人类生存的联系和意义，关注人类社会文化发展中的想象性与创造性，这样，文化与诗的内涵共同构成了一种能动的文化诗学理念。

一　格林布拉特文化诗学的理论来源

格林布拉特的文化诗学理论来源很复杂。“诗学”的概念应该是深植在西方文化传统中的一个概念，最早可以追溯到柏拉图和亚里士多

---

① Stephen Greenblatt, *Shakespearean Negotiations: The Circulation of Social Energy in Renaissance England*, Berkeley and Los Angeles: the University of California Press, 1988, p. 1.

德。一般认为，柏拉图主张将诗人逐出理想国，而且认为艺术是“影子的影子”、摹本的摹本，离真理隔着两层，所以是不真实的，所以柏拉图的理式与诗学相去甚远，由此认定柏拉图是诗学的敌人。这一观点是有些偏颇的。实际上，尽管柏拉图的理式论充满了抽象和玄奥，但是就其思想的内在方式和根本特质而言，柏拉图对理式的畅想和对世界的解说都是一个诗意的隐喻的结构。如果没有诗意的想象与创造，柏拉图的学说是无法让世人理解的。从这个意义上讲，柏拉图是在一种诗的方式中展开思考的，他通过对话展开生动想象的论述，构造富有隐喻性内涵的哲学形象，直观地描述和表达他所构造的独有的精神世界。

柏拉图强调灵魂的不朽，强调灵魂的运动性和创造性。柏拉图是用“灵魂马车”这一隐喻来表达灵魂的特征的。在柏拉图看来，人的灵魂分成三个部分，分别是欲望、理性和精神。理性是驭手，驾驭着激情和欲望两匹马。激情是一匹良马，欲望是一匹劣马。灵魂就如同激情和欲望两匹马和一个理性赶车人的组合。如果灵魂是完善的，它就能够远飞高举，控制生命世界的一切；如果灵魂的飞马失去了羽翼，就会向下陨落乃至死亡。因此，人必须努力驾驭好自己的灵魂马车，像太阳神那样，使它永远不偏离正道，而勇往直前地飞达极善的境地，与神灵净化的美德相会合。可以说，柏拉图哲学是建立在一种隐喻性的诗性叙述之上的理论体系，具有丰富的想象性和创造性。

罗马帝国时代的希腊哲学家普罗提诺（Plotinus，205—270），对柏拉图的学说加以继承和发扬，从心灵的玄奥和神秘出发提出了“三一说”，形成了一种被后世哲学家命名为“新柏拉图主义”的理论体系。普罗提诺的《九章集》和柏拉图的理论阐述一样，通篇流溢着一种诗意。普罗提诺用简洁而明快的诗性语言独白式地表达着主观的思想，构造着一种完满自足的精神哲学。[①] 众所周知，柏拉图的“相”，也称为“理式”是柏拉图构想和阐释的一种境界。在普罗提诺看来，应该创造

---

① 参见胡经之主编《西方文艺理论名著教程》（上），北京大学出版社2003年版，第90页。

性地认同和理解柏拉图对“相”的阐释，以此衍生出“太一”（The One）这个概念。普罗提诺认为，由“相”的分有而产生出“太一”的流射。“太一”流射出“美”，“太一”流射出“善”，所有美的事物和美德都是从“太一”流射出来的。从某种程度上说，普罗提诺的理论所建构的也是一种隐喻性的诗学模式，是对柏拉图诗思传统的创造性继承和演化。

车尔尼雪夫斯基指出：无论是柏拉图还是亚里士多德，都认为艺术的尤其是诗的真正内容完全不是自然，而是人生，亚里士多德的《诗学》没有一个字提及自然，他说人、人的行为、人的遭遇就是人所模仿的对象。① 我们知道，亚里士多德曾经在《诗学》中把诗和历史作了著名的比较：“诗人的职责不在于描述已经发生的事，而在于描述可能发生的事，即按可然律或必然律可能发生的事情。历史学家与诗人的差别不在于一用散文，一用韵文。希罗多德的著作可以改写为韵文，但仍是一种历史，有没有韵律都是一样，两者的区别在于一是描述已经发生的事，一是描述可能发生的事。因此，写诗这种活动比写历史更富于哲学意味，更被严肃地对待，因为诗所描述的事带有普遍性，历史则叙述个别的事。所谓‘有普遍性的事’，指某一种人，按照可然律或必然律，会说的话，会行的事，诗要首先追求这个目的，然后才给人物起名字，至于‘个别的事’，则是指亚尔西巴德所做的事或所遭遇的事。”② 在亚里士多德看来，历史是由偶然的个别事件组成的，而诗则体现了普遍性，诗描述可能发生的事，就是描绘生活中还没有存在的，但是可能将要存在的事物或事件，诗歌所传达的正是这种生活隐喻性的诗学品质。亚里士多德的诗学观和历史观对西方文化思想的影响很大，我们也可以从新历史主义诗学观中发现其中的共通点。

再者，20 世纪奥地利天才哲学家维特根斯坦（Wittgenstein，Lud-

---

① 参见［俄］车尔尼雪夫斯基《美学论文选》，缪灵珠译，人民文学出版社 1957 年版，第 144 页。

② 参见［古希腊］亚里士多德《诗学》，陈中梅译，商务印书馆 2003 年版，第 81 页。

wig，1889—1951）后期用“语言游戏——生活形式”的方式揭示语言对日常生活诗意的创造性。这种将语言文本与具体生活联系起来思索和探讨的思维模式，正是格林布拉特始终坚持的文化立场。在格林布拉特看来，创作和理论研究就是一种依靠语言而成立的生存方式，它不是与生活本身分离的东西，而是生活本身，这样就把生活与理论批评更为接近地联系起来，这也是当代理论批评的一种趋势。这样，理论就是一种艺术实践，人在这种实践中“自我造型”并确立自身。格林布拉特注重历史的偶然性，也注重理论的实践性，把理论的开放性和参与性看做理论建构的重要规则，坚持认为新历史主义和文化诗学只是一种阐释实践，不是什么理论流派。这样，文化在生活的多重的活力中得到诗意的再生。

与维特根斯坦同时代的哲学家海德格尔（Heidegger，1889—1976）在著作中探讨了诗与语言、生存的内在关联，将诗看成是天地人神“四重世界”的共存纽带。在海德格尔的理论范畴里，诗主要是指想象性的文学艺术文本，这种把诗上升到一种普遍意义的生存本质的学说，实质上是对诗的文化阐释，是一种文化诗学。海德格尔认为：在广义上，诗是存在于艺术品中的确立，它确立了一个世界，而这个世界必然使大地呈现自身。在语言的运化中，敞开与遮蔽必然是相伴而生的——诗洞悉了大地与世界之间的斗争。[①] 在海德格尔看来，诗通过语言确立了自身并形成了一个世界，这样，真理就通过艺术作品的存在向人们敞开了自身的存在。海德格尔这样说：真理作为对自身存在的事物的敞开与遮蔽，这一过程，就像一首诗一样被完成了，所有艺术，就其让本身存在的事物的真理如此地来到，在本质上就是诗。艺术的本质由艺术家和作品一同掌握，这便是真理自行设置为作品。海德格尔阐述说：语言首先把存在带入敞开之中而成为存在，但语言自身并非就是存在的，像石头、植物或动物的存在一样，并非本来就有一个存在者的敞开领域，

① Heidegger, *Poetry*, *Language*, *Thought*, New York: Harper & Row Publishers, 1971, p. 283.

因而也没有不存在的事物的空虚的敞开领域。语言第一次命名存在的事物，这个命名把事物带进言说从而第一次显现事物的意义。这个命名由存在而来，并根据存在来命名事物，因此，“言说”是某种事物意义的光芒的投射。诗就是发现和投射的言说；诗就是关于世界和地球的言说，诗也是关于世界与大地斗争舞台的言说。① 这样，在海德格尔哲学理念里，诗成为人类生存的文化整体意义的一种叙事，表达人类生存的文化意义。世界作为一种文本存在，在人作为读者的阅读阐释过程中，诗意地呈现出它的整体关系和真理性意义，人的生存成为一种借助语言而存在的诗意文本形式。这样，文化作为人类的精神存在状态，以一种“文学化”的诗意方式，表达着人类生存的内在意蕴。

海德格尔对批评理论的贡献在于他将文学艺术（诗）看做人类文化活动的典型方式，而把文化看成是一种人类整体性的结构关系，是一种文学性的诗意的人类存在方式。人的生存是一种诗意的呈现和表达，是一种创造性的、游戏性的文本存在。海德格尔的诗学观是一种关于人的生存的新的文化观念，是一种诗的文化学理念。这种将一切文本都看作人的生存历史的叙述和表达的文化观，显示了对文本界限和学科界限的忽略，这也是格林布拉特新历史主义与文化诗学的重要理念。思想家、哲学家、批评家的理论观念和文字著述看起来千差万别，实际上都在表达着基本相通的观念，即人在世界与大地生存的历史、意义、本质和归宿。

有些学者认为文化诗学是后结构主义的一个变种，那么，用巴特（Roland Barthes，1915—1980）的观点来阐释可能会从侧面更好地理解格林布拉特的诗学理论。巴特把语言学的方法运用于社会文化现象的研究，认为一切文化现象都是由符号组合成的人类特有的符号系统，应该依照索绪尔的结构语言学来建立一种研究一切文化现象的符号学。在巴特看来，我们生活于其中的这个世界不是一种“事实”，而是关于事实

① Heidegger, *Poetry*, *Language*, *Thought*, New York: Harper & Row Publishers, 1971, pp. 72 - 74.

的符号，我们从一个系统到另一个系统不停地给这些符号编码和解码，全部人类活动都渗透着编码行为。尽管巴特坚决反对人们把他归于任何批评流派，但是他后期对“结构主义的活动”的独特阐释，仍然被认为是后结构主义理论的核心内容。他说：“结构主义在本质上是一种活动，也就是说，它是一定数量的受到控制的思维活动过程。”并且认为，“一切结构主义活动，反思的也好，诗性的也好，目标都是要对一个客体进行重建，从而揭示该客体的运行规律”。这种结构活动是在客体之间添加了一种新的东西，一种智慧，或者说一种具有人类学价值的意义，“因为自然赋予人的思维的，正是他自己、他的历史、他的处境、他的自由和他所受到的阻力”。在巴特看来，结构主义活动“新就新在它的思维方式（或者说一种诗学），它不是要把它已经发现的意义完整地加到客体身上，而是要弄清意义是如何产生的，要付出什么样的代价，要借助什么手段”。[①] 这种对文本意义的深层探讨，必然涉及文本的审美力量、社会文化体制内的政治霸权力量以及意识形态抑制多重内涵，这就是文化诗学探讨的内容。

二　文化诗学的内涵

第一，文化诗学是一种文本阐释的文化理论实践。

格林布拉特的文化诗学是一种对文学文本与人类文化网络之间潜在意义的揭示，这种理论的新意就在于他独特的不拘一格的思维方式。从某种程度上讲，文化不仅仅是一种抽象的理论概念和形而上的体系，而且也是一种能赋予创造性的文本阐释方式。

格林布拉特认为：“如果文化诗学意识到它作为阐释者的地位，这种意识应该进一步扩展，直到承认它不可能完全重新建立并且重新进入十六世纪的文化。同时也承认，一个人在这种阐释工作中是不可能遗忘自己所处的环境的：我的这本书清晰表明，我针对自己的材料提出的问

---

① R. Baethes, *The Structuralist Activity &The Death of the Auther*, In Adams 1971, p. 155.

题，而且实际上这些材料的性质，统统都受到了我向自己提问的支配。然而我不会在这种混杂不纯性面前退缩——它们是新式研究方法的代价，甚至可能是其中的优点——但我已经试图补偿因此的犹豫不决和缺乏完整的毛病。办法是不断返回个别人的经验与特殊环境中去，回到当时的男女每天都要面对的物质必需与社会压力上去，以及沉降到一部分具有共鸣性的文本上。”① 文化诗学将一切人类活动都看成一种文化文本，在这种文本的阐释中体验文化的诗性魅力。文化把诗性作为人类生存的一种隐喻性模式。当然，“文化诗学”更多的是指对于文学的文化阐释与解读的策略。“文化”是视野，也是内涵；而文学是出发点，也是理论着力点。这种文学阐释与解读策略，是将文学文本纳入特定历史时期以及所处文化机制的关系之中反复加以分析描述，从而赋予作品完整的集体性经验。韦伯说：要了解恺撒，不一定要变成恺撒。② 文本的阐释和阅读是各种力量在阐释中不断流通、商讨、冲撞，导致新的思想和审美力量产生的过程，它不是一次性完成，而是多重往复，不是变成一个恺撒，而是一种“自我造型”，使读者和批评者都不断得到新的影响和塑造。

在《〈文艺复兴自我造型〉导论》中格林布拉特写道：“我在本书中企图实践一种更为文化的或人类学的批评——说它是‘人类学的’，我们是指类似于格尔茨、詹姆斯·布恩、玛丽·道格拉斯、让·杜维格瑙、保罗·拉宾诺、维克多·特纳等人的文化阐释研究。上述学者并不同意聚集到一面旗帜之下，其中更少有人分享同一种科学方法。然而他们确实认同一个信念，即认为人天生是一种‘未经加工琢磨的动物’，生活现实并不像它们看上去那样缺少艺术性，而那种特殊的文化及其研究者都不可避免地走向一种现实的隐喻性把握，并且还认为，人类学阐

---

① ［美］格林布拉特：《〈文艺复兴自我造型〉导论》，载《文艺学和新历史主义》，社会科学文献出版社 1993 年版，第 81 页。

② 转引自《学术与政治 1》，见《韦伯作品集》，钱永祥等译，广西社会科学出版社 2004 年版，第 76 页。

释工作应当较多地关心某一社会成员在经验中所应用的阐释性构造，而不是去研究习俗与机构的制动关系。与此类工作有着亲缘关系的文学批评，因而也必须意识到自己作为阐释者的身份，同时有目的地把文学理解为构成某一特定文化的符号系统的一部分；这种批评的正规目标，无论多么难以实现，应当称之为一种文化诗学。”① 按照格林布拉特的以上说法，格林布拉特在使用“文化”的概念时，是把文化看成是一种潜在的人类生活整体系统。“生活现实并不像它们看上去那样缺少艺术性”，生活本身就是一个具有艺术性的文本形式。如果把文学批评活动看成是特定文化符号系统的一部分，“不可避免地走向一种现实的隐喻性把握”，那么文学文本和社会生活文本不存在界限，这就意味着文学批评与文化符号系统的诸多联系，这种联系肯定不是单向的，而是多重能动的相互关照和阐释，这也突出说明了文学理论批评作为阐释者的文化身份。

由此也可以看到格林布拉特的文化诗学概念与伯明翰学派的文化观念有所不同。如果说格林布拉特所说的文化诗学主要是一种文本阐释实践，着重发见文学文本、社会文本和历史文本之间“诗性”品质的生成，当然肯定涉及文本的意识形态与政治性，或者说文化诗学是通过文学的文化阐释方法而揭示出文本中潜在的意识形态本质；而伯明翰学派所关注的全部主题则基本上是文化的意识形态性与政治性问题，它突出了人类文化本身作为一种物质性力量对生活本身的介入。文化诗学和伯明翰学派研究的重点都在于它们对现实的深切关注，因此人们的日常生活消费、情感、情趣、意志等各种因素都进入它们理论研究的视野。但是格林布拉特更注重文化阐释中历史文本、文学文本的诗性魅力，并特别注意学科的跨越和疆界的消解；伯明翰学派则更多关注当代大众平民生活及其文化意识形态内涵，并且认为文化是人类社会结构中的物质符号，认为文化是“一种整体的生活方式”。威廉斯说，文化是人类完善

① ［美］格林布拉特：《〈文艺复兴自我造型〉导论》，载《文艺学和新历史主义》，社会科学文献出版社 1993 年版，第 80 页。

的状态或过程，文化分析在本质上就是对生活或作品中体现的人类生存的永恒秩序和永恒价值的发现和描写。[①] 当然，这种“发现和描写”的论述较少注意到文本阐释的诸多诗学问题。

第二，文化诗学承认文化的整体性，具有跨越界限的特点。

格林布拉特认为，当代理论对于文学批评实践的最重要的影响，就是颠覆了过去那种把审美再现看成与文化语境隔绝的观点。人们不再把审美看成是自足独立的领域，而审美也不再是与文化、意识形态和物质存在根本脱离的领域，可以说，文化、意识形态、物质社会是产生和消费一切艺术的根本所在。这一颠覆，不仅得到公开反对文学独立自足说的马克思主义理论的认可，甚至也得到极其封闭和抽象的解构理论的认可。因为解构在文学阐释中不断发现的不确定性，使所谓文学与非文学的界线也受到了质疑。生产文学作品的意图并不能保证文本的自足独立，因为能指总是要超越意图，使意图受到破坏。这种不断的超越，使得所有本来一直是稳定的对立不得不分崩离析，这也恰好是所谓意义的无限延宕的一种表现。实质上，任何一种观点总要受到其对立面的影响。由于20世纪中期英美文学批评的一个基本假设就是文学与非文学界线的崩溃，解构的出现几乎成为一种解放性的挑战，它一方面友善地将文学文本还原到与其他文本一视同仁的状况，同时又对非文学中实证主义的肯定性，即历史事实这一特殊的领域发起攻击。历史不能脱离文本性，一切文本都不得不面对文学文本所揭示的不确定性的危机。由此以来，历史失去了它在认识论方面的纯真；而文学则失去了与其说是特权，毋宁说是牢房的那样一种孤立状态。[②] 可以说，对文学与非文学界限的跨越，是格林布拉特文化诗学理论的极为重要的方面，它意味着将文化视为一种互相联系的整体的观念在文本阐释的具体实践中的运用，也意味着一种新的文本阐释策略。

---

① Raymond Williams, *The Long Revolution*, London: Chat to and Windus, 1961, p. 54.

② Stephen Greenblatt, *Shakespeare and the Exorcists*, *In Contemporary Literary Criticism*, Robert Con Davis & Ronald Schleifer eds., New York and London: Longman, 1989, p. 429.

例如，格林布拉特曾经写到自己刚到伯克利大学英文系工作的时候，来到很大的办公室，这就需要和很多教授、研究生们近距离长期工作，这使他很不习惯。然后他这样说："我的工作正在把我拉向很多方向——实际上，我想要自己跨越所有文化研究与狭隘的专业划分的界限（boundaries）。随后的这些时间里，我在伯克利和其他地方发现了一些其他领域的人，和他们交谈，也和他们互相交换工作。这个论文集就深深得益于这种工作的交换，但是它们使我印象很深的是我仍然在用我所受过专业训练的主导性符码（the governing agenda）来写作，在某种意义上，这可以说是我的失败，如果这些主导性专业符码是可渗透和可商讨（Permeable and negotiable）的话，我就完全没有能力实现擦除一切学科界限的乌托邦努力。其实，很大一部分原因也是由于这些主导性专业符码是我认识学科界限的一个标记（mark）。这些标记应该是很有用的。"[①] 可以说，格林布拉特的理论思想中最有启发性的是，他对所有学科同等重视，他的研究涉及文学、人类学、文化社会学、精神分析、历史学、心理学等，这构成了他理论中的跨学科特点。应该特别注意的是，新历史主义的概念和范畴是在众多学者批评阐述的基础上逐步形成的，它的主要研究领域是文艺复兴时期文学研究，特别是莎士比亚研究。

格林布拉特在《文化》[②] 一文中阐述了有关文化的问题，认为文化具有抑制（constraint）和流动（mobility）两个特点。他认为，既然文化是一个整体的系统，那么，注重文学的文化性，就肯定比重建这些文化的界限更有意义。文化是抑制和流动性的网络，它是在社会的实验和控制下展开的。格林布拉特认为，文化体现了抑制的力量，主要在于文化是由人们的信念和实践组成的，这种信念和实践建立了一种标准，它

① Stephen Greenblatt, *Learning to Curse* , New York and London , Routledge, p. 6.

② 见 Stephen Greenblatt, Culture , In *The Greenblatt Reader*, Edited by Michael Payne , 2005, p. 11。

往往作为一种普遍控制的机制作用于每一个社会成员。例如，这种标准可以产生一系列关于在公共场合的仪表和行为标准，如果有人不接受这个标准甚至违反了这个标准，就要承受由此带来的不良后果，因此，人们的信念和价值标准是受到外在的社会标准的制约的。同时，文化的界限有时也主动地、不断地被强化，人们有时因为接受了社会的制约就会受到他人的鼓励，比如得到欣赏的目光、被轻拍一下后背、晋职等。文化不仅存在于文学作品之中，它主要还是生活中的人们的“物质必需与社会压力”。

格林布拉特在论述“文化”的流动性时并不是盲目的，也不是为了有意识地探索和获取社会命运。在阐述文化的流动时，格林布拉特借用经济学概念使用了“交易”（exchange）一词，文化承担了一种“商讨网络”（network of negotiations）的职能，物品、思想、态度甚至人都是“交易”的成分。在交易商讨中，种种社会能量的矛盾冲撞和目的，就是社会的发展方向和命运。文化交易也允许“观念”（concepts）的贸易并被其他不同社会拥有。因此，一个社会可以采纳和应用来自其他社会的思想。尽管文化具有抑制的力量，社会为了维持自身的发展，通过文化的交易流动，社会逐步地修正着自身。就像文学反映了社会的抑制力量一样，文学也反映了造成形成文化流动的文化交易力量。因此，格林布拉特认为，文化叙述是那种普遍的、控制着人们的、流动和抑制的、符号的关键性表征。格林布拉特认为，伟大的作家实际上掌握了这些符号，因为他们可能意识到，也可能没有意识到他们是文化交易的专家。他们的写作不仅涉及某一文化领域的一个层面，或者对抑制系统的一种跨越，而且涉及与文化交易相关的许多领域。文学不仅对社会具有某种创造作用，也具有某种改造的作用。文学研究应该着重发现文本中社会能量和实践的分布、转化、再现和交流的内在结构。因此，文学的文化交易并不限于发生在再现文化中的交易记录，而且它也是发生在读者与文本间的交易，这种发生在读者和文本间的交易可能被更深层面的文化激活。①

格林布拉特在分析培根的治学理路时说："培根如何想象到文学史——他发现'我们没有文学史'——是可以书写出来的呢？他提出的答案值得细心审视，因为从我们所理解的这个术语的现代意义来看，它预示了几个主流文学史的建构程序和指导观念；同时，它还包含着翻新这些历史的一些隐含的方法。他写道，'至于编纂这样一种历史的方法，我特别建议事件以及关于事件的材料都不能只从历史和记录中抽取；而应该考虑到在每一个世纪，或某个较短一些的时代里从远古时代按顺序排列下来而写成的最重要书籍中撷取，这些书本身要用作参考，随时随地品赏它们的情趣，考察它们的论点、风格和方法（我不是说通过全面细读，因为那将是一项没完没了的繁重工作），每一时代的文学精神都仿佛从死者那里获得了魅力'。"②

这一段叙述基本概括了大多学者的研究方法，也是格林布拉特自己的重要研究方式。关于"翻新历史的隐含的方法"，是要从大量的历史书籍、档案资料等中找出"时代的文学精神"，仿佛从死者那里获得了智慧和魅力。这种获得智慧和魅力的过程、方法、结果，就是格林布拉特文化诗学研究的实质。在格林布拉特的文章中大量使用"死者"这个概念，这个概念是作者对过去时空中创作者的一种特别表达。

格林布拉特分析培根对"诗的历史"的理解时说："在这个领域里，或通过词语的显亮的美，或通过事件明显的虚构性，或通过两者，文学的结构特性被置于突出的位置；而这种特性在历史或哲学中并不存在。诗由此而成为被文学这个术语所包含的一个更大的整体，文学的现代对应概念应当是作为书面话语之总和的文化诗学，我们通过这些话语理解世界，影响世界，尤其重要的是，我们通过这些话语把想象和现实

① 参见 *Critical Terms for Literature Study*, Ed. Frank Lentricchia and ThomasMclaughin, Chicago: U. of Chicago, 1995, pp. 225 – 232. Rpt. In *Contexts for Criticim*. Ed. Donald Keesey. 3rd ed. Mountain View, CA: Mayfield, 1998, pp. 477 – 492.

② ［美］格林布拉特：《什么是文学史》，孟登迎译，陈永国校，原载美国《批评探索》(*Critical Inquiry*) 1997 年第 23 期，第 460—481 页。www. xschina. org. 2005 年 2 月 1 日。

区别开来。"[①] 格林布拉特阐述说，在培根看来，既然人类文化创造活动不仅是知识的获得，而且是一种现象，他比任何的学问的具体形式都宽泛得多，这些形式的意义来自于它们之间的种种联系。

格林布拉特认为："按照这种观点，适当的文学史不仅必须是跨学科的——诗的创造与所有其它话语形式相关——而且必须是跨文化的，停留于自身民族界线之内将一无所获，因为适于一种特殊话语实践的文化，只有通过将它与其它文化相比较才能得到理解。"[②] 这一观点深刻地体现了格林布拉特跨文化、跨学科的自觉意识。

第三节　轶闻主义

格林布拉特理论文章中经常出现词语 anecdote、anecdotes。按照《美国传统词典》的解释，Anecdote 指轶事、趣闻，或对有趣或幽默事件的短述。Anecdotes 指秘闻，即历史或传记中秘密的或迄今为止未被披露过的细节。格林布拉特对轶闻、尘封的档案资料、警察记录、航海日记等非正史资料有着非凡的兴趣，可以说这也是新历史主义与文化诗学理论的一个重要特点。这种对轶闻的重视，上升到方法论的高度，就是对非主流历史的关注和重视，对边缘化生存意义的肯定。新历史主义坚持认为以往被排斥在正史之外的轶闻，具有可以"触摸到真实"和"反历史"的诗学特点，这就是"轶闻主义"（the Anecdote）。

张进在《新历史主义与历史诗学》中谈到轶闻主义"对自启蒙运动以来形成并僵化了的审美与政治、文学与非文学、经典与非经典、文本与历史以及各个学科之间的界线和壁垒具有强大的爆破力，也有助于文学批评打破形式主义的文本封锁和旧历史主义堂皇叙事的话语垄断，

---

① ［美］格林布拉特：《什么是文学史》，孟登迎译，陈永国校，原载美国《批评探索》（*Critical Inquiry*）1997 年第 23 期，第 460—481 页。www. xschina. org. 2005 年 2 月 1 日。

② 同上。

使文学与人类生活的真实经验发生关联”。[①]

一　对轶闻的重视

可以说，对轶闻的重视并不是从新历史主义开始的，轶闻这一概念是伴随着正统历史的延伸而不断成长的。轶闻的价值在于它与生活的切近性，因而具有文化的诗学意义。梅里美（Prosper Merimee，1803—1870）说，“我只喜欢轶闻的历史”。克罗齐认为：“在智力和道德繁荣的时代，轶闻和历史同样发展，即使最哲学化、最严肃的历史学的巨大进展，也未去除回忆录、生平传记和所有其他轶闻占据的位置。最严肃、最富有天赋的历史学家也一次一次地阅读或可能撰写这类著作，它们不再作为单纯地‘补救智慧’，或仅仅在通过从精神活动的一种形式向另一种形式的过渡使头脑生机勃勃，并由于时而诗歌时而轶闻的不同张力从而缓解历史思想的张力、不断恢复精神活动的和谐的意义上理解。”[②]

克罗齐对轶闻的理解主要有三点：（1）轶闻与正史具有同样长的历史发展期；（2）轶闻是灵活生动的，缓解了正统历史的紧张；（3）轶闻有助于人类精神的和谐成长。由此可见，克罗齐的见解与新历史主义的理解是有差别的。克罗齐虽然重视轶闻对人类精神的诗学意义，认为轶闻有助于疏解正统历史的沉重与紧张的压力，但是克罗齐主要是把轶闻作为正史的补充来加以理解和重视的；而新历史主义则是将轶闻作为正史的反叛者来加以肯定和理解。克罗齐说，若轶闻作为轶闻不能转化为历史学，则一方面，思维也不能在自身中化解它；另一方面，思维却能很好地陪伴它，从而在轶闻叙述中让伦理、政治、审美的观察和转述繁荣兴旺。[③] 轶闻以其非确定性、断裂性、偶然性的特点，蕴含了某种诗性品质，界于真实与非真实、有与无、虚构与非虚构、现实与非现实、

---

① 张进：《新历史主义与历史诗学》，中国社会科学出版社2004年版，第271页。

② ［意］克罗齐：《作为思想和行动的历史》，中国社会科学出版社2005年版，第93页。

③ 同上。

文学与非文学之间，轶闻因此具有对思维边界的穿越和忽略。轶闻的特殊性解构了文学与历史二元对立的思维局限，表述了人类对历史的诗意理解。

对轶闻这种非正统历史资料的重视，是新历史主义理论批评家的普遍特点。盛宁认为，新历史主义批评家“首先从历史典籍中寻找到某一被忽略的轶事或看法，然后将这一轶事或看法与待解读的文学文本并置，看它对这部为人熟知的作品提供了怎样的新意”。①

海登·怀特认为，新历史主义尤其表现出对历史记载的零星插曲、轶闻轶事、偶然事件、异乎寻常的外来事物、卑微甚或简直不可思议的情形等许多方面的特别兴趣。历史的这些内容在“创造性”的意义上，可以被视为“诗学的”，因为它们对在自己出现时占统治地位的社会组织形式、政治支配和服从的结构以及文化符码等的规制、规律和原则表现出逃避、超脱、抵触、破坏和对立。在这方面，可以说类似于诗学语言，尽管诗学语言对语法和逻辑规则可能会有所抵触，但它不仅具有意义，而且还总是隐而不露地对在这一语言进行表述的时候占据统治地位的语言表达的典范规则提出挑战。历史的这种诗学方面，并不是历史的唯一内容，同样有证据表明，历史也绝非没有它本身充满着带有逻辑性质，而非诗学性质的过程。②

这样，怀特把对轶闻轶事的重视提高到历史诗学的高度，认为轶闻具有某种诗学的特点，并揭示出这些非正统历史文献所具有的对主导性文化符码的颠覆和抗拒。并且，怀特认为，这种轶闻轶事、偶然事件、历史记载的零星插曲等，虽然不是历史的唯一内容，但却是历史重要的组成部分。这样就对传统历史将轶闻稗史排斥在正统历史门外不加重视的现象提出了一种反驳。

---

① 盛宁：《二十世纪美国文论》，三联书店 1994 年版，第 256 页。

② ［美］海登·怀特：《评新历史主义》，陈跃红译，载张京媛主编《新历史主义与文学批评》，北京大学出版社 1993 年版，第 106 页。

二　格林布拉特对“轶闻”的理解

格林布拉特极为重视轶闻对文本阐释的作用，翻开格林布拉特的著作，他的作品几乎都是用轶闻作为开端的，在一段理论分析之后，也常常有引人注目的事件叙述。有时这一事件是他本人所经历的，有时这种叙述是对某一久远的历史事件的叙述。这种叙述疏解了理论的枯燥和艰涩，将理论的阐述融合到故事叙述的神奇魅力之中，使理论的生命变得活跃起来。这种对历史碎片、历史档案、历史轶闻的寻觅，或者把历史描述当作“叙述”，或者叙述生活经历以构成历史事实，这是格林布拉特学术研究的独特之处，也是新历史主义研究的主要特征。

格林布拉特曾经在《学会诅咒》前言中谈道：“这些文章不仅反映了我游戏边界的愿望，而且我愿意讲故事——批评性故事或者以文学批评的形式叙述的故事。乔尔·恩曼（Joel Fineman）[①] 精确地探索到新历史主义的内涵是对轶闻的独特运用，决定了一种事件与文本相结合的特殊的历史编撰的命运。这种文学形式或文类与真实息息相关。轶闻因此立刻成为文学的东西，并且具有超越文学的东西。这种叙述方式明显地与潜存于形式之下的东西有关。乔尔·恩曼（Joel Fineman）认为文学和资料结合的作用，在于历史写作不再是开始、中间、结局这样的宏大的、整体的叙事结构的仆从，而是从介绍开始引入理论的叙述。‘轶闻产生了真实的效果，偶然性的发生，是通过一个既在又不处于历史连续性结构文本之外的事件，所构成的’。至少这种叙述既包含了又折射出叙述的内涵。这一叙述对我很关键的意义在于肯定偶然性。”[②]

在格林布拉特看来，轶闻具有独特的特点。格林布拉特说：“正是断裂的发生，至少是一种普通事件的突然转向，使事件的连续性得以理解。历史轶闻的作用不是一种烦扰的解释幻觉，而是一种解释、再文本

---

① 参见 Fineman, Joel, *The History of the Anecdote* In *The New Historicism*, Ed. H. Aram Veeser. New York: Routledge. Fineman 是美国早逝的天才批评理论学者。

② Stephen Greenblatt, *Learning to Curse*, Routledge, 2007, p. 7.

化、阐释的需要。轶闻的感觉和我用档案材料进行文学研究的情形一样，突然遇到我不理解的事情，以至于我不能结束，又不能离开，我不得不从我秉有的内心生活中走出来，然后我复述着、思考着、挣扎着。历史的证据——纯粹的轶闻——习惯上被文学批评唤醒用来支持文本阐释，这办法我从来不用，而且恰恰是'惊叹'的敌人，它结束了偶然性和阻碍。我不容许因为历史而让我避开文学的效果，而是通过接触真实，加深这种文学效果。这种对真实的接触（touch）不是一次完成的，而是不断加深、复杂的历史。"[①] 格林布拉特说他从来不用历史证据，因为历史的确定性，使正统的历史文本失去了可以想象的诗意空间，无法产生偶然性，也无法产生在轶闻中出现的那种因阻碍而产生的张力。"不容许因为历史而让我避开文学的效果，而是通过接触真实，加深这种文学效果"，格林布拉特通过这样的表达，既肯定了轶闻中的文学性，又说明了自己对轶闻的文学效果的深切重视。

格林布拉特与伽勒赫合写的《新历史主义实践》一书，其中的第二部分《反历史与轶闻》一文，深入阐述了轶闻的特点及其"反历史"性质。格林布拉特与伽勒赫认为，对于大多数主流历史学家来说，轶闻是没有名目的项目，它之所以可以被容忍，或许是作为修辞的装饰、插图，或者为了摆脱分析解释那种普遍性的时刻。当历史学家书写个人生活或小的事件，他们经常强调其广泛的历史意义和典型性。通常只是在与琐碎和错综复杂的日常生活一定间距的基础上，在经验数据的可靠性被重视而且被赋予相当的意义的基础上，这些人物和事件才得以被历史地观照。当然这种情况也有显著的例外。但是历史学家常常更愿意对过去采用认识论间断的原则，以产生一个客观的记录，这看来似乎比产生"触摸真实"的效果更有趣。因此，文学批评家通过轶闻来唤醒"历史"就显得很奇怪。实际上，轶闻主义通常是作为抵消野心勃勃的宏

---

① Stephen Greenblatt, *Learning to Curse*, Routledge, 2007, p. 7.

大历史叙事的一种形式。①

格林布拉特与伽勒赫进一步谈道："新历史主义将轶闻与通常的历史间断性联系起来，我们力图打断宏大的故事（the Big Stories），此时，未公开的轶闻打动了我们。我们寻觅的正是使很多历史学家对轶闻感到神秘的东西。这是一种狂热的神秘特质，是一种让人停留，甚至绊倒在历史的临界点上的东西。"② 为此，格林布拉特和伽勒赫使用了"反历史"（counterhistory）一词来命名对宏大叙事斗争的范畴。格林布拉特和伽勒赫认为自己所使用的"反历史"这个词来源于阿摩斯·冯肯斯坦（Amos Funkenstein，1937—1995）。1967—1992 年冯肯斯坦任教于加州大学伯克利分校，是著名的犹太籍思想家，主要代表作品是《神学与科学的想象》（*Theology and the Scientific Imagination*）。冯肯斯坦发现了最早的案例，即犹太教祭祀对于福音书的辩论，也被应用于早期的世俗历史时期。因此，如果它的目标实现了，就会停止"反叛"。冯肯斯坦认为，历史作为一个学科植根于反抗牧师和统治者那种实用主义的、自明的、官方的叙事，可以说，19 世纪的宏大叙事本身就是作为"反历史"而开始的。"反历史"不仅意味着本身对主流历史叙事的反叛，而且是对普遍的历史思维模式和研究方法的反叛。从这个意义上讲，历史和反历史是一个持续对抗性的过程，而不是具有独立的、区别性特点的实际反抗运动。③ 格林布拉特的本质愿望，是要发现在轶闻中的历史真实，从而对传统历史的宏大叙事加以反叛和匡正，因为轶闻中往往蕴含着非历史性的真实存在。人类个体生命常常是在类似轶闻的历史的裂隙中构建的，它具有生命存在的真实意义。它似乎高于传统历史的意识形态抽象意义，而是把人当作真实的生命存在。

由此看来，尽管格林布拉特强调对文本中的意识形态的揭示和批

---

① Gallagher C. & Greenblatt S.，*Practicing New Historicism*，Chicago：The University of Chicago Press，2000，p. 49.

② Ibid.，p. 51.

③ Ibid.，p. 52.

判，但是这种批判和西方马克思主义理论家是不同的。格林布拉特要求把握真实的历史，了解生活的表象之下人与世界的实质性关系。这样的意识形态批判主要是着力打碎和摆脱意识形态观念的束缚。阿尔都塞曾经说人与世界的想象性关系就是意识形态，那么，努力祛魅人和世界的想象性关系，接触到生活的真实，就是对意识形态的批判和反抗。当然，对意识形态的批判，不是一种目的，而是一种通往世界的真实状态与了解事件真相的手段，如果仅仅是为了批判而批判，为了革命而革命，那就会更深地堕入虚假意识形态的陷阱。

第三章

文化诗学理论溯源及现实语境

20 世纪是人类思想最富有变化的世纪。20 世纪西方文论比较全面地反映了人类思想的种种变迁。受瑞士语言学家索绪尔语言学理论的影响，西方理论批评在 20 世纪初就开始了思维的“语言学转向”。俄国形式主义和英美新批评对文学文本的关注曾经风靡一时，在大学和研究所里形成了系统的理论体系。但是到了 20 世纪 60 年代之后，读者反映批评、后现代主义、后殖民主义、新历史主义、新女性主义、文化研究等跨学科的批评理论不断产生。这些批评理论所关注的问题与以往理论传统中的“终极关怀”离得越来越远，而与日常的政治、意识形态、社会生活细节联系越来越密切。政治和意识形态性、跨学科性、文本细读是这些批评理论普遍具有的特点，也是新历史主义所具有的特点。这样，批评理论已经不再是文学和文化研究的补充或异化，而是形成一个完整的体制化过程，逐渐成为一个独立的研究领域，成为欧美各大学、研究所里人文研究的显学。

第一节　历史传承与现实机遇

格林布拉特的文化诗学理论源头主要有两个层面：一是现代历史意识与历史转向，二是欧美整体的文化观念。

一 现代历史意识与历史转向

现代人们对历史问题的哲学思考主要得益于古希腊人的人文历史观念。科林伍德（Robin George Collingwood，1889—1943）在《历史的观念》中写道，因为知道生命没有什么是可以长久的，希腊人开始习惯地问他们自己，他们所知道的曾经发生过、为了使现在得以存在的那些变化到底是什么。于是，他们的历史意识不再是那种传统久远的意识，那种可以把一代一代人的生活铸入相同的模式里去的意识。它成为一种强烈突变的意识，即从事物的一种状态剧变性地转化为它的对立面。从渺小到伟大，从骄傲到谦卑，从幸福到悲惨。这就是他们在戏剧里揭示出来的人类生活的基本特征，这就是他们在历史中叙述的那些特定部分。……这种历史观念正好与决定论相反，因为希腊人认为历史进程是灵活的，并能够出于善意，对人的意志进行有益的改造。然而所有发生的事情都无法避免。[①] 古希腊人的历史观是反历史的，其中，突然的断裂、偶然事件的发生有时改变了历史，历史是非决定性的观念，都被格林布拉特所接受。

现代科技信息技术在给人类带来了富足的生活的同时，也给人类带来了深重、广泛的威胁。由科学技术带来的物质欲望的极端膨胀与满足，在解决了衣食住行等生存问题之后，也带来了资源匮乏、环境污染、物欲横流等异化现象。在这种情况下，关注人类生存的历史意识被推到历史的前台。现代科学意识主要是一种观物的方式，它所解决的是对世界物质层面的掌握和利用；而历史意识则是一种观人方式，它所探讨的主要是人在世界的存在的可能性、真理与意义问题，历史意识既关照生存现实，更关照生存意义。一般认为，20 世纪上半叶，现代人文哲学学科经历了由科学意识向历史意识的历史转向，主要是以海德格尔、伽达默尔等哲学家的研究为开端。伽达默尔在《真理与方法》序

---

① ［英］科林伍德：《历史的观念》，何兆武等译，商务印书馆 2004 年版，第 54—55 页。

言中说："本书提出的问题将使人发现和认识到某种被那场方法论争论所掩盖和忽略的东西，某种与其说限制或限定现代科学，不如说先于现代科学并使之得以可能的东西。"① 伽达默尔所谈的这种"先于现代科学并使之得以可能的东西"，就是关于人们存在的问题、意义和真理。

可以说，并不是新历史主义以前的所有的历史学家都持有"总体发展"的历史观，也并不是以往历史学家都把历史看成是生活彼岸的抽象的必然性。因此，新历史主义的历史观并不是创见，而是一种理论显现。例如历史学家波普尔就认为："不可能有一部'真正如实表现过去'的历史，只能有各种历史的解释，而且没有一种解释是最后的解释。……历史虽然没有目的，但是我们能把这些目的加在历史上面；历史虽然没有意义，但是我们能够给它一种意义。"② 从某种意义上讲，原创的历史是不存在的，存在的历史是已经被人类文化浸染了的、构建了的历史。因此，历史的连续性和稳定性在某种程度上是不存在的。当然，面对历史文本和历史本质的事实，并不会导致历史相对主义，反而会因为对历史清醒的认识，祛魅覆盖在历史编撰之上的真实性，从而洞见历史文本中的政治和意识形态权力，以触摸真实，发现统治阶级意识形态真相。应该清醒地认识到，人类存在的各种关系——人与历史、人与外物、人与社会、认识与世界等永远存在着巨大的裂隙，这种裂隙就是人类认识的无限可能性，也是真理的彼岸性。格林布拉特主要是把这种断裂的、非决定的历史观同文化的诗学阐释结合起来，从而引发了人们对正统历史"理性"逻各斯更深入的警醒与认识。

格林布拉特在作品中提到了他所受到的艾略特理论的影响。艾略特对历史意识的看法，对格林布拉特产生了很大的启发。艾略特认为："历史意识关系到一种察觉，不只是察觉到过去的过去性，还有过去中的现代性；历史意识迫使写作者不仅胸怀他那整整一代人，还要同时容

---

① ［德］伽达默尔：《真理与方法》，洪汉鼎译，上海译文出版社 1999 年版，第 5 页。

② Karl Popper, *The Open Society and Its Enemies* , Princeton University Press, 1957, Vol. II, p. 259.

纳自荷马以来的整个欧洲文学和位于其中的整个本国文学融会贯通于一身。这种历史意识，是永恒的意识，也是时序的意识，又是永恒意识和时序意识的结合，方使得作家具有传统性。与此同时，这种历史意识也让作家敏锐地觉察到自己所处的时空位置，即自己具有的时代性。没有任何诗人，没有任何艺术家，能够单靠自己获得全部意义。他的意义，人们对他的欣赏就是欣赏他和已故诗人以及艺术家的联系。你不能单独给他评价，你得把他放在前人中间，来对照和比较。我认为这是美学批评的原则，不只是历史批评的原则。”[①] 艾略特谈到的比照和联系的历史与文学批评原则，与格林布拉特的文本阐释策略从根本上很一致。艾略特进一步谈道：“莎士比亚从普鲁塔克[②]学到的历史精髓比大多数人从整个大英博物馆学到的还要多。我们要坚持的是，诗人必须培养或习得对过去的意识，而且必须在一生中不断地培养这个意识。”[③] 可以说，作为莎士比亚专家，格林布拉特对莎士比亚的历史观和艾略特的历史意识同样十分了解，并深受影响。

格林布拉特曾经特别提到英国著名历史学家吉本（Edward Gibbon）《罗马帝国的衰落》（*Decline and Fall of the Roman Empire*）（1796）对他的重要影响。在这部历史著作里，人们的祸福无常，国家的历史命运常常与统治者个人的品格有关。因此，吉本在著作中大量描写在历史事件中个人的、偶然的事件的作用。因此，罗马帝国的进攻者，无论是军事还是宗教方面的，诸如哥特人、匈奴人、阿拉伯人或蒙古人，阿拉里克、穆罕默德、成吉思汗或帖木儿，作者都极力刻画渲染，将历史的发展进程看成是偶然因素或者少数人物的决策与命运决定的。生命本身，

---

① ［英］艾略特：《传统与个人才能》，载朱刚编著《二十世纪西方文论》，吴文安等译，北京大学出版社 2006 年版，第 60 页。

② 普鲁塔克（46—120），古希腊传记作家，代表作主要是《希腊罗马名人比较列传》，莎士比亚的三部罗马历史剧取材于此书。

③ ［英］艾略特：《传统与个人才能》，载朱刚编著《二十世纪西方文论》，吴文安等译，北京大学出版社 2006 年版，第 61 页。

就是历史构建的关键性因素，生命的个体化和创造性，是传统历史不能涵盖的独特情景，所以新历史主义注意的是人类历史中必要的生命存在理论，是生命存在的现实需求，它不是被固定的，而是有着不可小觑的惊人内涵。

另外，格林布拉特在著作中提到了托尔斯泰（Leo Tolstoy）对他的重要影响。在长篇小说《战争与和平》里，托尔斯泰比较集中地体现了他的历史观。在托尔斯泰看来，虽然拿破仑自以为他在指挥战斗，并依仗德国军事专家精心炮制的作战计划，有足够的能力可以驾驭战斗的进程，而实际发生的情况与他们的精心部署并不符合，战争的成败有时候是取决于某些不能控制的种种心理或偶然因素。拿破仑对实际战况和将士们心理缺乏真实把握，而库图佐夫则比较注重了解战争中的各种实际状况。因此，战争的成败并不一定取决于历史逻辑程序以及规则，而是取决于特定时期的某些重要因素。有时候，混乱的状态也可以使我们认识到多重可能性，看似偶然的事件，在特定条件下却具有决定性力量。托尔斯泰是从整个人类的角度看待一切，在他看来，任何历史的规划都是自相矛盾的，因为在某种意义上，它只是一个隐喻。同时，托尔斯泰认为权威是非理性的、压迫性的，国家政权既愚笨又不讲道德，所以，托尔斯泰在作品里表现了对统治权力的无情批判和抗拒。当然，托尔斯泰相信存在着某种人格化的无情的历史力量，并认为“本然的人”的道德善性与这种历史力量之间存在着根本的永恒的冲突。如此看来，托尔斯泰的主要历史观点，在格林布拉特的文本阐释中都可以找到端倪。

再者，有很多学者认为法国文艺理论家丹纳（Hipplyte Taine，1828—1893）的理论阐述对于新历史主义产生了重要作用。丹纳的理论是在孟德斯鸠、斯丹达尔夫人、黑格尔、圣·佩韦等人的影响下提出的。丹纳曾经仔细研读过黑格尔的著作并深受启发，他声称黑格尔是“最接近真理的人”。黑格尔在《美学》序言中谈到艺术与时代、民族的关系问题。黑格尔认为：“每种艺术作品都属于它的时代和它的民族，各有特殊的环境，依存于特殊的历史的和其它的观念和目的。”① 丹纳基本上继承和发展完善了黑格尔等人的思想，提出了“种族、环境、时代”三要素说。美国评论家弗兰克·林特利查阐述说：文学并非“仅仅是想象力的游戏，也不是发热的头脑在与世隔绝的状况中捉摸不定的冲动”，这是丹纳在《英国文学史》（1863）开头中颇有争议的观点。丹纳在文学史的引论中一个不朽的成就正是他创造了一种讽刺性的历史主义修辞语，一种为新旧历史主义者都使用的暴露者的风格。② 应该说，丹纳的很多观点对新历史主义产生了很大影响。在下文中，我们暂且对“种族”因素问题忽略不谈，仅仅从“环境和时代”来看，丹纳对格林布拉特的主要影响有如下三方面：

一是丹纳强调自然和社会环境对人的本质的构塑作用。丹纳说：“人在世界上不是孤立的；自然环绕着他，人类环绕着他，偶然性的和第二性的倾向掩盖了他的原始倾向，并且物质环境或社会环境在影响事物的本质时，起了干扰或凝固的作用。”③ 丹纳的社会环境主要是指国家政策、政治局面、军事战争、宗教信仰等，社会环境对人和历史都会产生重要的作用。他说：“某些持续的局面以及周围的环境、顽强而巨大的压力，被加于一个人类集体而起着作用，使这一集体从个别到一般，都受到这种作用的陶铸和塑造。”④ 人的本质是在各种偶然性事件的运作下产生的，物质环境和社会环境对人都具有构塑作用，这也是格林布拉特所具有的历史观念。格林布拉特就对文本中的偶然性、社会意识形态力量和权力机构的运作极为重视，这与丹纳的理论形异而质同。

二是丹纳认为精神意识、社会制度、政治文化等构成了人类发展的时代的“精神气候”，这种精神气候就是风俗习惯与时代精神。精神气候和自然的气候起着同样的作用。在丹纳看来，在艺术的发展过程中，

① ［德］黑格尔：《美学》第1卷，朱光潜译，商务印书馆1979年版，第19页。

② ［美］弗兰克·林特利查：《福柯的遗产：一种新历史主义?》，肖明翰译，载张京媛主编《新历史主义与文学批评》，北京大学出版社1993年版，第144页。

③ 伍蠡甫主编：《西方文论选》下卷，上海文艺出版社1963年版，第237页。

④ 同上书，第239页。

精神气候即时代的趋向始终占有重要的地位，艺术品的产生取决于时代精神和周围的风俗。艺术品种和艺术流派只有在特殊的精神文化气候中才能得以存活，所以他认为，“群众思想和社会风气的压力，给艺术家定下了一条发展的路，不是压制艺术家，就是逼他改弦易辙”[1]。艺术家不是孤立的人，肯定要受到社会与时代的影响，所以艺术家的创作不可能是完全自由的。这种不自由的因素就是政治、意识形态权力的规制。新历史主义就是要将文本与社会、时代这样大的文化语境联系起来考察，揭示艺术家在文本中体现的种种政治意识形态颠覆与抑制的种种状态。这样，新历史主义将文学文本和历史文本、社会文本联系起来阐释，打破文学与历史、文学与真实的生活的二元对立，是对丹纳“种族时代环境”决定论的吸收、消化与延展。

实际上，格林布拉特和丹纳一样，对非正统历史资料都十分重视，他们看到了文学作品中的巨大历史含量。丹纳说：“一首伟大的诗，一部优美的作品，一个高尚人物的忏悔录，要比许多历史学家和他的历史著作对我们更有益。我宁愿放弃五十卷宪章和一百卷政府公文，以换取契利尼的回忆录、圣保罗的书信集、路德的席上谈或阿里斯托芬的喜剧。文学作品的重要性就在这里，即它们有教育意义因为它们是美的……一个伟大的文学作品……与医生们用来分析和测量人体深处细微变化的令人赞叹的极为灵敏的仪器相似。”[2] 格林布拉特的新历史主义名言：伟大的艺术是文化的复杂斗争与和谐的超常灵敏的记录[3]，其所表达的意思大致如此。

三是丹纳对艺术作品中诗学品质所做的论述，直接对格林布拉特的“惊叹”和“共鸣”的诗学概念产生了影响。丹纳说：“我们隔了几个世纪只听到艺术家的声音；但在传到我们耳边来的响亮的声音之下，还

---

① ［法］丹纳：《艺术哲学》，傅雷译，人民文学出版社 1963 年版，第 35 页。

② Hipplyte Taine, *History Of English Literature* , 载 Hazard Adams & LeroySearle, eds. , 北京大学出版社 2006 年版，第 3 版，第 639 页。

③ Stephen Greenblatt, *Renaissance Self-Fashtion*: *From More to Shakespear*, The U. of Chicago, 1980, p. 9.

能辨别出群众的复杂而无穷无尽的歌声，像一片低沉的嗡嗡声一样，在艺术家四周齐声合唱。只因为有了这一片和声，艺术家才成其为伟大。”① 艺术作品的这种共鸣的声音，就是艺术作品所隐含的艺术魅力或者说是诗性品质，因为作品中蕴含了丰富的环境与时代精神因素，所以才会有伟大的作品发生。

再者，格林布拉特认为尼采的《论道德的谱系》对他的影响很大。在《论道德的谱系》中，尼采对各个历史时期道德意识的不同表现形式进行了分析，从而揭示出历史发展中的非连续性特征。尼采认为：历史研究所揭示出来的世界并不是一个经济发展态势与政治传统之间形成的因果关系的世界，也不是传统历史学家研究所认为的那样是一个连续的、不断的世界。特别是现代社会，生活与历史的清晰性、自然性和纯粹性已经消失了。生活不再是至高无上的，有关过去的知识不再是它的奴仆，界限被推翻了，每样事物都冲破了它的限制，事件的明显联系变得模糊了，而通过事件的无法衡量的整个过程，这种模糊又伸展开来。没有哪一代人看过这样一出“宇宙进化的科学”历史所上演的全景喜剧。② 尼采的历史观对格林布拉特很有影响。

二　整体的文化观念

当代欧美整体文化观念的历史源头仍然可以追溯到古希腊时期的文化形态，尼采、海德格尔、福柯等人都直接从古希腊的文化观念中汲取灵感。在古希腊艺术中人与自然、人与生活和谐统一的文化形态和生存方式，给了当代哲学思想家以探索的勇气。因为在传统文化观念中，人的本质是一定的，文化是一个巨大的知识系统和理性大厦，它遍及一切，无所不包。文化是建立在绝对真理的理性大厦之上的逻各斯。但是到了当代，理论批评家们力图摆脱自柏拉图以来的这种文学传统和文化

① ［法］丹纳：《艺术哲学》，傅雷译，人民文学出版社 1983 年版，第 6 页。

② ［德］尼采：《历史的用途与滥用》，周涛、周辉荣译，上海世纪出版集团 2005 年版，第 28 页。

观念，将文化观念与生动活泼的现实生活结合起来，并认识到重新建立新的文化认识体系的重要性。

格林布拉特曾经提到蒙田（Michel de Montaigne，1533—1592）对他的重要影响。蒙田是文艺复兴时期法国最著名的文学家与思想家，主要著作是《随笔集》三卷。蒙田的这些不加修饰、随意而行的散文著作对弗兰西斯·培根、莎士比亚以及法国的一些重要思想家、文学家与戏剧家影响颇大。在《随笔集》中，蒙田极力主张认识自我，亲历事实，建构真实自由的生活。在蒙田看来，世界是一个文化的整体，所谓的人生事件是整体联系中的一个结合点，所以，蒙田的作品对日常生活、传统习俗、社会状况、个人心理特点等诸多文化层面都随意涉猎，表现了自由的、开放的、没有成见的思想特点。可以说，蒙田思考是与日常生命的展现息息相关的。因为在生活中既存在着命运的严肃的法则，又裸露着真实美好的诗意，所以蒙田的随笔既睿智深沉又单纯怡然，在放松自在中，可以得到不能忽略的生命启迪。蒙田的这种写作风格和治学作风，在格林布拉特的著作里可以略见一斑。

文化是世界本身，是生存的寓言性表达，在人类文化之中，存在着人类生存的诗性品质。一般认为，尼采最先提出这一观念。尼采在《历史的用途与滥用》一书里谈道：由于古希腊人接受了闪族、巴比伦、埃及等民族外来的形式和观念，形成了独特的文化理念。在古希腊的文化观念里，文化是一种新的、更美好的事物，没有内部与外部的区分，没有习俗与伪装，而是思想与意志、生活与表象的统一体。文化不仅仅是生活的装饰，因为所有的装饰都会掩盖被装饰的东西，这样就掩藏和扭曲了生活的真相。希腊人是凭着道德个性的伟大真诚的力量才成为胜利者。可以说，每一种真诚的东西都是向真正的文化前进，这种真诚的力量甚至足以粉碎纯粹装饰性文化的整个体系。[①] 在尼采看来，那

① ［德］尼采：《历史的用途与滥用》，周涛、周辉荣译，上海世纪出版集团2005年版，第98页。

种代表理性的传统文化的一切都应该抛弃，人必须自由地创造性地表达一切，必须从生存实在中得到力量。语言就是牢笼，而诗是对这座牢笼的逾越，也是新的生命天地的展示。在尼采的哲学思维里有一种自由的诗性力量，文化是其生命意志中最生动、最重要的体现。

人类社会发展到了19世纪末，曾经建立的一切稳固的人文价值观念几乎都失落了，自我、社会、自然、人类、传统、信仰等似乎转瞬间消散了，人们难以找到精神的归宿和生存的意义。叶芝惊呼：一切都四散了，再也保不住中心。在这样的文化语境里，人们的精神总是在虚无和混沌状态中挣扎着，诗与文学于是就成为知识者焦虑而纷乱的灵魂皈依之处所，现代主义文学思潮由此得以空前繁荣。这种繁荣在本质上是将文学创作看成一种在世的行为方式和理解世界的方式。从某种意义上来说，文学就是一种文化的表达和形象化。文学艺术既可以充当人生枯寂闷聊与臆想逃避的龟壳，又可以是一种苦痛现实人生的诗性表达。在这样的文化生存境遇里，文学艺术与人的生命存在更加紧密地联系在一起。这一历史时期的文学艺术在无形中就将人类学、宗教、历史、语言学、哲学等学科范畴，共同融汇、聚集在一起，体现了要求表达人生要义，在虚无与生存的恐惧中挣扎的精神文化面貌。

人类进入20世纪后，实证主义的逻辑语义分析将科学实证思维当成圭臬，从根本上排斥着文化意识的理论重要性。然而，逻辑经验主义则在某种程度上认识到了艺术的重要性。在逻辑经验主义者看来："我们发现形而上学的起源也是出于表达人生总态度的需要，它表达了人对于环境，对于社会，对于他所献身的事业，对于他所遭遇的不幸的情感反应和意志反应。这种态度会不自觉地在人的一言一行中流露出来，并深深地刻在他的面容上，有时甚至表现在他的步态上。现在有许多人怀着一种欲望，要超越这些现象，创造出一种表达他们态度的特殊方法，使他们的态度更洗练深入地被人看到，如果他们有艺术才能，他们就创作一件艺术品来表达自己……这里，对于我们的考察最重要的只是艺术是表达人生基本态度的手段，形而上学则是不恰当的手段。”[1] 这样，逻辑经验主义就将形而上学与人的生存、艺术联系起来进行分析，具有重要的理论启发意义。“形而上学的起源也是出于表达人生总态度的需要”，思维的历史，只有在人类生活发展的全部历程中才能够得到，正如马克思所说，五官感觉的形成，是以往全部世界史的产物。科林伍德谈到这个问题时说：“人类思想或心灵活动的整体乃是一种集体的财富，几乎我们心灵所完成的一切行动都是我们从已经完成过它们的其他人那里学着完成的。……历史并不以心灵为先决条件，它就是心灵生活本身，心灵除非是生活在历史过程之中，而又认识它自己是这样生活着的，否则它就不是心灵。”[2] 从某种意义上来说，科林伍德的这种见解消弭了历史主观性与客观性的无形界限，将历史发展与人类心灵的成长和延展相等同，这一观点颇有革命性效果。

进一步讲，人的存在活动在横向意义上的联系，是一种社会存在本身，具有整体性和统一性。这种整体性和互相联系的生存活动就是马克思所讲的“类的活动”。类的活动不是个体活动简单的相加，因为在个体活动累积的过程中，已经发生了重要的质的变化。因此，“社会活动的这种固定化，我们本身的产物聚合为一种统治我们、不受我们控制的、与我们愿望背道而驰的并且把我们的打算化为乌有的物质力量，这是过去历史发展的主要原因之一”。[3] 这种外在的、统治的社会力量，在格林布拉特看来就是主流意识形态对人自我的抑制和塑形，也是无所不在的权力运作。在文学文本中，它常常表现为自我与种种他异力量的冲突、斗争、重构。在这个问题上，马克思又说，“因为分工和交换是作为类的活动的人的活动，和作为类的本质力量的人的本质力量的显然外化了的表现”。[4] 在格林布拉特看来，正是人的这种分工和交往，体

---

① ［美］卡尔纳普：《通过语言的逻辑分析形而上学》，引自洪谦编《逻辑经验主义》（上），商务印书馆 1982 年版，第 33 页。

② ［英］科林伍德：《历史的观念》，何兆武等译，商务印书馆 2004 年版，第 317—318 页。

③ 《马克思恩格斯选集》第 1 卷，人民出版社 1972 年版，第 38 页。

④ ［德］马克思：《1844 年经济学哲学手稿》，人民出版社 1979 年版，第 101 页。

现了人类文化的整体性，导致了各种社会能量的“商讨”、“交易”和“流通”。从这个角度上讲，人的外在的客观性和内在的主观性是统一的，并非二元对立的。正如伽达默尔所说：“两个对象中的任何一个都不能单独形成真正的决定因素；相反，正是作为整体的运动的联合形式才统一了两者流动的活动性。”①

特别是到了当代社会，文化就是生存方式本身，文化就是人类精神的状态和对世界的理解，也是一种无处不在的思维方式。在这种情况下，文学作品是开放的，它通过对日常生活的瞬间的审视，接触到生活的真实，重建了人与人之间的关系。这种对文化现象的诗意把握和阐释，导致了文学研究进入文化研究的领域，从而在某种程度上改变了文学研究的面貌。文学性成为现代文化的魅力形式和精神动力。这种将文学理论研究和人们的文化生活、人们对世界的理解联系起来的理论态度，导致文化诗学理论研究的发生。

三　文化诗学产生的现实语境

格林布拉特成长于20世纪60年代，他所接受的理论批评训练主要是形式主义和西方马克思主义，他曾经开设过“马克思主义美学”课程。当时英美新批评几乎占据了所有美国各大学文科研究机构，已经形成体制化。俄国形式主义者什克洛夫斯基认为，文学之所以是文学，就在于它具有与众不同的特征而有别于非文学，这个特征就是文学性。由于文学是语言的艺术，而文学的特殊性就体现在文学语言的特殊性上面。形式主义者从界定文学语言着手，着重研究文学语言的本质和文学语言的规律，并据此对作品进行结构分析。这种“语言学转向”在20世纪早期具有革命性意义，但是随着理论与社会现实的发展，形式主义理论显得狭隘和不足。任何语言的目的都在语言之外，语言只是手段而不是目的，但是形式主义却过多关注语言，所以，格林布拉特在文章中

---

① ［德］伽达默尔：《哲学解释学》，夏镇平译，上海译文出版社1994年版，第53页。

经常谈到他所受到的形式主义训练，对形式主义表达出反感的情绪，这必然导致他的学术道路与此不同。俄国马克思主义理论家托洛斯基在《形式主义诗学流派与马克思主义》中分析了形式主义流派，并指出：形式主义批评“反过来，这又可以开辟另一条大路——一条通向艺术家感知世界的道路，也有助于发现艺术家个人，或发现整个艺术流派与社会环境的关系。既然我们所面对的是一个当代仍不断发展的生机勃勃的流派，那么在我们社会的转型阶段，以社会研究的方式对它进行探究，澄清它的阶级根源，便具有重要的现实意义，因为不仅读者，而且这个流派本身也能给自己明确方向，即了解、净化和指导自身”①。形式主义也是一个转向标，指示了理论批评家寻找新的方向。形式主义训练本身意味着一种扎实的理论训练，也是有颇多益处的。形式主义和新批评派建立的一系列文本分析的策略和方法，尤其是文本细读，新批评之后几乎所有批评理论家多少都要使用这种方法，格林布拉特的大量文本理论阐释也都使用了新批评的细读法。

因此，朱刚教授这样总结说：首先，现当代西方批评理论基本可以掌握现当代西方社会的发展脉络。其次，现当代西方批评理论是20世纪西方人文思潮的重要组成部分，经过了近一个世纪的发展，当代西方人文思潮流派纷呈，理论触角涉及当代社会生活的各个方面。而当代批评理论的一个特点，就是兼容并蓄人文思潮在各个领域所做的思考，如心理学、社会学、历史学、哲学、伦理学，甚至数学、医学等自然科学研究在批评理论中也有反映。此外，现当代批评理论发展的一个趋势就是和社会实际结合得越来越紧密。纵观20世纪批评理论的发展，可以看出它和普通人的距离越来越密切，只是这种结合越来越复杂。② 可以说，20世纪理论批评是各种思想内涵不断变化的历史，也是有关文化、文学、政治、意识形态的身份、范畴、功能和意义不断被质疑、挑战、进一步阐释的历史。

---

① 朱刚编著：《二十世纪西方文论》，北京大学出版社2006年版，第36页。

② 同上书，第6页。

对20世纪文学发展史影响巨大的历史事件是1968年世界范围内的学生运动。1968年5月法国各大学爆发了学生运动，并蔓延到世界的很多大学校园，到处都是集会、示威、游行，人们怀着创造历史的热情把反抗的矛头对准现代世界的政治制度。在本质上，没有人会知道学生们究竟到底想要得到什么？似乎暴力反抗本身就是目的。学生们的宣言是：文化艺术是暴力，所有的政治行动都是暴力，当时暴力行动似乎成为主观性表达的唯一途径。盲目躁动的学生运动很快失败了，但是这一事件导致知识界的某种冷静与反思。在这样解构和重建的时代，形式主义的学科训练就显得非常苍白，仅仅试图在文学文本中解读文学中蕴含的文学性，这显得既十分神秘而又十分幼稚。学者们认识到，历史不是稳定的、连续的，更不是一个整体性的存在，一切都是变化的、流动的、构建着的。

格林布拉特曾经叙述了1969年他来到加州大学伯克利分校任教时的情景。当时的加州大学正处在动乱之中，混乱持续到第二年。到处都是武装部队，校园里弥漫着催泪弹的难闻气味，荷枪实弹的警察和反对越战的师生对垒着，一切都处于狂动燥乱之中。学校虽然还上课，但是教室经常随便地被无理占用，很多学生和教师呼吁重建校园，但是大家对重建什么并不明确。一切好像都是突然断裂的、流动的、临时的。尽管如此，加州大学的学术制度、研究机构、表面的话语结构等还是存在的，一切表面看起来似乎比较稳定，但是人们的学术思维和思考理路发生了潜在变化。

在这样的文化政治氛围中，格林布拉特谈到文化的流动性问题。他认为人们惯于把文化想象成根深蒂固的、连续的、缓慢前进的。但是20世纪后期，随着历史必然性这一宏大叙事统治的迅速崩溃，人们应该足够地清醒认识到，意想不到的变革、激烈的谈判、突然的断裂无论如何都是历史的本质，包括文学史。①

---

① Greenblatt named University Professor of the Humanities. http：//www. hno. harvard. edu/gazette/2000/09. 21/greenblatt. html.

可以说20世纪60年代是欧美政治理论思想非常活跃的时代，文化批评理论领域较先出现读者批评理论。同时，结构主义理论中关于自我的颠覆性问题也空前彰显，从而导致解构主义的勃兴。新女性主义、后现代主义、后殖民主义等思想文化潮流也相继兴起，表现出一种“文化转向”和“历史转向”。几乎所有的批评理论家都讨论过文化是什么的问题，文化已然成为可以不断阅读和阐释的文本，不同的学者对它都可以做出不同的阐释，这样，文化的概念不断地被阐释着，解构着，又建构着，一切似乎都不是固定的，一切都在发展中。另外，在新历史主义命名之前，美国的文化符号学、英国的文化唯物主义、法国的“新历史”学派都已经将“历史意识”“历史批判”“文化诗学”作为自己文化解释和审美诗学分析的主要内涵。

文学批评理论发展到了20世纪后半叶，基本上不能够再囿于纯粹的文学批评领域，而必须是跨学科多层面的理论研究与实践。文本的范畴也并不仅仅是“已经用语言表达”的一切，而且包括了文化符号系统里的各种社会物质文本。格林布拉特在著作中探讨的不仅有文学文本、社会记录、档案材料，而且有16世纪红衣主教威尔斯小红帽、公园的路标、城市地形、总统的演员身份等。所以，文学文本和非文学文本的界限逐渐模糊。格林布拉特着力将文学文本放在产生它的特定语境中加以解读，同时也秉有阐释者的当代身份。非文学文本也可视为社会文化符号系统的一部分，对非文学文本审美性的关注和阐释激活了人们的文化感觉和内在认识。“新历史主义”形成和理论反响，意味着跨学科、多领域的批评理论的发展已经成为一种理论需求和理论现实。

由格林布拉特所代表的新历史主义与文化诗学所体现的跨学科的理论姿态，受到很多非议。有很多评论家认为，新历史主义是“一个没有确切指涉的措辞”，它既是历史研究，又是文化研究、文学艺术研究，还涉及马克思主义、心理学、精神分析学、人类学等。但是，这其实也说明了新历史主义与文化诗学的理论张力，表明了其理论博大的容量和兼收并蓄的生命力。哲学的不断整合、思想的不断渗透，形成了理论的洪流，新历史主义跨越了文学、社会学、人类学、哲学、宗教等学科，凝聚成一种思想的洞见。在当今全球化、信息化时代，任何学科都不再是自足的成熟领域，也不能是单纯的文本解读，都必须吸收最先进的社会成果，对自己的理论进行不断的建构与整合。

正如格林布拉特在合作编写的《重划疆界》的前言中谈道：文学研究的疆界被确定为民族的、语言的、历史的、世代的以及地理的、种族的、少数族裔的、社会的、性别的、政治的、伦理的和宗教的。而且，文学研究还有一些看不见的界限，尽管注意不到，但是并不是没有。不同的阅读和写作的界限、书面文化和口语文化、正统和非正统、精英文化和通俗文化、高雅艺术和大众艺术。这些界限可以被穿越、混淆、拆解甚至使之崩溃，它们还可以被复述、被再审视、再规划或者再更换。能够确定的只有一件事，即在文学研究中它们不能够整个被彻底消除。[①] 重划疆界，实现跨学科研究的目的不是在于消除疆界本身，而是在这种疆界的跨越和重构中，焕发文学理论研究新的生命活力，凸显出文本的文化内涵。可以说，新历史主义以宏大的气魄推倒了个人与公共领域的对立和隔离的壁垒，让有价值的个体生命活动能量汇聚成前进和有益的社会能量，发现被主流意识形态随意切割和规制的种种因素，使文学研究和人们的实际生活更加接近。

第二节　文化政治观与西方马克思主义

新历史主义与西方马克思主义的密切联系是无可否认的。从一开始，新历史主义就因为与西方马克思主义难以廓清的内在关联受到种种非议。美国著名文论家凯瑟琳·伽勒尔谈道：“关于‘新历史主义’的政治涵义，批评家们已作出各种极不相同的解说，但是他们基本上同意，它的政治性是令人厌恶的。一方面，它被指责为一种马克思主义的

① Giles Gunn &Stephen Greenblatt, ed., *Redrawing the Boundaries*, New York: The Modern Language Association of America, 1992, p. 4.

粗浅版本。另一方面，它又被当作一种后殖民主义的形式等同体加以谴责。在此情况下，新历史主义引起大量不寻常的专门性政治批评，而它本身作为一种批评方法，在政治上却又很难予以详细的说明。……然而，却有一种执拗意见，坚持要为新历史主义批评实践寻找到某种单一的政治涵义，并且确实在某种情况下硬把它减缩成为一种政治学与权力关系。如此观点不免令人困惑，而且当然地背离了在我看来是新历史主义最有价值的见解，即没有任何文化或批评实践是种单纯的政治伪装物，而这些批评实践极少在本质上是具有解放或压迫性质的。另外，它们通常也不把政治当作自己的内涵，反而是通过占据特定的历史位置，并由此进入各种交换或交涉活动，其中附带着被称作'政治的'实践。那种企图找出新历史主义政治本质的努力，因此可以看作是对上述见解的否认。左倾及右倾批评家似乎都被惹恼了，因为新历史主义拒绝承认文学及其批评外延能够理想地超越于政治之上，也不认为文学及其批评仅仅是可以适当解码的政治。"①

爱德华·佩奇特在 PLMA 第 102 期（1987）上发表《新历史主义和它的不满：文艺复兴时期戏剧的戏剧化》，用马克思《共产党宣言》的语气说："一个幽灵在批评理论界游荡，一个叫新历史主义的幽灵。"他认为尽管新历史主义包含许多批评实践，但其核心是"一种马克思主义批评理论"②。他的文章一发表即遭到众多的反对意见，特别是一些马克思主义理论批评家对此反应激烈，他们认为新历史主义与文化诗学对政治是逃避的，根本就不具备马克思主义理论批评的政治批判力量。有些批评理论家则坚持认为新历史主义只是一种批评方法，而不是一种理论流派。

诸多批评意见大都把他们的攻击集中于格林布拉特的作品。当文学

① ［美］凯瑟琳·伽勒尔：《马克思主义与新历史主义》，赵一凡译，载《文艺学与新历史主义》，社会科学文献出版社 1993 年版，第 161—162 页。

② 张中载、王逢振、赵国新主编：《二十世纪西方文论选读》，外语教学与研究出版社 2002 年版，第 595 页。

批评家将视野从文学文本扩大到现存生活的所有领域，当然包括政治、经济、国家制度等，似乎文本的文学性、审美特性被忽略了，好像文学从独特的象牙塔中被引领到琐碎的现实和坚硬的物质生存的狂欢化场景之中。格林布拉特遭受攻击的焦点集中在他模糊了文学文本与非文学文本的区别，以及泛化的文本分析和阐释所体现出来的意识形态政治观念。他大量引证日常生活事件，甚至把主教的帽子①也作为文化政治的、意识形态的文本进行分析时，文学理论批评似乎在这种泛政治化、泛社会化理论批评方法的审视和分析之下被稀释、被异化甚至被覆盖。

实际上，格林布拉特是以特有的批评方式，试图通过对宏大的历史文本叙述之外的轶闻小事的关注，力图穿越政治与意识形态的遮蔽，激荡着对生命的思索和理想追求，发现社会种种因素对个体生命的规约和压制，从而“颠覆”与抗争这种社会的个体生命规化的习焉不察的力量。力求进一步揭示社会规置的神话和秘密，从而在最大限度内还原个体生命合理自由的生命状态。这种批评范式体现了格林布拉特激进的文化政治观。当然，格林布拉特有时会在批评理论作品里提到商业周期、鼠疫、服装费用、政府新闻检查员、城市的地形、总统的讲话等。在格林布拉特看来，所有的生活中的一切，都隐含着意识形态、权力的规制，存在着各种社会能量的流通、碰撞和交易。

一　马克思主义美学的潜在启迪

实际上，格林布拉特的新历史主义的确与西方马克思主义有着深刻的关系。1969 年格林布拉特到加州大学伯克利分校任教时曾经教授过“马克思主义美学”课程，对马克思主义美学理论非常熟悉，他在文章里也一再提到 1970 年前后他一度沉迷于马克思主义学说。

在德国古典美学中，以康德为开端，打破了从经验出发或者从理念出发的传统哲学美学研究方式，开始走上了经验与理念统一的美学研究

---

① Stephen Greenblatt, *Learning to Curse*, New York and London : Routledge, p. 216.

道路，但是康德只是从主观方面看到了普遍性与特殊性、概念与对象、目的与手段的辩证统一，却忽略了其客观性。黑格尔继承和发展了康德的辩证法，并且加以完善。他论证了整体和个别、一般和特殊等的辩证关系，认为任何事物都是作为整体的一部分来理解的，整体则有一个贯穿始终的主导精神或本质，其中各种元素都是这一内在本质的表现，并且认为主观和客观方面都存在事物之间的这种辩证关系。黑格尔在《小逻辑》中概括论述了历史与逻辑方法的统一："在哲学历史上所表现的思想进展的历程与在哲学系统里所发挥的思想进展的历程，原是相同的，不过在哲学系统里，解脱了历史的外在性或偶然性，而纯从思想的本质去发挥思想进展的逻辑历程罢了。……哲学若没有系统，决不能成为科学。没有系统的哲学理论，只能表示个人的主观的特殊心情，它的内容必然是偶然而乏理性的。哲学的内容，只有为全体思想系统中的有机分子，方有其校准，外此，便只能认作无根据的假设或个人主观的确信而已。"① 实质上，黑格尔对思想和存在的整体考察是在逻辑领域中进行的，并不是一种基于生存论的历史思维，而是一种以存在逻辑为"本体"的科学思维。

马克思、恩格斯吸取了黑格尔辩证历史理论的合理之处，并加以改造，形成了马克思主义历史唯物主义学说。恩格斯说："逻辑的研究方式是唯一适用的方式。但是，实际上这种方式无非是历史研究方式，不过摆脱了历史形式以及起扰乱作用的偶然性而已。历史从哪里开始，思想进程也应该从哪里开始，而思想进程的进一步发展不过是历史过程在抽象的、理论上前后一贯的形式上的反映；这种反映是经过修正的，然而是按照现实的历史过程本身的规律修正的，这时，每一个要素可以在它完全成熟而具有典范形式的发展上加以考察。"② 恩格斯所说的思想进程对历史的反映是"经过修正的"，那么尽管"是按照现实的历史过

① ［德］黑格尔：《小逻辑》，贺麟译，商务印书馆 1959 年版，第 67 页。

② ［德］恩格斯：《卡尔·马克思〈政治经济学批判〉》，载《马克思恩格斯选集》第 2 卷，人民出版社 1975 年版，第 122 页。

程本身的规律修正”，也蕴含了诸多的主观因素，肯定不可能完全摆脱“历史偶然性”的干扰。思维和存在是在真实的历史展开过程中获得理解的，在现实历史发展中，思维和存在的关系就是人与自然界的关系。

马克思说：“自然界的属人的本质只有对社会的人来说才是存在着的；因为只有在社会中，自然界才对人来说是人与人的联系的纽带，才对别人说来是他的存在，和对他来说是别人的存在，才是属人的现实的生命要素；只有在社会中，自然界才表现为他自己的属人的存在的基础，只有在社会中，人的自然存在才成其为人的属人的存在，而自然界对人来说才成为人。因此，社会是人同自然界的完成了的自然主义和自然界的实现了的人本主义。”① 历史思维和历史的解释原则是马克思历史唯物主义的实质。历史唯物主义是以人的生存为前提的，人不仅是历史的产物，人就是历史本身。因此，“每一个时代的理论思维，以及我们时代的思维，都是一种历史的产物，在不同的时代具有非常不同的形式，并因而具有非常不同的内容”。② 马克思主义理论对于历史问题的深刻阐述还见于《德意志意识形态》（1845—1846）。在这部著作中马克思、恩格斯论述说，“思想、观念、意识的生产最初是直接与人们的物质交往、与现实生活的语言交织在一起的。观念、思维、人们的精神交往在这里还是人们物质关系的直接产物。我们不是从人们所说的、所想象的、所设想的人出发，去理解真正的人。我们的出发点是从事实际活动的人。不是意识决定生活，而是生活决定意识”。③ “我们的出发点是从事实际活动的人”，这样将这种历史唯物主义的哲学思想运用到文学阐释中去，必须将文学放在文化社会政治历史大的社会背景中进行阐释。在格林布拉特看来，必须将文学和实际生活结合起来进行分析阐释，注重考察人在社会中的实际生活，这种阐释是多向的，类似一种“惊叹”和“共鸣”。

---

① 马克思：《1844 年经济学哲学手稿》，人民出版社 1979 年版，第 75 页。

② 《马克思恩格斯选集》第 3 卷，人民出版社 1975 年版，第 465 页。

③ 《马克思恩格斯选集》第 1 卷，人民出版社 1975 年版，第 30—31 页。

那么，历史是如何转化为文本的？历史与文本有什么关系？不少新历史主义学者讨论过这个问题。威瑟（Veeser）在《新历史主义》一书中谈道：历史事件无论可能是什么东西，它们实际上都发生过，但不可能被直接观察到。这样为了使它们成为反映的客体，就必须对它进行描述，并且用某种自然或专门的语言进行描述。后来对这个事件所进行的分析或解释，不论采取的是逻辑推论还是叙事描写，永远都是对先前描述出来的事件所进行的分析或解释。这种描述是语言进行凝聚、置换、象征和两度修改过程的产物，这些过程就是文本得以产生的过程。单凭这一点，人们就有理由说历史是一个文本。① 从这个角度上说，无论历史学家多么博学公正，历史文本都肯定蕴含着人为的主观因素。

思想、文本、理论阐释与人们的社会现实是不可分的，因此，文学文本与非文学文本、社会文本与非社会文本是交织而生的，无论理论问题走多远，都与人的物质生活密不可分。思想、观念、意识不在别处，就存在于人们的实际生活之中。格林布拉特的文化诗学就是要坚持对文学文本与其他文本的历史联系的诗学阐释，这种阐释要求打破一切人文的界限，形成一种整体的文化思维方式。所以，格林布拉特的理论陈述中常常夹杂了对自己个人经历的精彩陈述，这几乎成为格林布拉特理论写作的一个风格。理论批评不是高居于日常生活之上空谈，而是实际生活结构中的文化密码和建构性力量。在《〈政治经济学批判〉序言》（1859）中马克思、恩格斯阐述道：人们在自己生活的社会生产中发生一定的、必然的、不以他们的意志为转移的关系，即同他们的物质生产力的一定发展阶段相适合的生产关系。这些生产关系的总和构成社会的经济结构，即有法律的和政治的上层建筑竖立其上并有一定的社会意识形式与之相适应的现实基础。物质生活的生产方式制约着整个社会生活、政治生活和精神生活的过程。不是人们的意识决定人们的存在，相反，是人们的社会存在决定人们的意识。② 因此，人们任何的意识、精

---

① Veeser, H. Adam ed., *The New History*, New York & London: Routledge, 1989, p. 297.

② 《马克思恩格斯选集》第 2 卷，人民出版社 1975 年版，第 82 页。

神都来自社会的构建和重塑，人的本质不是固定的，而是发展的。正如阿尔都塞所阐述的：意识形态是一切社会形式，包括社会主义和共产主义社会的基本因素。人同他的世界的关系体现为实实在在的生活时，意识形态就是生活。人同世界的关系是一种无意识关系，意识形态是这种无意识关系的反映形式，"人和世界的这种关系唯因其是无意识的，才表现为意识"。[①] 意识的性质就在于它的非物质性，因此，往往有巨大的虚幻和欺骗空间。在阿尔都塞看来，意识形态是个人同他所存在于其中的现实环境的想象性关系的表现。[②] 阿尔都塞把意识形态看作是一种回避历史真理从而想象性解决现实矛盾的途径。格林布拉特的文本阐释实践就涉及了关于意识形态的诸多形态和问题。

格林布拉特在分析阐述英国殖民者对土著居民和东方"他者"的残暴虐杀时说：传统马克思主义的优势在于它起码认识到了司各特叙述的恐怖，他们不仅仅把它看做是一种脱离常规的、过去时代的未开化的状况，而且试图从新生资产阶级和帝国主义原始积累的层面来理解这一现象。但是这种潜含着历史必然性的理论，又往往存在着失掉叙述黑暗独特性的危险，也存在着吸收无法言说的事件性质的危险，这样就有可能把这种人类关系的言说加以某种破裂或意识形态理论规置，进而把它的灾难性演变成一种抽象预示性的图画。[③] 在格林布拉特看来，马克思主义揭示了资本主义原始积累时期的残酷性，并把它上升到历史必然性的高度，以此说明了资本主义血腥发展的实质。但是这样的抽象概括很容易丧失文本对人类黑暗时代叙述的诗学品质，从而无意中把人们感性的痛苦归化成抽象的概念，进而失掉文本中震撼人心的诗学力量。

恩格斯在《路德维希·费尔巴哈和德国古典哲学的终结》（1888）中谈道：艺术比政治、经济更丰富和"隐晦"（oraque），因为它不是纯粹意识形态的东西。那么，恩格斯在这里提到的意识形态不是哲学教

① 徐贲：《走向后现代与后殖民》，中国社会科学出版社 1996 年版，第 119 页。

② Loris Althrsser, *Lenin and Philosophy and Other Essays*, Monthly Review Press, 1971, p. 152.

③ Stephen Greenblatt, *Learning to Curse*, New York and London: Routledge, 2007, p. 17.

义，而是指人们在阶级社会中完成自己角色的方式，即把他们束缚在他们的社会职能上并因此阻碍他们真正地理解整个社会的那些价值、观念和形象。到了20世纪，阿尔都塞又论述说：艺术不能被简化成意识形态，可以说，它与意识形态有一种特殊的关系。意识形态表示人们借以体验现实世界的那种想象的方式，这当然也是文学提供给我们的那种经验。然而，艺术不只是消极地反映那种经验，它包含在意识形态之中，但又尽量使自己与意识形态保持距离，使得我们"感觉"或"察觉"到产生它的意识形态。因此，格林布拉特的文化诗学就是通过对文本审美经验的体验和阐释，寻绎出文本中的权力结构和意识形态的压制与颠覆。

我们知道，成长于20世纪上半叶的学者大都接受过马克思主义思想的洗礼，格林布拉特在著作里就反复提到马克思、恩格斯的论述。格林布拉特说道："愉悦是我的文学观念的一个重要部分，这一部分来自于我自身的反应，在这种情况下，愉悦（pleasure）或困扰（disturbance）常常是一样的，另一部分来自于我非常想理解的东西。我常常困惑的是，如果对艺术的历史或者意识形态作用有明显的关注，往往就忽略了艺术的愉悦特点，就此而言，主要是指戏剧。（精神分析批评一般而言在这一方面很不错，但是也是以隐藏了历史为代价。）文学是这个世界上很重要的工作，但是每一个句子并不是辛苦的产物，这一工作的效果是建立在快乐的能力之上的。但是愉悦作为一种范畴，对于历史的理解来说特别难以琢磨。我们可以对它的超历史的稳定性表示惊奇，就像马克思在《〈政治经济学批判〉导言》中所写到的，'困难不在于理解希腊艺术和史诗同一定社会发展形式结合在一起。困难的是它们何以仍然能够给我们以艺术享受，而且就某些方面来说还是一种规范的和高不可及的范本'，这种稳定性反映了一个问题，就是说文学文本（或者所有文化产品）的历史内涵，是建立在制作与接受这种作品的环境的密不可分的理解之上。没有人会不相信马克思提出的解决方法，就是希腊艺术是'人类历史的童年时代'的产物，因此，它们能够带给我们永恒的魅力。”[①] 格林布拉特的这一阐述，比较清楚地表明，他自己对文艺复兴时期戏剧的阐释，为何总会涉及意识形态权力因素，有时因此而忽略了对戏剧中艺术魅力的肯定和关注。有时候，理论的缺陷恰恰就隐含在对理论的严密阐述之中。每一种理论都会隐含着对它背面的忽略，否则，理论就无法建立，这是一个悖论。对于格林布拉特来说，生活就是在这种悖论中展开的。

格林布拉特用收藏在大英博物馆的一幅名画《外交家》来表示对这一问题的理解。此画由英王亨利八世的御前画师小汉斯·霍尔柏因（Hans Holbein）所作。画中正面画有两位人物：一是法王弗朗西斯一世派往英国的大使，另一位是大使的朋友。两位人物的地面位置中间画有一条阴影。这条阴影用模糊的画面画了一个骷髅头骨、类似一本书的东西和其他不明物。在生命繁荣的表象之下，在历史潜在的裂隙中，往往潜含着生命的真相和历史的真实，这就是格林布拉特的新历史主义所倡导的“触摸真实”。这幅画从某种角度上暗示了格林布拉特对文本与历史、生活与历史、人与社会因素（包括社会地位、人物风度、权力形式等）的种种思考和联系，对这种立体交叉的画面的关注与阐释也说明格林布拉特思维的多角度、多层面复杂交叉的网络化特点。在这种意义上来说，从任何一个单层面去批评指责一个理论批评家都是不妥当的，绝对完善的理论只是人类的一种幻觉和理想而已，因此，不仅理论处于悖论之中，一切人类现象都可以在种种悖论中得到阐释。比如，恩格斯在评价德国作家歌德时曾经说道：“我们决不是从道德的、党派的观点来责备歌德，而只是从美学观点和历史观点来责备他。”[②] 这段话已经成为文学批评的经典名言，它表达了恩格斯对文学文本中“美学的观点和历史的观点”的重视。但是并不是说“美学的观点和历史的观点”与“道德的和党派的观点”没有关联，所以恩格斯又批评歌德说，歌德有时渺小，有时伟大；有时是叛逆的、爱嘲笑的，鄙视世界的

---

① Stephen Greenblatt, *Learning to Curse*, New York and London : Routledge , 2007, pp. 12 – 13.

② 《马克思恩格斯全集》第4卷，人民出版社1965年版，第258页。

天才，有时则是谨小慎微、事事知足、胸襟狭隘的庸人。恩格斯的话表明审美本身是文学文本中最根本的批判力量，它往往揭示在人类发展和人类本质确立的过程中，人在根本意义上的被异化、被剥夺、被规置、被塑形，这也是世界对审美事件的破坏、拆解、重塑的过程。像歌德这样伟大的艺术家同样无法脱离时代与社会环境，照样会被当时鄙俗的德国风气所构塑。正如后结构主义代表作家德里达在《弗洛伊德与书写的意味》中所指出：本文没有确定性，一切都始于再生产，一切都已经存在；本文储藏着一个永不露面的意义，对它的确定总是被延搁下来，被后来补充上来的替代物所重构。德里达的这种观点可以说是20世纪西方文化批评理论的某种征兆，也就是说理论批评家们深刻地认识到了文本所指涉的内涵毕竟是有限的，而它与其他文本的语境联系却是极为广泛的。

从格林布拉特文化诗学对意识形态的揭示和批判的层面看，文化诗学更重要的是一种批判的理论。实际上，“批判”一词是在20世纪70年代重新流行起来的，这正是格林布拉特的理论形成的时代。最早这个词来源于康德，但是马克思的《〈政治经济学批判〉导言》的发表之后，“批评”就成了马克思主义的专门术语了。在康德那里，“批判”揭露了理性的界限，以及人类精神超越这些界限的不懈努力。在马克思笔下，“批判”揭示了现代经济学诸范畴同“某种特定的、由历史确定了的生产方式的情况和关系”的对应关系。在福柯看来，“批判”是一种态度、一种一般的美德。福柯说：“我认为‘批判’是一种运动，它使主体被赋予一种权利——这就是透过运用一种自愿反抗的艺术，一种经过认真思考的不服从的艺术，来发现真理的权力。”[①] 在格林布拉特看来，批评就是彰显出被意识形态压抑了的他异的声音，揭示出主导意识形态对社会和文学中他异因素的同化、化解和利用。为此，格林布拉特曾经写道：“那些真实而厉害的破坏因素——本应由于其严重程度而

① ［美］詹姆斯·米勒：《福柯的生死爱欲》，高毅译，上海世纪出版集团2005年版，第415—416页。

把作者送进牢房而施以酷刑——却被它们所威胁的权力化解了。应当说，这种破坏正是那权力为自我巩固而预设的。"① 实际上，当代意识形态政治权力以一种更为隐蔽的形式存在于各种文本的构成中，因此当代文化诗学批评存在着艰巨性。格林布拉特表示说：无论如何艰难都要继续下去。

二 能动的文化构成：威廉斯的理论影响

20 世纪 80 年代初，威廉斯在《文化研究的未来》这篇文章里谈到了自己的理论预想："因为在我们即将到来的时期，知识史方面的探讨，使我们分不清什么才是一种新的文化研究构成的历史机遇。而且准备这种新的创始的时间，恰恰就是'现在'，这一新的创始显然要遭到很多既得利益和政治利益的极大反抗。"② 威廉斯的论述阐明了"新的文化研究构成的历史机遇"，显示了一种理论的期待。体制化的大学研究机制和理论系统化的研究体系呼召着一种新的理论兴奋点，所以"新历史主义"的理论名词出现以后，引起了理论界的广泛关注和探讨，表明了一种文学批评理论研究的"文化转向"的新趋势。格林布拉特就是在这样的文化背景中从事自己的理论阐释和实践的。

在牛津大学研究生学习期间，威廉斯的授课给格林布拉特留下了深刻的印象。可以说，威廉斯（Raymond Williams）的学术思想对格林布拉特的学术生涯有决定性意义，格林布拉特文化政治观的觉醒和形成与威廉斯息息相关。威廉斯对文学发展中社会因素的理解和认识，将格林布拉特从诗歌艺术的形式主义理解中引领出来，从而开始对文学与社会政治、出版发行、文学所建构的审美价值服务于社会策略等问题进行深入思考。所以当格林布拉特的新历史主义被批评为"马克思主义的粗糙版本"时，似乎可以从威廉斯的理论影响处找到迹象。

---

① Stephen Greenblatt, *Invisible Bullets*, In *The Greenblatt Reader*, Edited by Michael Payne, Blackwell Publishing, 2005, p. 152.

② ［英］威廉斯：《现代主义的政治》，阎嘉译，商务印书馆 2002 年版，第 228 页。

作为一个新马克思主义者的威廉斯，曾经对一些马克思主义的概念进行了重新定义。他说："'社会'从来不只是一个束缚个人和社会实现的'死的外壳'，同时也是一个强有力的构成过程。其强制性既有政治、经济、文化形式表现，又被内化为个人意志从而充分实现其'作为一种构成要素的性质'。作为限制和驱动的复杂互动过程，整个这一套决定概念存在于且仅存于整个社会进程中，而非存在于任何抽象的'生产方式'或者'心理过程'。"[①] 格林布拉特新历史主义与文化诗学理论也同样强调文本与社会力量的流动碰撞的能动构建过程。这种理论见解基本得益于威廉斯。

威廉斯在《长期革命》一书中曾经谈道："由于我们的观看方式确实就是我们的生活方式，因此，交流的过程事实上就是共同体形成的过程。共同意义的分享，以及由此而来的共同活动和目的。新的意义的呈现、接受和比较，正在导致发展和变化的紧张与成就。"[②] 威廉斯曾经提出了一个概念——"可认知共同体"，不仅仅是作为一个可孤立的词语的"共同体"问题，而且是在十分特殊、活跃和持续的压力下，介入关系问题，介入对我们自己、他人、我们自己与他人的认知问题。[③] 威廉斯所说的"共同体"主要是在小说中蕴含着的种种社会关系的重构和个体自我的再塑造，这一概念类似于格林布拉特的"自我塑造"。

我们可以进一步来看威廉斯观点：在一个持续的过程中，艺术作品已经被创造，而艺术家自己也已经被改造。它既不是主体对客体的加工，也不是客体对主体的改造。确切地说，它是一种相互辩证的作用，这事实是一个持续的整体的过程。人制造形式，而形式再改造人，但这些都不过是一个过程的供选择的描述。这不仅是艺术家生活和工作的方式，而且是人们生活和工作的方式。[④] 威廉斯所谈论的实际上就是"一

---

① 朱刚编著：《二十世纪西方文论》，北京大学出版社 2006 年版，第 123 页。

② Raymond Williams, *The Long Revolution*, London Chatto and Windus, 1961, p. 55.

③ Raymond Williams, *The English Novel from Dickens to Lawrence*, Chatto & Windus, 1973, p. 187.

④ Raymond Williams, *The Long Revolution*, London Chatto and Windus, 1961, pp. 43 - 44.

种建构”，是格林布拉特一再强调的一种“世界与词语之间的商讨（negotiation）”，这也是格林布拉特理论的重要组成部分。

另外，威廉斯作为剑桥大学的教授，他一直要求英文系的学生除了学习文学经典以外，还必须学习外语、比较文学、政治、经济、思想史等学科的课程。他认为：“我们汲取其他经验的道路很多，不单单是文学而已。我们不但要汲取记录下来的经验，也可以借助历史、建筑、绘画、音乐、哲学、神学、政治理论和社会理论、物理和自然科学、人类学。确实，我们可以借助所有的学问。如果明智的话，我们还可以借助其他方式记录下来的经验：机构、礼仪、风俗、家族回忆录。文学极其重要，因为文学不仅是正式的经验记录，而且每部作品都是文学与以不同方式保存下来的共同语言的契合点。”[①] 这种跨学科的思维是 20 世纪中期之后学术研究得以取胜的关键。几乎所有的理论批评领域，例如新马克思主义、后现代主义、新女性批评、后殖民主义等，都秉有跨学科的理论态势。所以，格林布拉特的理论成就仍然与他所受到的理论训练具有重要关系。

威廉斯针对马克思主义艺术“反映论”的弊端，提出了艺术“中介论”。威廉斯认为文化是社会的中介，在经济基础和上层建筑之间、社会与艺术之间不存在直接的关系，而是要通过艺术的中介活动。威廉姆斯说：“中介”意在描述一个能动的过程，它最突出的基本意义就是在对手或陌生人之间进行“商讨”、“协调”或“解说”的行为，它在唯心论哲学中则一直是这样一种概念，即在整体性中调和对立面。由于各种分立力量之间的相互作用，一种更为中性的意义也得到了进一步发展。“间接的”与“直接的”之间的差异，逐渐发展成为强调“中介”是彼此分立的各种活动之间的联系纽带，或者说是一种思想代理的观点。[②] 威廉姆斯注意到“对手或陌生人之间”对立力量的冲突和演变，这种理论阐述对格林布拉特的“自我造型”理论产生了重要的启发。

---

① 参阅曹莉《剑桥批评传统的形成和演变》，载《外国文学》2006 年第 3 期。

② Raymond Williams, *Marxism and Literature*, Oxford University Press, 1977, pp. 97 – 98.

因此，格林布拉特在提到文本与各种社会能量的流通时，反复不断地提到“商讨”、“流通”和“交易”，并且也认为文学艺术与社会之间的关系是一个能动的过程，是一种符号结构中互相运动的过程，在这个过程中产生了新的社会能量。在提到这个问题时，格林布拉特这样说：在任何文化中，都存在着一个普遍的符号经济。这种符号经济是由某种的神秘的标记构成的，它激发了人们的欲望、恐惧和侵犯行为。通过他们建构“共鸣”故事的能力、他们对有效果的想象力的控制，最重要的是对所有文化的最集中的创造——语言——的高度敏感，文学艺术家擅长控制这种经济。① 格林布拉特将文学艺术的创作和作家的经济生活联系起来，因为作家掌握语言运用的技术和技巧，所以掌握了获取金钱的特殊方式。例如莎士比亚的创作就是如此。莎士比亚所有的戏剧创作都以前人的故事材料为蓝本，他结合自己时代的需要和特点，运用了高超的“点石成金”的本领，形成了人类文学史上永恒的高峰，并且，莎士比亚因为戏剧创作和戏剧演出活动，从一个远走他乡寻找生计的穷青年，变成了斯特拉福镇的首富和世界名人。

三　隐含的意识形态

格林布拉特在诸多著作中提到杰姆逊和他的《政治无意识》，不能否认，杰姆逊对格林布拉特的深刻的理论影响。盛宁谈到新历史主义与西方马克思主义的关系时，提到了格林布拉特在《走向一种文化诗学》中论述的学术立场。格林布拉特分析了他为什么不能够投靠马克思主义或后结构主义，而必须置身马克思主义和后结构主义之间的原因。格林布拉特发现，人们共同面对的“资本主义”，实际上是一个“复杂的历史运动”，它实实在在地存在于“一个既无天堂式起源，又无千年至福式企盼的世界上”。然而，对于这同一个资本主义，人们却可以采用大相径庭的话语来对它进行描述。例如，杰姆逊和利奥塔同为后现代主义

---

① Stephen Greenblatt, *The Greenblatt Reader*, Edited by Michael Payne, 2005, p. 15.

理论家，但他们对于资本主义的把握和表述就很不一样。杰姆逊从他的马克思主义的认识假设出发，认为现存话语中有关“公共”与“私人”、“政治”与“诗学”、“历史”与“个人”等“功能性区别”都是虚拟的，认为这种话语领域的划分完全可以取消，他主张人类从无产阶级的未来中重新获得一种整体性；而利奥塔从他后结构主义的认识假设出发，则认为资本主义所追求的就是一种垄断式的独白话语，因此他号召要向所有的统一性开战。格林布拉特发现，在以上这两种情况中，“历史”都毫无例外地成了“顺手捎带外加在一种理论结构上的装饰”。[①] 这样看来，格林布拉特认为自己徘徊在马克思主义和后结构主义之间，不仅仅把历史看成一个“理论结构上的装饰”。那么格林布拉特究竟有什么历史观？这种历史观与马克思主义阐释学有何关联？

格林布拉特认为，文学和历史不是对立的，而是同处于社会符号化的人类思想空间之中，文学参与了历史的构成，文学是历史的一部分。历史是文本化的文本，它是断裂的、是由种种偶然性构成的、是被不断构塑的。历史的再文本化过程是多重往返的社会能量的汇聚、交流、碰撞的过程。这种历史观涉及过去的文本与现在的阐释之间的重要关系。

马克思主义阐释学在过去的文本和现在的阐释问题上持“绝对历史主义”态度。绝对历史主义以对现存社会的科学剖析来看待过去并推测未来，但是它充分强调历史的暂时性。它所坚持的历史分析不仅包括思想的对象，而且包括以思想为分析对象所使用的概念。它以关系类比而不是以实证确在为分析对象。杰姆逊认为，马克思的《资本论》就是使用的这种历史方法。[②] “关系类比”的方法强调事物之间的种种联系，在联系与比照中确立自身。对于历史文本的阐释，现在的视角很重要，所以格林布拉特把历史文本的阐释看成一个流动性的过程，是种种能量关系的重组、构建、延展。正如马克思主义历史观所理解的，我们再不能把过去看成是僵死的对象，仿佛过去全靠我们去复活、保存和

---

① 盛宁：《人文的困惑与反思》，三联书店 1997 年版，第 154 页。

② 徐贲：《走向后殖民与后现代》，中国社会科学出版社 1996 年版，第 37 页。

维持似的。恰恰相反，在（现今和过去的）交遇中，过去是一个积极的动因，它向我们走来，作为一种与我们迥然有异的生活方式，向我们的生活方式提出质疑。它评审我们所存在于其中的社会。[①]

格林布拉特认为既然历史是断裂的、非整体的，那么真正的历史真相往往潜存于历史档案和并不引人注意的游记、日记、绘画、轶闻记载等文本之中。所以格林布拉特常常把对过去所谓的单数大写的历史（History）的关注，转移到对众多复数小写的历史（histories）的关注上，通过讲述一些叙述故事，探视历史中隐藏的文化密码。这一历史观与杰姆逊的观点有很大的相似之处。在《政治无意识》中杰姆逊有一个著名的论述："依照阿尔都塞的'不在场的缘由'，或者拉康的'真相'说，历史都不是一个文本。因为从根本上说，历史是非叙述、非再现的；不过，我们又可以附带一句，除了以文本的形式，历史是无法企及的，或换句话说，只有通过先文本化的形式，我们才能接触历史。"[②] 历史本身虽然不是文本，但是我们接触的和对象化的历史只能是文本，所以历史仍然就是文本本身。杰姆逊认为：意识形态分析，或许可以被描述成对某一特别的叙事特征的重写，或者是具有社会、历史、政治语境的一种功能。"语境"出于分析的目的总是在事实之后重建，这样不仅意味着把意识形态分析转化成对文学作品的重写，而且这种重写本身，就是对先前的意识形态或者历史潜文本的重写或重构。因此，文学的或者美学的姿态总是同现实保持某种能动关系，即文学的或者美学的活动已经被限制在"反映"现实这样一个相当复杂的操作中。所以，为了对现实做出反映，文本不能简单地让现实被动地处于文本之外的距离中，而是必须把现实纳入自身的机理中。[③] 在某种意义上来说，用杰姆逊的这个观点就可以洞悉格林布拉特"叙述"的奥妙。格林

---

① 徐贲：《走向后殖民与后现代》，中国社会科学出版社 1996 年版，第 38 页。

② Fredric Jameson, *The Political Unconscious* , Cornell University Press, 1981, p. 15.

③ ［美］詹姆逊：《批评理论和叙事阐释》，载《詹姆逊文集》第 2 卷，中国人民大学出版社 2004 年版，第 315—316 页。

布拉特的“叙述”本身就是一种事实的文本化过程，通过这种对现实的摹写，将现实纳入文本创作与文本阐释之中，从而显示了意识形态力量在构塑自我时，所产生出来的诸种现实状态。

格林布拉特对社会文本和文学文本的分析，根本着力点并不在于对文本的美学性质、语言特点等的形式主义分析，而是在文本阐释中不断重构文本，发见被隐在的主流意识形态和政治力量塑形的历史因素。杰姆逊的马克思主义阐释学也是如此。杰姆逊认为文学批评的过程不是去解释文化现象，而是把文本内容当作一种被遏制的力量所扭曲的一种提示，从而揭示被压抑的隐在内涵。这种遏制的力量或者遏制的策略是无处不在的，是意识形态本身。这种对阻碍的历史力量的揭示，被杰姆逊称为“元批评”。相比而言，格林布拉特主要是在文化的诗学阐释中凸显意识形态的压制和阻碍，这种文本阐释方式主要是通过对具体文本的细读（例如对文艺复兴时期的戏剧分析），同时采用“讲述”的方式，将日常生活的历史融入文本的阐释之中，这种阐释对文本中的美学魅力可以使用“惊叹”和“共鸣”来概括，这是格林布拉特的独特性所在。在似乎琐碎的私人生活讲述、“小历史事件”的重述与文学文本的诗学阐释之中，体现了自己坚定的文化政治观。

例如格林布拉特在《神奇的财富》（*Marvelous Possessions*）① 中重述了哥伦布发现新大陆的历史资料，重新阐释了哥伦布占有新大陆的政治意识形态特点。哥伦布对于新大陆的发现，不仅仅是一种经济行为、航海冒险行为等，而且是一种语言殖民、经济殖民、政治殖民的综合过程。格林布拉特写道：哥伦布夺取财富的方式基本上是一系列语言动作：宣布、证明、登记。这种行为是公开的和正式的，哥伦布代表国王和王后说话，他的话必须被听取和视为与国王和王后的话一样，这就叫证明。如果将来需要证实这一事件的真实性，那么，这种展开横幅，宣布占有财产的过程就成为合法的证明。问题的关键不仅在于王权的统

---

① Stephen Greenblatt, *Marvelou Possessions*, In *The Greenblatt Reader*, Edited by Michael Payne, Blackwell Publishing, 2005, p. 81.

治，而且在于哥伦布的地位与财富的演变。经过了几个月的艰难协商，1492 年 4 月 7 日哥伦布被任命为舰队司令、总督，统管所有的他发现和获得的土地、工厂、岛屿。这片领土上生产和发现的所有珍宝、物产，哥伦布被准许可以免税获得十分之一。后来哥伦布又蒙王室特许，准许哥伦布的封号和特权可以永远由他的继承者和后裔所拥有。在 12 月 12 日以后，哥伦布不仅可以借用王权作媒介宣布所有权，而且可以代表自己和后裔举行所有权接受仪式。[①] 哥伦布在宣布新大陆所有权时运用的是语言，而语言之所以能够产生效果，是因为代表了王权。于是，王权、语言、财富就成为三位一体的运作机制，其中语言是事件成立的媒介和工具。

格林布拉特接着写道：因为哥伦布时代的文化习俗完全不承认口头证明，法律程序要求有书面证明，因此，哥伦布把自己的语言行为写进航海日志里，这样就能够保证所有的事情都记录下来，将来这些记录会有很大的权威性。他们把这些文件用蜡封好，千里迢迢、远隔重洋带到那些官员面前，由他们帮助肯定这些材料的真实性和合法性，从而保证了在哥伦布的声音消逝之后，这些事件的记忆被固定下来，书写是使这种记录成为制度化的形式。[②]

正如同杰姆逊所说："必然性并非是某种内容，而是事件的无可回避的形式。因此它是一个叙事范畴，是对历史的再文本化。这种再文本化并非将历史变为一种新的表现形式或'景象'或新的内容，它是斯宾诺莎和阿尔都塞所说的'不在场原因'的形式结果。……历史只能在这种结果中被理解。"[③] 而在格林布拉特的文化诗学理论看来，在"历史的再文本化"过程中，肯定隐含了语言叙述的诗性品质。历史写作是特定人的行为，包含了人的主观欲望，也含有文化文本的意识形态

① Stephen Greenblatt, *Marvelou Possessions*, In *The Greenblatt Reader*, Edited by Michael Payne, Blackwell Publishing, 2005, p. 85.

② Ibid. .

③ Fredric Jameson, *The Political Unconscious* , Cornell University Press, 1981, p. 82.

性质和潜在企图，因此这种文化文本阐释是复杂的。哥伦布的殖民书写行为，就直接是一种政治行为，一种有预谋有明确目的的殖民占有，其中中性的语言成了事件的媒介和帮凶。由此可见，历史书写有时候就是一种意识形态得以实现和发挥作用的形式，其中隐含了种种复杂的社会力量的较量。

在杰姆逊看来，真正的历史分析主要有两种，一是对研究对象进行历史分析，二是对用于思考这一对象概念本身的过程进行历史分析。杰姆逊主要使用后一种。杰姆逊声称要对“各种理论框架和遏制策略进行除幻”，认为意识形态的“遏制策略”早就深深嵌入了一切文本和我们对文本的阐释和思考之中。在杰姆逊看来，文本是内化并真正通往现实的一条途径。通过语言，文本将现实当成它“固有的”潜文本承载到自身之中来加以完成。将世界加以内化，并因此而描述世界的途径常常是通过象征活动来达到的。象征活动通过生产与它自己同时出现的语境作为开始，作为潜文本的整个人类悖论就隐含在这种重构的文本语境之中。象征活动清晰地表明自身所处的环境，将之含纳并文本化。文本语境本身在象征活动之前并不存在，除了文本什么也没有，在文本自身产生之前，没有任何外在于或者内在于文本的现实。这种文本象征活动所产生的新的现实和语境，导致了纯粹意识形态的产生。[①] 杰姆逊对文本中隐含的意识形态潜文本的阐释，与格林布拉特的文本阐释实践，在某种程度上有很多一致性。

在这样的理论背景下，格林布拉特的新历史主义与文化诗学理论曾经被指责为“另一个版本的马克思主义”。哈佛大学英文系教授布鲁姆甚至直言不讳地称他是“文学殿堂的粗暴的、不受欢迎的入侵者”，是憎恨流派的主要首领，是暴民，他迂曲的理论导致西方文化跌入悬崖。这种激烈的抨击从某种反面更突出地表明：格林布拉特分析文艺复兴时期的“自我造型”，分析文本中隐含的诗学品质，消解学科边界，采用

---

① 参见［美］詹姆逊《批评理论和叙事阐释》，载《詹姆逊文集》第 2 卷，中国人民大学出版社 2004 年版，第 316 页。

跨学科的理论态势，其深刻性就在于这种文本阐释方法能够揭示主流意识形态对人、语言、文本的压抑、规制、构塑的种种因素和过程，从而凸显出其中隐含的意识形态力量。

假设格林布拉特仅仅是探讨各种文本流动中的审美特点，那么，他就肯定会与英美新批评的形式主义批评旨归相似。仅仅注重文学作品中的文学性问题的文本阐释方式，是格林布拉特坚决拒绝的。格林布拉特这样说过："你所感兴趣的艺术的维度——情感的、理想的和解放的因素——当然是存在的，并且实际上非常重要。但是，在很长一段时间里，至少在我受教育的时间里，英美形式主义与此有很大的不同。我很怀疑，在你的文学训练过程中，这些生命真实的维度是完全自主的。"格林布拉特的话意味着一切问题的实质，在于现实中的人们是处于不自主的生存状态之中的，而且这种不自主的生存是被人们所忽略的。如果理论和现实结合起来是痛苦的，那么用理论烛照现实则更需要勇气。格林布拉特的成功之处就在于将理论与现实生活结合起来，善于将现实故事揉进枯涩的理论之中，又将理论探进生活的深处，让人们不得不正视和面对那些隐藏和回避的真相，找出它的意识形态实质。

第三节　整体的文化观与"隐喻性"的诗学方法

在格林布拉特看来，文学只是一个研究的着力点之一。格林布拉特研究的视野是整个人类的种种文化现象，它们重重交织，产生了某种诗性的意义结构。波兰社会人类学家马林诺夫斯基（B. Malinnowski）在20世纪前期就曾预言过，人类学应该是整个社会科学的基础。人类学一般把人类定义为"文化的动物"，将文化视为一个整体，一切与人类有关的知识都可以在文化这个符号网络中获得一种理解、阐释和建构。文化人类学广阔的研究视野给文学理论研究带来了方法论的启迪和延展，而文学研究也给人类学研究带来理论的深度和审美的升华，文学以其独特的审美魅力渗透和融入诸多人类文化思想领域。毕竟，一切文本都带有某种审美特性，它既是人类对外在世界的观照，也是人类内在精神和文化质素的外化。

格林布拉特曾经谈到维柯对他学术思想的影响。维柯对格林布拉特的影响有两个方面，一是整体性文化视角的形成，二是“隐喻性”的人类学阐释方式的启发。维柯对人类原始民族隐喻性语言的揭示，以及对人类诗性智慧的阐发，是文化诗学理论得以生成的重要因素。维柯的《新科学》采用人类学视角将人类的一切活动看成一个整体进行分析和研究，这种整体性文化观可以说奠定了格林布拉特的方法论基础。维柯诗学研究的一个突出特点是宏观的历史发展的眼光和整体联系的原则，从宏阔的人类学视角，采用历史发展的研究方法探索文学艺术与人类历史的关系，探讨每个民族的出生、进展、成熟、衰微、灭亡的过程和历史。维柯在自己的自传中谈到，他发现了哲学方面的新的历史原则，一种人类的形而上学，也就是“一切民族的自然神学”。在维柯看来，最初的人类是用符号来进行交流的，对于原始先祖来说，雷声轰鸣都是天神向人们所作的某种姿态和记号，而符号本身就带有象征性。维柯在《新科学》中阐述道：人类创造的世界是一个文化的世界，这个世界与自然界有本质的区别，诸如国家、政体、社会、机制、宗教、习俗、规范、艺术等都属于人的创造，这就是与自然迥然有别的文化或文明。作为文化的创造者，人能够更好地理解自己创造的文化，而不同的民族有不同的文化，人类又有着共同的文化起源，因此文化既具有多样性又具有共同性。①

既然维柯的研究方法对格林布拉特产生了影响，那就不难发现，格林布拉特的研究著作里充斥着对历史轶闻、历史档案的考察和对特定历史时代风俗、信仰诸种传说和事件的透视和描绘，所有的一切现象包括轶闻都是人类整体文化结构中的一部分。既然人类的品性、作家人格和

---

① ［意］维柯：《新科学》，朱光潜译，商务印书馆 1989 年版，第 16 页。

写作特点的形成都是在历史的洪流中具体形成的，那么作为莎士比亚专家，格林布拉特研究了莎士比亚是怎样成为作为戏剧家的莎士比亚的。莎士比亚的成就是建立在他生存的时代和地域所具有的诸种文化现象的基础之上的，当时文化的种种契机和因素是莎士比亚的内在灵魂。格林布拉特出版了《尘世中的莎士比亚》一书，以探索论证莎士比亚之所以成为莎士比亚的种种文化因素。

格林布拉特的人类学观念也来自另外一个人类学家克里福德·格尔茨（Glifford Geertz，1926—）对他的重要启发，格林布拉特提到他的“文化诗学”一词主要得自格尔茨。格林布拉特在《文艺复兴的自我塑造》等作品中都反复提到格尔茨对他的深刻影响。格尔茨是美国文化人类学家、修辞家、符号人类学和释义人类学的倡导者，主要著作是《文化的阐释》等。在《接触真实》（*The Touch of The Real*）一文开头，格林布拉特引述了格尔茨《文化的阐释》中的观点：“克里福德·格尔茨以他的论文《厚描》为《文化的阐释》这部著名作品的开篇，‘所谓分析——厚描就是一种意义结构的确立，赖尔称之为通行密码，但是这一说法容易使人误解，因为这样一来这项工作看起来就像破译人员的事情，而实际上这一工作更像文学批评者——以确定这些社会结构的基础和内涵’，难怪格尔茨在叙述社会科学规划时将权力归置于文学批评之上，就像我们在1970年中期一样。它赋予我们已经在做的事情某种意义，并且将我们的职业技巧，作为比我们自己本身所把握的更重要、更关键、更具说服力的因素归还给我们。或许我们并不完全欣赏‘确定性’这一概念，但是我们高兴地发现一位深刻的、具有知性力量的、精彩流畅的人类学家，他使用我们学科的配套工具，并且用他们的价值含义更新着我们的观念。”[①] 这里所谈到的“职业技巧”，是指我们曾接受的各种学术专业训练，它们具有社会结构的基础和内涵，成为我们谋

① Stephen Greenblatt, *The Greenblatt Reader*, Edited by Michael Payne, Blackwell Publishing, 2005, p. 30.

生的工具，也是文学批评家作为社会成员的主要工具。格林布拉特在他的不同著作中都反复提示过关于文学批评家的职业训练的问题。学术活动也是社会活动，它和其他的社会活动具有共同性，也是一种物质权力。

格林布拉特非常重视“厚描”这一概念的富有启发性人类学意义。“厚描”（thick description）这一概念是由吉尔伯特·赖尔首先提出的。它是指对包含着多重丰富阐释意味活动的描述，而“浅描”（thin description）则是指对事件比如眨眼这样的含义单一行为的清晰确定的简单描述。格尔茨认为：如果说人类学解释即是建构对于所发生之事的一种理解，那么，把人类学解释与所发生之事分割开来——与特定的人们在此时、或彼地、所说、所做或所遭遇的话与事分割开来，与世界的整个庞大的事情分离开来——就是把它与它的应用分割开来，就会使它变成一具空洞的外壳。对于任何事物——也许是一首诗、一个人、一部历史、一项仪式、一种制度、一个社会——而一种好的解释总会把我们带入它所解释的事物的本质深处。[①] 在此，格尔茨提出了自己的观点，所谓人类学阐释，也就是“厚描”，是对现实事件的一种深透本质的把握，它从事物的种种世相中走出来，用一种独特的艺术形式将其本质呈现出来，这种人类学阐释，也就是“建构一种对所发生的事的一种理解”。

格尔茨又说：“这并不是说其中没有对整个的社会、文明、世界性事件等等所作的大规模的人类学解释。恰恰相反，正是因为我们把分析以及这些分析的理论含义扩展到更大的情景中，才使它们受到普遍的注意，从而证明了我们对它们的建构。典型的人类学家的方法是从以极其扩展的方式摸透极端细小的事情，从这样一个角度出发，最后达到那种更为广泛的解释和更为抽象的分析。他面临的是和其他人——历史学家、经济学家、政治学家、社会学家等等——在更为重要的背景下所面

① ［美］格尔茨：《文化的解释》，韩莉译，译林出版社 2006 年版，第 23 页。

临的同样宏大的实在：权力、变革、信仰、压迫、劳动、激情、权威、优美、暴力、爱情、名望……理论建设的根本任务不是整理抽象的规律，而是使深描成为可能。不是越过个体进行概括，而是在个案中进行概括。”① 格尔茨的阐释表达了一种由微观分析达到宏观理解的人类学方法。特别是“不是越过个体进行概括，而是在个案中进行概括”的观点，对格林布拉特的启发非常大。对细小的事件，对偶然性的关注，从而通达对权力、信仰、名望等宏大叙事的“隐喻性把握”，这一直是格林布拉特所使用的理论批评方法。因此，格林布拉特从来都不忽略对档案资料、轶闻野史、警察记录、航海日志等非正史资料的分析与阐释。这种对文化事件的“厚描”，类似于一种对人类事件的隐喻性把握，这是新历史主义与文化诗学研究的主要方法。对此，格林布拉特曾经谈道：“那些特殊的文化及其研究者都不可避免地走向一种对于现实的隐喻性把握。人类学阐释工作应该较多地关心某一社会成员在经验中所应用的阐释性构造，而不是去研究习俗与机构的制动关系。”②

格林布拉特的“隐喻性”概念主要来自肯尼斯·伯克（Kenneth Burke）。伯克认为隐喻的特点是异中求同，通过发现事物现象中的相似之处，从而把共同的特征确定为现象的意义。格林布拉特从人类学借用的“对现实的隐喻性把握”，把人类学所要考察的一切人类现象都看作某种文本，从中找出人类文化生活或文本中隐含的诗学内涵，这是格林布拉特所倡导的文化诗学的理论阐释方法。

另外，对“现实的隐喻性把握”一词其实并不是伯克自己的理论发明。维柯早在《新科学》中就谈到要发现人类创造者的诗性智慧或创造性的智慧，这种诗性智慧就是一种对事物的隐喻性把握。这种诗性智慧就是维柯所说的新科学的万能钥匙。维柯提到的“新科学”主要是一种人类社会的科学，是从人类学的角度建立的人类思想史、人类事

① ［美］格尔茨：《文化的解释》，韩莉译，译林出版社 2006 年版，第 27—30 页。

② ［美］格林布拉特：《〈文艺复兴自我造型〉导论》，载《文艺学与新历史主义》，社会科学文献出版社 1993 年版，第 80 页。

迹史，其中贯穿着由“人类强大的感觉力和生动的想象力和创造力”而形成的诗性智慧。维柯认为，对于人类童年时代来说，玄学就是他们的诗，诗就是他们生而就有的一种功能（因为他们生而就有这些感官和想象力）。因此，诗性智慧是与人类的感觉力和想象力相关的认识事物把握事件的能力。在维柯看来，凡是最初的譬喻都来自这种诗性逻辑的定理或必然结果。按照上述玄学，最鲜明的因而也是最必要的以及最常用的比喻就是隐喻。隐喻是受到赞赏的，它甚至使无生命的事物显得具有感觉和情欲。最初的诗人们就用这种隐喻，让一些物体成为具有生命实质的真事真物，并用以己度物的方式，使它们也有感觉和情欲，这样就用它们来造成一些寓言故事。这就提供一种根据，来判定隐喻何时在语言中开始出现。一切表达物体和抽象心灵的运用之间的类似的隐喻，一定是从各种哲学正在形成的时期开始，证据就是在每种语言里精妙艺术和深奥科学所需要用的词，都起源于村俗语言。[①] 维柯对诗性智慧的阐述和理解，对文化诗学理论的构成有积极的影响。在一切人类文化模式里，都存在着生活的诗性因素，这是一切问题的关键。

黑格尔也很早就在《美学讲演录》中提到有关“隐喻”的问题。黑格尔认为：每种语言本身就包含了无数的隐喻，它们的本意是涉及感性事物的，后来引申到精神事物上去。许多类似的涉及知识的词按它们的本意都只有完全感性的内容，但是后来本义却不用了，变成具有精神意义的词。本义是感性的，引申义是精神的。这类词用成了习惯，引申义反而成了本义。这样，意象就不再使人想起一个具体的感性观照对象，而直接想到它的抽象意义。[②] 在《历史哲学》导言中，黑格尔阐述了普遍性历史的诗性品质，并将整个已知的历史世界作为主题，通过隐喻，将世界历史构建成具有一致性的诗性整体，这一诗性整体是与已知的理想形式相适应的。黑格尔说道：“我们假如把一般世界历史翻开来，我们便看到了一幅巨大的图画，充满了变化和行动，以及在永无宁

① ［意］维柯：《新科学》（上），朱光潜译，安徽教育出版社2006年版，第238页。

② 参见［德］黑格尔《美学》第2卷，朱光潜译，商务印书馆1986年版，第128页。

息的推移交替之中的形形色色的民族、国家、个人。凡是人类心灵所能想到的和发生兴趣的任何东西——我们对于善、美、伟大的一切感觉——都表现出来了。到处都运行着和实施着各种目的，这些目的是我们所认识的，他们的完成是我们所欲求的——我们为它们希望，我们为它们畏惧。在这一切事变之中，我们看见人类的行动和痛苦，处处有和我们自身相关的东西，所以处处有激起我们爱和憎的地方。有时候它以美丽、自由和丰富多彩来吸引我们，有时候它又以可使罪恶也显得有趣的那种精力来打动我们。有时候我们看到某种包罗宏富而为大家所关注的事业，进展的比较迟缓，而且结果竟然在许多琐碎事项的错综纠纷中被牺牲掉，终于纷纷化为尘埃了。同时为了一桩细微的结果，居然可以费去九牛二虎之力；而从显然是渺小的事情上，却发生了一番巨大的事变。随时随地都有最庞杂的一群事变，把我们卷入漩涡中去。这一群刚去，那一群又立刻来代替了它的位置。”① 在这里，黑格尔把历史看成是“一幅巨大的图画，充满了变化和行动”，从而揭示了历史的诗性品质，把“我们对于善、美、伟大的一切感觉都表现出来了”。同时，黑格尔又认识到“我们看见人类的行动和痛苦，处处有和我们自身相关的东西”，历史就是生活本身，历史不是高居于人类生活之上的抽象理念，它是日常生活、人们的善恶变化的一种表达。在黑格尔看来，历史中充满了偶然性和不稳定性，所谓的必然性是由种种偶然性体现出来的。“某种包罗宏富而为大家所关注的事业，进展的比较迟缓，而且结果竟然在许多琐碎事项的错综纠纷中被牺牲掉”，而那些“显然是渺小的事情上，却发生了一番巨大的事变”，这样看来，偶然性的事件有时至关重要，甚至改变了事物的发展方向。黑格尔的阐述表达了一种历史诗学思想，这种历史诗学跨越了历史与生活的距离，将历史看成是变化动荡的生活的一部分。他说“随时随地都有最庞杂的一群事变，把我

---

① ［德］黑格尔：《历史哲学》，王造时译，上海世纪出版集团 2005 年版，第 66 页。

们卷入漩涡中去”，我们是历史长流中的一个分子，社会力量有时候成为携裹我们前进的一种无形潜在的力量。黑格尔的阐述就是对人类历史“图景”的一种隐喻性的表达。

伟大的思想总是相通的。法国小说家阿纳托尔·法朗士（Anatole France，1844—1924）在小说《伊壁鸠鲁的花园》里有一段对话题为“形而上学的语言”。法朗士认为每一个哲学概念底下，都有一个似乎被用竭的、被掩盖的感性图像，这种情况就是“隐喻”。解构主义批评家德里达在《哲学的边缘》一书中也深入探讨了“隐喻”的概念。他用“白色的神话”来比喻那种视而不见其文学性的哲学活动。德里达认为词语最初的意义是不确切的，只有当它们被纳入哲学话语的框架时才成为一种隐喻，这种隐喻逐渐成为词语的本意。德里达认为，哲学是一门植根于隐喻的学科，哲学的过程就是抹除隐喻的过程，从而恢复语词原有的感性本质。因为哲学不像文学那样清楚地意识到自身的隐喻性，所以更加天真，是用一种“白色的神话”掩藏了真相。“白色的神话”意味着哲学对构筑于其上的隐喻结构的压抑和隐藏，因为这些隐喻结构似乎是白色的隐文，它虽然看不到，但是却无处不在，隐在地构成了哲学文本的潜文本。价值、眼睛、太阳等这些所有的人类词语都存有一种隐喻的意义。可以说，正是哲学和思想掩盖了人类词语的诗性内核。哲学文本的确定性意义实质上与文学一样，是一种真实生活的隐喻性系统。可以说，这种对哲学隐喻性的感性内涵的探索，对于文化诗学理论的阐发具有一种非常有用的引证性意义。德里达后来又在《论文字学》中这样说：“语言原本就有隐喻性，按照卢梭的看法，语言的这种隐喻性来自于它的母亲，隐喻具有将语言和它的起源联系起来的特点。”[①] 同样，在格林布拉特看来，现实生活中的一切现象无不是隐喻地表达着隐藏的诗性意义。文化诗学就是在人类文化的整体范畴里的一

① ［法］德里达：《论文字学》，汪堂家译，上海译文出版社 2005 年版，第 396 页。

种诗性阐释和隐喻性发现，它意味着将文学与文化以及人类一切有意义的事件联系起来的一种理论努力。

秉有整体的文化观肯定意味着对所有界限的跨越和忽略，格林布拉特是这样理解这个问题的："如果将整个文化看做一个文本，那么，所有事物就在表述层面和事件层面至少潜在地相互关联牵制，那就很难在表述与事件之间划出明确界线。至少，这种划分本身就是一个事件。"①这种观念是理解格林布拉特整体文化理念的根本之处。我们可以看到，格林布拉特这种整体的文化观念与德里达的观点有某种程度的潜在关联。

德里达认为文本之外别无他物，他在面对文本时否定了文字后面有任何意义。在德里达看来，所谓文字后面的真理是不存在的，但是文本中的文字的确组成了自我关联的、彼此指涉的、某种内在的无关于作者也无关于文字背后深层意义的意义链，形而上学的真理甚至作者的本意都已经不存在了，一切都是不确定的。在德里达看来，一个文本和别的一个文本连成一个文本符号结构网络，这样就把绝对的、固定的、先在的、本源的意义都彻底放逐了，而只有相对的、不定的意义在读解阐释的过程中一次一次不断地生成。在文本意义不确定的前提下，解构的阅读可以从某一个细节入手，撕开文本符号结构网络中已经存在的裂隙，从而使文本的整个意义发生彻底的改变。这种意义的不断分延，对界限的不断拆解，就是德里达的解构策略。终极意义被敞开的多变意义所代替，意义分延的无限过程代替了坚固理念的建构，不确定性成为唯一可以确定的对象。德里达对文本的解构以及意义不断分延的观点，与格林布拉特的文化诗学的文本阐释理论观念有深刻的内在一致性，在他们看来，文本阐释的意义正是在文本内在意义的不断拆解和重构的多重文化流动的过程中形成的。

---

① Gallagher C. & Greenblatt S. , *Practicing New Historicism*, The University of Chicago Press, 2000, p. 15.

第四节　文本的阐释与读者批评理论

新历史主义与当代读者批评理论有着密切的关系，格林布拉特叙述的每一个故事都需要运用当代读者批评的方法来进行阐释。

一　阐释的演化

20世纪60年代欧美学生运动和反抗游行活动失败之后，冷峻的社会现实使学者们开始关注现实政治与生活，批评理论开始由世纪初的“语言学转向”逐渐向“人文转向”过渡，读者批评理论较先出现。实际上，早在新批评时期，瑞恰兹就提到过读者问题。他认为读者是通过对文学艺术作品的体验来描述自己对作品的反应的，随后由评论家来对这些读者的反应进行分析。瑞恰兹的这一观点对读者反应批评理论的产生颇有启发性。读者反应批评的一个分支阐释学批评，这一流派的主要代表人物大多是一些德国哲学理论家。近代阐释学的奠基人施莱尔马赫（Friedrich Schleiermacher，1768—1834）是德国基督教新教神学家、哲学家。他提出“阐释学的循环”的理论，主要观点是：文本的部分需要在文本整体的基础上才能够得以理解，文本的整体也需要靠部分才能够理解。因此，后人的理解总比前人要好，因为后人面对的整体更大。所谓后人，就是进行文本理解活动的当代人，施莱尔马赫的观点由此涉及了文本理解的当代视角。后来，狄尔泰把阐释对象由文字文本扩大到文化文本，并且提出“移情说”，即阐释者可以用“移情”的方法进入阐释对象中，即主体转换了自己的位置想象和体验对象，从而得到生活的体验。

海德格尔是建立“现象学阐释学”的主要人物。海德格尔发展了胡塞尔的“纯粹自我意识”，认为“此在”或“自我存在”是先于一切的真正存在。海德格尔认为：对理解的揭示，正如同时对“此在”和意义的揭示一样，属于“在世之在”的一部分。世界如此展示自己，在这个基础上产生出意义。而“此在”的在场性、时间性、历时性和历史性都深隐在历史与语言之中。阐释行为就是要揭示出“此在”所深蕴的所有物质与精神内涵，展示和呈现出“此在”全部的历史性与对话性，因此，只有诗是阐释最完美的表现。海德格尔的学生伽达默尔的研究视野大多集中在文本阐释，涉及其他文化层面较少。他认为所谓的阐释的循环是阐释的必要条件，一切阐释行为都深深植根于历史之中，表现为阐释者与被阐释者的深度对话，而阐述的意义和根本并不在于要进入过去，而是要在阐释的过程中将现在卷入阐释行为之中。

从这种对阐释学理论演变的梳理中可以联想和涉及格林布拉特的文本阐释实践问题，格林布拉特的文化诗学理论正是融合和吸收了这种阐释学理论的发展与变化。格林布拉特的阐释视野涉及文学文本和社会文本阐释活动的多个层面多个因素，将阐释者的立场和介入纳入阐释的关键环节，从而呈现出文化诗学的理论魅力。在格林布拉特看来，所有历史文本，尽管都来自过去，但是具有“自我造型”的特点，是一种新的文本重建和意义的不断参与和呈现。格林布拉特经常选用经济学名词来准确阐释这个文化诗学的发生过程，这个过程是文本与各种社会力量的凝聚、流通、商讨和交易，是一个文学事件，也是一个历史事件。

二　读者对文本阐释的意义生成和参与

20 世纪 70 年代伊瑟尔曾经长期在美国大学授课，他的理论与格林布拉特的文化诗学有内在的“互文性”。尽管到了 80 年代伊瑟尔的读者反应批评就基本过时，但是仍然要承认伊瑟尔运用现象学研究方法提出了诸多有价值的学术思想。伊瑟尔认为文学作品有两极：艺术极和审美极。尽管伊瑟尔对审美极未作明确阐释，但是我们可以把格林布拉特的文化诗学设想为文本审美极的运作和实现。文本阐释是介于艺术极和审美极互动的整体，其中艺术极代表了文本以及文本所隐含的全部意义，而审美极则意味着读者参入其中的能动过程，这个过程不是一次实现的，而是多次反复，这样的阐释过程是一种“惊叹”与“共鸣”，在这个过程中历史内涵、审美内涵不断深化。

格林布拉特的文化诗学理论强调读者对文本的阐释和重建，认为审美体验的实现在于观众或读者与文本发生的“对话”和默然低语的交流，这一观点与伊瑟尔在《阅读行为》中所提到的理论观点有不少相通之处。伊瑟尔说：“至此，我们已勾勒出作为文本结构的读者角色，不过只有当这个文本结构引发出读者的结构化行为时，这个角色才算得到完全实施。原因在于虽然文本视角已经给出，但它们逐步的汇聚和最后的汇合并没有用语言清晰地阐述出来，而需要读者发挥想象力。也正是在此，读者角色的文本结构开始对读者产生影响。文本的暗示刺激了大脑的想象，激活了语言所暗示但没有明说出来的东西。在阅读过程中，读者肯定能在脑海里产生一系列图像，新的暗示必须不断地被落实，结果不但是已经形成的图像遭到替换，而且观察位置也在不断变化，使得读者在想象过程中的态度发生变化。因此，在意向化活动中，读者的观察位置和视角的汇合处产生了联系，这就不可避免地把读者拽入文本世界。”① 格林布拉特所谈到的文本阐释与伊瑟尔谈到的文本结构和结构化行为的整个过程很相似，显著的区别是：伊瑟尔在描述文学文本的结构化效应时使用的主题词语是“图像”，而格林布拉特则惯常提到的是文本潜在的“声音”。

与伊瑟尔仅仅关注读者反应问题不同，格林布拉特的文本阐释理论交织着深刻的历史意识，如果忽略格林布拉特文化诗学理论中的历史含量的丰富性、复杂性，就等于埋没了格林布拉特理论的特殊价值。格林布拉特谈道：“好像历史就是一种装饰性背景，某些东西被礼貌地认可，然后就被遗忘了。我反对这种遗忘。”其中，“装饰性背景”一词在格林布拉特的文章中很常见。格林布拉特用这个词来表示旧历史主义和形式主义在观察分析文本时的冷漠客观的态度。不论是文学文本，还是非文学文本，都会具有一定的意识形态权力内涵和视角，所以仅仅是

① 转引自朱刚编著《二十世纪西方文论》，北京大学出版社2006年版，第239页。

一个客观观察或叙述者的态度是不够的，它往往需要读者的参与，进而与文本之间进行多重交流和阐释。

可以说，格林布拉特所思考的绝对不仅仅是文学理论批评的一般性理论问题，他的理论陈述里有着沉重的历史意识。格林布拉特在诸多理论文章里明确呈现了“新历史主义”的这种理论重量。例如，2007 年格林布拉特的论文集《学会诅咒》再版时，他在第一部分《绪论》中引述了埃德蒙·司各特（Edmund Scott）[①] 作品《东印度的精细、时尚、政治、宗教以及仪式的精确话语》（*Exact Discourse of Subtilties, Fashions, Politics, Religion, and Ceremonies of the East Indians*）中的情节来阐述自己的理论见解。1603—1605 年司各特是东印度公司在爪哇的 Bantam 地方的主要代理商。当时东印度公司与荷兰有多年的商业竞争，这些忙于发财的殖民者害怕火灾和盗贼，也对爪哇人和中国人十分仇恨。有一次，这些英国人捕抓了一个中国金匠，他们怀疑他企图抢劫他们的金子，但是却没有审问出任何东西。

司各特叙述说：“因此，由于他闷声不语，我们很恼火，我想要用火烧他一下。起初我用烧红的烙铁烫他的大拇指甲、手指、脚趾，所有指甲都全部脱落了。但是他并没有因此而改变神色（例如变得苍白些），我们就觉得他的手和腿可能由于捆绑麻木了，因此就烧烫他的双臂、肩膀和脖子，但是他始终面不改色。随后我们烧穿了他的双手，用锉刀撕裂他的肌肉和筋腱。后来我又让他们用热烙铁敲击他的骨头，然后我让他们用冷的螺旋刀或铁器钻进他的胳膊骨头里，又突然拔出来，他的所有手脚指头都被钳子弄断了，但是他始终不流出一滴眼泪，甚至并不把他的头扭到一边，也不挣扎。我们问他任何问题，他都咬紧牙关，用他的下巴抵住膝盖不吱声。我们用遍了所有手段都徒劳无用，这样我又让他戴上镣铐，把蚂蚁弄进他的伤口里，这种蚂蚁当地到处都是。爪哇王室官员建议我枪毙他，但是我告诉他们这样对于一个恶棍就

---

① Edmund Scott（1525—1621），英国人，其他情况不详。与 19 世纪著名历史学家、诗人 Sir Walter Scott（1771—1832）不同。

太便宜了……然而，他们坚持认为这已经是最残酷最卑劣的死亡了。因此，在他们的迫切要求下，一个夜晚，我们把他带到田野里，决定尽快处决他。第一次射击就穿过他的胳膊骨，随后一枪击穿他的胸膛靠近肩膀的地方，他垂下头看了看伤口。第三枪我们的人把子弹弄成三部分，这样就使他的胸膛成三角形伤势，这样他倒下死了，但是我们中的其他人和荷兰人在我们离开他之后，几乎把他击成碎片。"①

格林布拉特的引述非常典型地说明新历史主义解读文本与历史的态度：如果我们对文本叙述无动于衷，仅仅用审美欣赏来体现其中所包含的悲剧内涵，把这种"小历史"文本仅仅当作客观的东西，显然是说不过去的。在阅读过程中，我们进入了文本的体验过程，用格林布拉特常用的词可以表达阅读的感受，"wander"即惊叹和怀疑："这一切究竟是为了什么?"难道仅仅被怀疑偷盗，就要交付生命的权力、尊严和生存的价值吗？人的生命就等于这种殖民者臆想中黄金的价值吗？这个中国金匠到底缺失了什么，他竟如此被轻视和折磨？在人类的品性里有着怎样的暴虐的倾向？读者由此主动参与到文本的构建当中。这种对读者参与的理解，格林布拉特和伊瑟尔出现差异，伊瑟尔把读者同文本的多向关系看成是文学活动的一部分，而格林布拉特则把读者的参与看成是现实生活构建过程的组成部分，从而跨越了文本和现实生活的界限。格林布拉特用这样的诗学阐释，强调了文本参与和构建现实的可能性，揭示了在文学审美魅力的饰掩之下触目惊心的人类关系的断裂和主流意识形态的某种暴力品质。

为此，格林布拉特引述了1943年《哈克里特学会》（*Hakluyt Society*）②编者的一段话：这是一个史诗般的故事，人们与所描述的各种疾病与危险进行了残酷的斗争，他们抱着坚定的信心，不惜一切代价让旗帜飘扬起来。司各特的叙述没有任何自夸和过分的自我主义，表明了他作为人的能力，由此证明了他所付出的代价是值得的。他一直既沉着又

---

① Stephen Greenblatt, *Learning to Curse*, New York and London: Routledge, 2007, p. 16.

② Richard Hakluyt（1552—1616），文艺复兴时期英国航海家和探险家。

慎重警惕地多次挫败了很多次各种对付工厂的阴谋；每一紧急措施都会很快带来成功的项目……他最骄傲的荣耀就在于少量的英国人赢得和保持了来自周围的亚洲人的良好的声誉，同时也维持了他们光荣的统治以及他们国家良好的声誉。[①] 格林布拉特认为：这段胡说八道的言辞在道德上是极其愚蠢的，其鲜明地反映了作者对国家统治的盲目的爱国主义热情……威廉·福斯特简洁地归纳殖民者司各特们的财富收入说，“最后的收入并不令人满意，创业者们发现他们不仅拥有他们的资本，而且有百分之九十五的利润”。当然，这段文字后来被人删掉了。[②] 从文本的阐述中，格林布拉特展示了殖民者的侵略性事实和经济后果，诗性是文本展现的形式特征，而内在的实质则在于生活与生命掠夺本身。如果读者仅仅把中国金匠的故事看成是一个艺术构思，或者看成是悲剧创作，或者一种审美展现过程，进而把它符号化、抽象化，那么必然就失掉了文本内含的意识形态本质和政治性。文学就是生活本身，生命也不仅仅是一个文学形象或语言符号，生命常常是以特有的艺术形式在文学文本中诉说着、呼唤着。所以文本文本和社会文本，乃至生活本身是不存在界限的，所有的界限在某种程度上就是一种意识形态偏见。

格林布拉特认为：后结构主义混淆虚构和非虚构的区别，这很重要，但是不恰当。从各方面来看，《不幸的旅行者》（*The Unfortunate Traveller*）都是一个虚构作品，而司各特的《精确话语》（*Exact Discourse*）则不是。对于它们，我们本质上改变了我们的阅读模式和道德立场。如果我们发现司各特的叙述是虚假的，他的作品就不再被看作是艺术作品，而会被认为是一个谎言。我们相信语言供我们参考的能力，这是我们与世界保持联系的一部分，这种联系可能会被戏剧般搁置，或完全打断，但是没有一种对生命的尊严和权力的消灭没有后果，并且有一种氛围显示着任何取消都是令人难以接受的。真实的世界、真实的身体、真实的、痛苦的存在或者缺失，与抽象的理论展示和文学虚构是不

---

① Stephen Greenblatt, *Learning to Curse*, New York and London: Routledge, 2007, pp. 16 – 17.

② Ibid., p. 17.

同的。这时候援用同样无用的、狭隘的、程式化的教条主义分析是没用的，历史的运作和文本阐释的传统范式完全被侵蚀了，任何历史和任何文本阐释值得做的工作，就是说出这种真实与虚假的区别。[①] 生活的诗性想象力是存在的，但是有时候政治与意识形态权力的暴行深嵌在文本之中，用任何诗性的语言来遮盖人性的挫折都是不明智的，因此，文本阐释的目的之一就是"触摸真实"，以警醒人类容易沉溺诗性，乃至容易迷醉于审美的表象之中的品性。

格林布拉特又写道：司各特的叙述是以第一人称的形式来写的，但是我们无法将事件本身与虚构区别开来，没有任何其他外在的特征让我们获得这种区别。他们似乎在恐吓着他者，张扬着一种道德的缺失，快意着他们的暴行，他们进而强迫我们近距离一遍一遍地观看这一文本，不仅仅是透视这个场景而且要求正面注视着它。这种想法让人非常不安。格林布拉特认为，如果"新历史主义"有什么理论价值的话，就在于此。人们可以用一种强烈的愿望巡视过去的所有的文本踪迹，传统上，这种想法仅仅是针对文学文本而言的。司各特的叙述让人难以忍受的不仅是他自鸣得意地认可自己的行为，而且句子本身隐含着一种令人恐惧的东西。[②] 在格林布拉特看来，司各特用文字炫耀显示了自己的强权与暴虐，张扬了自己可以肆意辱虐他人生命的快感，这样的文字书写就成为一种现实暴力的展示方式。

三　文本阐释的政治道德向度

格林布拉特涉及文学作品与读者的多重交流时认为，面对摆在我们面前的作品，我们可以问这样一些问题：这部作品在强调哪些行为，有什么实践模式？为什么读者会在某一时刻感到激动人心？我的价值观与我正在阅读的作品中的价值观有什么区别？这部作品依靠什么样的社会

① Stephen Greenblatt, *Learning to Curse*, New York and London : Routledge, 2007, p. 20.

② Ibid. , pp. 19 – 20.

理解力？这部作品或隐或显地在压抑着什么思想或潮流的自由？在这部作品中赞扬或谴责的行为与什么样的较大的社会结构相联系。[①] 在格林布拉特看来，文学作品的创作过程与作者的文化涵养以及社会生活对作者的控摄和影响息息相关，文学作品一旦形成，对社会、读者的文化构成就有可能起着相当重要的影响，由此进入人们存在的历史现实。文学作品不是外在于社会的客观存在，而是社会生活的组成部分。同样，社会文化因素也并非是文学作品的外部因素，而是构塑文学作品内在的组成部分。可以说，新历史主义的文化分析最终从观念上推倒了文本本身与社会价值、体制及其他的实践活动的界限，而文本本身就是社会价值与各种相关社会因素相关联的文化产品，不存在独立于社会文化之外的独立文本。在格林布拉特的笔下，道德伦理等社会力量是以意识形态政治的形式出现的，因此，对文本中伦理道德的透视和理解，意味着对意识形态政治力量的凸显。格林布拉特对阅读的这种理解和阐述，与姚斯的读者批评理论有很多共同的内涵，可以互相阐释。

姚斯（Hans Robert Jauss，1921—1997）是德国“康斯坦茨接受美学”的创始人与主要代表。主要代表作品是《作为挑战的文学史》（1970）、《审美经验与文学解释学》（1982）等。在姚斯看来，对文本意识的把握，要在过去与现在的关系的构建中把握，因此文本的读解过程很大程度上是一种重构读者“期待视野”的过程，这样看来文学史就是一个审美接受和审美生产的过程。姚斯看到了文学审美过程的历史因素和诗性因素的双重特点，这与格林布拉特对新历史主义与文化诗学的思考很相似。

姚斯认为：“在实际阅读中，审美与道德世界的改变几乎是同时发生的。……文学作品的思想、道德、政治倾向等是蕴含于审美意境中的，而不是游离于意象之外的，而审美意象也不是一个纯粹的艺术形式，而是有思想、道德意蕴的形式，即‘有意味的形式’，因此，在读

---

① Stephen Greenblatt, *The Greenblatt Reader*, Edited by Michael Payne, 2005, p. 12.

者阅读时，审美形式与思想、道德意蕴是同时进入读者视界的，并无先后之分。”① 因此，我们分析文学艺术的伦理价值取向与读者的伦理价值取向的逆向、阻碍与交锋，同时也高度重视审美接受主体与审美创作主体之间伦理道德向度可能存在的融合、相通的态势。姚斯曾经在《审美经验与文学解释学》中肯定了因为作家的创作所造成的“审美净化”，认为艺术作品与接受者之间的交流使接受者感到审美愉快，是对审美接受者心灵的解放和升华。为此，姚斯设计了五大交流模式：一是联想模式，它发生于底层的社会组织，指观众借助联想置身其他参加者之间共享快乐。二是敬仰模式，主人公是圣贤先哲，接受者奉为楷模，钦仰并仿效之。三是怜悯模式，缘于主人公的性格不完善，接受者身临其境，激起同情怜悯的情感。四是净化模式，接受者超越主人公的情感悲剧，心灵得到抚慰和净化。好人并非完人，因为过失而遭殃，悲剧形象所提供的审美和道德价值系统，与审美接受者的伦理价值体系发生碰撞、冲突。五是反讽模式，接受者与作品疏离、对立，感到失望和幻灭。这五大审美交流模式都涉及审美交流的伦理道德向度。审美接受者是否肯定主人公的行为，接受者在何种程度上与主人公同化或对立，审美接受者对主人公行为的仰慕、怜悯、同情甚或批判，其本质上就是一种伦理道德判断，是审美创作主体和审美接受主体双方伦理道德视域的一种实质性的交锋、融合。无论是审美接受者与审美对象的关系处于何种程度的融合或对立，都必定与伦理道德价值取向息息相关。

如果说文学艺术的创作体现了创作主体与实践主体的关系，那么审美欣赏就主要体现了创作主体与审美接受主体的关系。优秀的文学艺术作品通过审美艺术形象，表达了对真善美的肯定和对假丑恶的批判，用不同的审美方式向人们传达着作者对世界的理解与看法，导致了创作主体与欣赏主体的心灵契合和情感共鸣，从而使接受者伦理价值取向的视域得到某种程度的拓展。姚斯在《文学史作为向文学理论的挑战》谈

---

① ［德］姚斯、［美］霍拉勃：《接受美学与接受理论》，周宁、金元浦译，辽宁人民出版社1987年版，第270页。

道："一部作品的期待视野允许人们根据它对于一个预先假定的读者发生影响的种类和等级来决定它的艺术特性。假如人们把既定期待视野与新作品出现之间的不一致描绘成审美距离，那么，新作品的接受就可以通过对熟悉经验的否定或通过把新经验提高到意识层次，造成'视野的变化'，然后，这种审美距离又可以根据读者反映与批评家的判断（自发的成功、拒绝或振动，零散的赞同，逐渐的或滞后的理解）历史性的对象化。"① 新的审美经验使读者在遭遇审美拒绝或振动的过程中，使原来的审美视野发生变化，这种"视野的变化"，就是指文学的伦理价值取向导致读者的伦理价值取向的拓展。

姚斯进一步谈道："阅读经验能够将人们从一种生活实践的适应、偏见和困境中解脱出来。在这种实践中，它赋予人们一种对事物的新的感觉，这一文学的期待视野将自身区别于以前历史上的生活实践中的期待视野。历史上生活实践中的期待视野不仅维护实际经验，而且也预期非现实的可能性，扩展对于新的要求、愿望和目标来说的社会行为的有限空间，从而打开未来经验之路。"② 这里，姚斯谈到的"新的要求、愿望和目标"是指审美接受者的"创新期待"。"创新期待"是内置于审美接受者意识深处的潜在要求，是被世俗琐事、道德习俗和社会制度所压抑的思想精神状态。在审美接受这一相对比较私人化、自由化的精神活动中，被压抑的人性、欲望、理想以及对善的深切向往被激活了，新的审美视野渐次打开，审美接受行为由此导致读者的伦理价值取向的视域拓展。实际上，审美接受行为的视界交锋、融合和拓展三个层面有时交错出现或同时发生，是不能区分的。因此，学者朱立元说："在实际阅读中，审美与道德视界的改变几乎是同时发生的。一方面，文学作品的思想、道德、政治倾向等蕴含于审美意象意境之中，而不是游离于意象之外。审美意象也不是一个纯粹的艺术形式，而是有思想、道德意

---

① ［德］姚斯、［美］霍拉勃：《接受美学与接受理论》，周宁、金元浦译，辽宁人民出版社1987年版，第31页。

② 同上书，第51页。

蕴的形式，即‘有意味的形式’。因此，在读者阅读时，审美形式与思想道德意蕴同时进入视界，并无先后之分。另一方面，读者接受的心理机制也是整体性的，是以整个文化心理结构去迎接作品的审美意象的，读者的审美期待视界，实际上远不只是审美的，而是包含着他全部的社会生活经验，文化知识水平和思想道德水准”①。“一句话，潜移默化地改变读者的视界和心灵是文学真正的、也是唯一的社会效果”。②

这样看来，阅读和阐释必然使读者和评论家参与到文本的构建之中，那么就必然包含一定的政治倾向和意识形态态度，这种倾向和态度往往是以伦理道德的形式呈现的。作为一个当代中国人，阅读了格林布拉特引述的司各特殖民时期故事的文字之后肯定是愤怒的，肯定会突然觉得在某一历史深处隐藏着沉重的黑暗和撕裂的痛苦，妄谈文学的审美特性，或者用抽象的马克思主义的阶级斗争学说都不能表达具体的悲怆和耻辱。这种读者参与其中，被文本激活的情感和理性力量，就是格林布拉特所说的“惊叹”和“共鸣”。这样的阅读所引起的意识形态效果是空前的：那个中国人仅仅是被怀疑偷盗，就要受到这样的凌辱吗？为什么这些殖民者如此仇恨中国人？金匠宁死不屈的硬汉气概说明了什么？作者在炫耀什么？作者人性耻辱的标准是什么？血腥能够给人类带来什么样的快感？读者要怎么做才能够平息愤怒？为什么格林布拉特说欧洲史学家在面对这样的问题时显得非常从容淡漠，根本无动于衷？因此，格林布拉特在《莎士比亚的商讨》中谈道：“当我们试图和古人对话的时候，听到的不是一种声音，而是多种声音，死者的言说就像我们自己的言说，并不是一种私有财产，而是社会能量流通与交换的产物。可以说，这种文本阅读和阐释考察的是‘死者所留下的文本踪迹、它所被赋有的丰富内涵、并将已逝的生命传达给当代人的力量’。”③

姚斯在他的论著《走向接受美学》中这样写道：“文学和读者间的

---

① 朱立元：《接受美学》，上海人民出版社 1989 年版，第 270 页。

② 同上书，第 275 页。

③ Stephen Greenblatt, *Shakespearean Negotiations*, University of California Press, 1988, p. 3.

关系能将自身在感觉的领域内具体化为对审美感觉的刺激，也能在伦理领域内具体化为一种对于道德反映的召唤。接收和判断这些新的文学作品，是在其他艺术作品的背景以及今天生活经验的背景上进行的。它在伦理领域里的社会功能，是根据接受美学在疑问与回答、问题与解决上所采取的相同方式加以掌握的。在这种情况下，新作品进入了它的历史影响视野。新的审美形式如何同时具有道德结果？或易言之，审美形式对道德问题的冲击力何在？”① 可见，在姚斯看来，新的审美形式的出现对伦理道德问题造成冲击，使伦理道德问题复杂化，伦理向度是文学接受过程中重要的关键性因素。换言之，艺术作品所透射出的与作家有关的伦理道德原则，同审美接受者的伦理判断方向是否一致，构成了接受美学伦理向度的多元性、复杂性。

格林布拉特的文本阐释与姚斯的读者批评理论的根本区别在于：格林布拉特的理论着力点在于通过文本的诗性阐释，发见文本中意识形态政治的潜在内涵以及社会力量的交锋，理论批判视域涉及文化诸领域；而姚斯的读者批评只是涉及对文本与读者的复杂关系，主要是在文学理论批评的范畴之内建构而成的，没有进一步扩大涉及文化的广阔层面。姚斯的文本阐释是局限在审美接受的理论范畴之中的，而格林布拉特则把这种对文本的理解与阐释扩大到人类现实生活本身。仅仅把文本解读局限于文学批评活动，在某种程度上就忽略了文本深刻的意识形态政治性。如果仅仅把殖民者司各特的叙述看成是读者审美接受本身的问题，显然是肤浅的。

格林布拉特认为：全面的文化分析需要推倒文本的界限，建立起文本和价值、体制、在别处的文化实践的联系，但是这种联系不是一种细读的机制。文化分析得益于文学文本的严谨的形式分析，这些文本是文化的，不纯粹因为是与自身之外的世界的关联，也不仅是因为社会价值，主要是因为它们成功地吸收了它们自身的语境（context）。世界充

---

① ［德］姚斯、［美］霍拉勃：《接受美学与接受理论》，周宁、金元浦译，辽宁人民出版社1987年版，第51页。

满了文本，有些文本因为从直接环境中取材，因此是不全面的，因此要发现这些文本的意义，就需要重建当时产生它们时的环境。相比而言，艺术作品包含着更多的直接的或者隐含的环境（conditions）。正是因为持续地吸收环境因素，这使很多文学作品在产生作品的环境崩溃之后，仍然能够存在下去。[①] 在格林布拉特看来，持续地吸收语境意味着文本中包含着的深刻的历史性。文本不是自足的，而是社会生活的一部分，文学作品中所含有的历史意识也是文学作品得以持续存在的重要原因。在特定历史阶段所发生的文本，具有记录当时历史语境的潜在价值，因而具有传统历史所不能统盖的真实性和丰富意义。

---

① Stephen Greenblatt, *The Greenblatt Reader*, Edited by Micheal Payne, Blackwell Publishing, 2005, p. 12.

第四章

文本阐释中的“自我造型”

“自我形象”母题在西方文学史及哲学史上有着深远的理论渊源，也是阐发格林布拉特理论的重要出发点之一。在格林布拉特的理论中，“自我”是一个颇为核心的名词，所以要深入理解格林布拉特的理论，就要先探讨关于“自我”的问题。

第一节 “自我”问题的历史演变

自有人类以来，“自我问题”就是一个很关键的哲学问题。在古希腊罗马时代，哲学家们主要探讨的是“认识自己”“关心自己”的问题，甚至把“认识自己”作为箴言刻在德尔斐神庙①上。可以说，在古希腊时期，“自我”大多是一种认识和发现的对象，人们对于潜存于人性与自我中的种种能量保持了惊奇和敬畏的态度。古希腊哲学家普罗泰戈拉（约前480—前402）的名言“人是万物的尺度”，就是古希腊人那种强烈的自我意识的表露。重视个体人的价值的实现，强调人在自己的对立物——自然与社会——面前的主体力量，崇尚人的智慧和精神，

① 德尔斐从公元8世纪末成为重要的宗教中心，有著名的阿波罗神庙，祭司们在那里发布各种神谕。

是古希腊文化思想中的本质特征。但是在原始初民时期，人的认识力量还很有限，因此原始先民们用古希腊神话来潜在表达了人类的自由意志、自我意识和原始欲望。神的意志、力量、威望就是人类自身的期望和精神欲望追求，这种想象表现了人类早年时代的对个体生命的肯定和追求。某种程度上，在古希腊时期，人与自身基本是统一的，是自然人和社会人的合一。在古希腊文学中充满了人类童年时代的自由意志和乐观精神，形象地体现了原始先民自我追寻的心灵轨迹，以及对自我力量的肯定。

古希腊人早先用悲剧表达了人在命运面前的渺小和人的勇敢的意志抗争，以及个体生命的精神追求和“命运”的无情惩罚之间的抗争和矛盾。命运作为一种神秘的异己力量是深植于人的生命历程之中的，它既是一种自然力量，也是一种社会力量，这种异己力量的控制，决定了人类最终的悲剧命运。无论是高贵如国王、王后，还是卑贱如平民，都无法避免死亡的命运。例如《俄狄浦斯王》就表达了俄狄浦斯一生的抗争、奋斗、理性、勇敢，以及人类的“命运”的残酷纠缠与不可改变。

在这样的生存境遇里，古希腊时代的人们对自我力量的乐观张扬和积极进取，是对自我的一种深度关怀和肯定。米歇尔·福柯说：“我要向你们指出这一必须关心自己的原则，是怎样一般地在一切想遵循道德理性原则的积极生活的方式中，变成了一切理性行为的原则。关心自己的敦促在漫长的希腊化和罗马思想中得到了极大的扩张，以至于它成了一个真正总体的文化现象。”① 古希腊人对自我的体现和关怀主要体现在：英雄们在生存的艰辛中看到了人类存在的无所畏惧的价值，在战争的残酷中看到了生命不朽的意义。这样，古希腊的英雄们用有限的生命抗拒无限的命运的折磨，最大限度地体现生命的价值与意义，体现了一种勇敢智慧、乐观进取的价值观，这是古希腊人普遍内蕴的文化精神架构。

① ［法］米歇尔·福柯：《主体解释学》，余碧平译，上海人民出版社2005年版，第11页。

以《圣经》为基础的希伯来文化是欧洲文化思想的另一个重要的源头。在《圣经》中上帝本来是照自己的样子创造了众生的，众生应该具有上帝般的神性、德行和威严。不幸的是，在人类的伊甸园里，代表贪欲的蛇撒旦诱惑了夏娃，因此亚当与夏娃偷吃了智慧树上的果子，人类从此开始有了善恶的分别，也就有了人类的是非。《使徒行传》记叙了上帝在其预见中已经召唤众生，他要将自己的形状托转给自己的儿子，这样“道成了肉身”，圣子耶稣降临了，以便教化众生，启迪人的心灵。因为人的贪欲和是非颠倒交织，引发了人类的种种灾难。“上帝的形状”就是神性的具体体现，它是纯善无恶的。但是上帝般的神性的呈现，并没有使人类从贪欲和混乱中回头，因此，后来耶稣被钉在了十字架上，用人子的血来救赎和背负人类的罪恶。自从人类走出了伊甸园，完整的自我形象中所蕴含的神性和人性就开始出现分裂，人类开始变得贪婪、嗔恨、嫉妒、狡诈，因此开始了人类群体的生死流浪。传统的“自我造型”的过程，是人类对神性与人性完美结合存在状态的向往，是一个人类向永恒原初“自我”回归的过程，也是人性的不断完善与再构建的过程。人类的“自我造型”是人类最有意义的创造性过程，是生命运行的前行性力量，也是人类被上帝祝福并永远存有希望的生命依据。

在黑格尔的著作《精神现象学》中可以发现黑格尔对“自我意识”问题的深度思索。黑格尔写道：“‘自我意识’最初是单纯的自为存在，通过排斥一切对方于自身之外，而自己与自己相等同；它的本质和绝对的对象对他说来是自我……对方在他看来是非本质的、带有否定的性格作为标志的存在。但对方也是一个自我意识。这里出现了个人与个人之间相对立的局面。……每一方虽说确信它自己的存在，但是不确信对方的存在，因而它自己对自己的确信就没有真理性了。……因此，两个自我意识的关系就具有这样的特点，即它们自己和彼此间都通过生死的斗争来证明它们的存在。它们必定要参加这一场生死斗争，因为它们必定要把双方自为存在的确信，都提高到客观真理的地位。只有通过冒生命的危险才可以获得自由，只有通过这样的考验才可以证明，自我意识的本质不是一般的存在。它不是像最初出现那样的直接的形式，不是沦陷在广泛的生命中，反之自我意识毋宁只是一个纯粹的自为存在，对于它没有什么东西不是行将消失的环节。”① 实际上，格林布拉特对自我意识的理解，与黑格尔谈的自我意识从宏观上来看是具有一致性的，只不过格林布拉特是通过对文艺复兴时期的文学作品的阐释，用对文学的文化诗学阐释来具体表达这个问题的。可以说，格林布拉特所阐述的“自我造型”问题不是一个抽象的理论概念，更不是一种教义，而是具体现实的人与人、社会与社会、文化世界与文化世界之间的种种联系、交往、冲突的关系。进一步说，“自我造型”是具体的主体间关系的展开和遮蔽，是顺从和破坏双重力量的对话与交流。在这个过程中，自我不断被别人的、异己的、外在于我的东西影响和构塑，“自我造型”正是在这种关系中才可以得到真正理解。

19 世纪末，尼采提出了“超人哲学”，这种哲学的核心就是“自我的建立”。尼采认为古希腊人听取了德尔斐神庙的启示，而反思自身，把握了自己真正的需要，而不去理会那些虚假的需要，从而把握了自己，成为所有文化民族的祖先和模范。实质上，尼采全部思想的根本就在于关于自我的认定与自我的超越。尼采认为，人类在自己所面临的种种可能性中，应当选择一种可能性，并且要为新的可能性开辟更宽广的天地。可以说，人应当是永远不被定型的，人的每一个自我创造的行为，都同时创造出了一个超越的自我。以此为出发点，尼采提倡“超人道德”。这种道德张扬自我开拓进取的精神，强调人要为自己的生命提供一种意义，这意义超过生命本身的价值。人的自我创造需要一个目标，这个目标高于人的自身。尼采声称要重估一切价值，对西方现代性的价值体系提出反拨，从而在广阔的文化领域重新构筑西方现代性的历史经验，“将这种历史经验投入到主体的自我批判、自我反抗、自我超

① ［德］黑格尔：《精神现象学》，贺麟、王玖兴译，商务印书馆 1981 年版，第 125—126 页。

越、自我毁灭、自我再生的循环往复之中，从而在一个更高、更紧张、更有创造性的层面上恢复主体的完整性与创造力”。[①]

在《道德的谱系》中，尼采谈到奴隶开始在道德上进行反抗时，因为不能通过直接采取行动而对外界做出反应，往往以怨恨的情绪通过一种想象性的报复行为来得到精神补偿，修复心灵创伤。这样，奴隶的怨恨情绪本身就变得富有创造性意义和现实存在价值。在尼采看来，所有高贵的道德都产生于一种凯旋式的自我肯定，但是奴隶的道德却起始于对“外界”、对“他人”、对“非我”的否定，从而达到某种心理平衡，以构建生存的理由。这种否定就是奴隶道德的创造性行动。尼采认为，奴隶是从内在自我的反方向、向外界寻求确定自我价值的行动，而不是向自我方向寻求价值，以肯定和确立自我。这种奴隶道德的形成，一般先要确立一种对立的外部环境，在外界刺激下，奴隶道德才有可能形成。而在尼采看来，真正高贵的“自我”的确立，是内在自发地产生和发展的，它只是为了更心安理得、更热烈地肯定自我，才会发现其对立面。诸如“低贱”“平庸”“坏”等消极概念是为了确立自我价值而作为参照物出现的。我们是高贵者、是好人、我们是美的、是幸福的等积极的意象，已经彻底地渗透于自我的生命和热情之中。在自我肯定的过程中，贵族有时几乎是强暴现实，以忽略与消解他者的基本存在来强化自我的绝对价值。按照尼采的逻辑，任何自我塑形都是在与对立面的抗争中逐步形成的。因为自我肯定的程度不同，形成了不同的人格类型，最高贵的人，是那种最自信、最具自我肯定价值、最能够无视与淡化对立面的人。[②] 这种超越是非、淡化对立面的生命运行，就是上帝喜悦的人的高贵品性。

尼采的“超人哲学”的影响是巨大的。例如法国著名思想家吉尔·德勒兹（Gilles Deleuzu，1925—1995）就写道：“我很长时间里做的都

---

① 张旭东:《全球化时代的文化认同》，北京大学出版社 2005 年版，第 36 页。

② 参见尼采《道德的谱系·善恶之彼岸》，谢地坤等译，漓江出版社 2000 年版，第 15—20 页。

是哲学史，正是尼采把我从这种状态里拉出来，……它能使你产生一种反常的倾向（这一点无论是马克思还是弗洛伊德都从来不曾做到），即想以你自己本来的名义来说一些简单的事情，想用情感、激情、体验、试验来说话，完全不是秉有具有主体性‘我’（一个人或一个主体）的时候才会发生的事。相反，一个人只有透过极严格的非人格化训练，只有敞开自己的胸怀，让多样性贯穿全身，让激情流遍全身，让自己自由地探索‘无限多样的情景’，才能获得一种真正的、本来的意义。”① 德勒兹所体会的新的“自我”是一个现实历史事件，新的自我在多样性的构塑情境之中具有无限丰富的可能性，这是一种主体性自我的自然释放和重新塑形过程。在这种情况下，自我是发展的、流动的、变化的，而不是凝固的、僵化的、没有新的发展空间的。

马科斯·韦伯是这样定义人类的“社会行为”的：“所谓行动，我们指的是行动者赋予主观意义的人类行为——不管该行为是外表行为还是内心行为，是举或止，或仅是对他项行为之承受。而所谓社会行动，我们指的是行动的意义牵涉到了他人的行为，并且这个关系，决定了这个行动进行的方式。”② 可以说，格林布拉特“自我造型”的概念，就是一种作为文化的文本阐释的特殊社会行为，是社会行为结构整体中的一部分，总是涉及他者的存在，因此是极为复杂的。

按照福柯的理论，到了 18 世纪末，人类开始了有关“人的新纪元”，人不仅是世界秩序的一部分，人成为主体和世界的核心。当人进行认识活动的时候，不仅发现人是知识的主体，而且发现人同时又是知识的客体。这种将人视为思想和历史的核心的“人学”逻辑，成为 19 世纪人文科学的基础。在西方形而上学传统中，上帝、逻各斯、理性、存在，再加上主体等，成为一切思想的中心和意义来源。这种传统的

---

① ［美］詹姆斯·米勒：《福柯的生死爱欲》，高毅译，上海世纪出版集团 2005 年版，第 260 页。

② ［德］韦伯：《学术与政治 1》，钱永祥等译，载《韦伯作品集》，广西师范大学出版社 2004 年版，第 74 页。

“自我”概念是建立在虚幻的基础之上，他相信人最终可以通过人的理想而获得自我完善，人可以摆脱种种社会政治利益的束缚获得人的自由，坚持一种“人道主义”理想。同样，马克思也在自己的理论学说里构建了真正的自我形象，这就是全面解放的人。这种理想的人的形象，具有一种令人愉快的和谐感，摆脱了主人和奴隶、老板和工人之间的残酷竞争以及雇佣与冲突，这种全面解放的人是普罗米修斯式的自由和知性的象征体现，它以思想、劳动和爱，体现着整个人类的天使般的本质。但是到了当代，福柯这样解释说，对于“马克思主义的人道主义”来说，问题在于“恢复我们‘失去的’同一性，解放我们被囚禁的本性以及释放我们内心深处的真实”。[①] 福柯在谈到马克思的“全面解放的人的形象”时说道：必须造就的并非那种（马克思列宁主义所向往的）与自己同一的人，就像自然对他的安排那样，或者是按其本质所规定的那样……这其实是一个破坏“现有的自我”的问题，是某种创造完全不同于“现有自我”的问题，总之是一种全面的革新。[②]

在当代科技工业化时代，人的自我意识因为社会和科技力量的强力塑型，在某些层面上，可以说已经缺失了原初生命生动感性的本质，变得匆忙和狂躁，这种人性的流失和断裂已经成为生活的共相，这样的时代也被称为后人本主义时代。我们知道，19 世纪后的一个最重大的发现是语言问题。人们发现自我是深陷在语言之中的历史存在，因为语言本身就是历史的。人无法离开语言而展开生活的意义。语言穿越了人在世界的存在，既限制了人的认识，又构成了人的局限性。在这种语境之下，新弗洛伊德心理学家拉康认为人的自我不是统一的、自足的，而是一个矛盾的、暂定的话语产物。这样，“自我意识”的培育和完善就成为一个时代的课题。特别是 20 世纪，人们从关注世界、关注他人，开始了新的“自我意识”的觉醒过程，进而逐步开始转向关注自我、重

---

① ［美］詹姆斯·米勒：《福柯的生死爱欲》，高毅译，上海世纪出版集团 2005 年版，第 240 页。

② 同上。

视自我与他人之间的关系，力图建立自我，也认识到作为主体的人在当代社会中所遭受的权力规置和深度解构。这种转变到了20世纪60年代后更为明显，表现在文化理论发展上就是各种批评理论的出现。[①] 格林布拉特的"自我造型"理论，就是建立在这样一种复杂的自我历史变迁之中的、一种整体文化视域内的文学阐释实践。

王岳川在《后殖民主义和新历史主义》中提到，格林布拉特的"自我造型"理论显然受到了新黑格尔主义格林（Thomas Hill Green，1836—1882）的启发。格林是英国新黑格尔主义的奠基者，他主张应该以德国哲学中强调联系和整体的观点，来取代经验主义关于事物的分散、孤立的观点。在他看来，既然内在关系体现了事物的本质，一种事物只有同别的事物发生某种内在关系，然后，作为整体中的事物，才有可能是实在的。所以，人的自我意识只有把不同事物联系起来才会产生内在联系。实际上，真正的知识也只能存在于种种关系中，自我意识的复杂作用就在于它能够把人们的各种知觉纳入关系之中。虽然格林布拉特秉有的历史观主要强调偶然、断裂、非确定性，但是在文化层面上，他主张整体、联系、忽略中心、拆解界限，这与格林的哲学观念的确有异曲同工之妙。

格林布拉特关于"自我造型"问题的形成还有一个重要的原因。20世纪80年代米歇尔·福柯的著作被大量译介到美国，福柯主要关注被以往历史忽略的边缘性人物和被主流意识形态消解和压抑的异在力量，比如罪犯、疯子、妇女、民间庆典、轶闻稗史等，福柯思想对格林布拉特产生了很大影响。格林布拉特在文章中总是谈到福柯对自己理论形成的重要作用。格林布拉特在思考"自我造型"的问题时，总是把自我塑造与被压抑的意识形态他异和破坏因素联系起来。

米歇尔·福柯谈到他自己的研究方法时说，自己主要就是透过"某种可以被称作'历史哲学研究'的实践"，来解读"权力、真理和

---

① 朱刚编著：《20世纪西方文论》，北京大学出版社2006年版，第222页。

主体的相互关系”。他有意从事着一种别人无法仿效的实践。据他说，“这事实上是一个人自己创造自己的历史的问题”。[①] 福柯在考察当代关于世界与自我主体的关系问题时认为：“世界在我们的生活中立即向我们呈现的方式，是一种考验，这一点必须从两个意义上来理解。一是体验意义上的考验，即世界被认为是我们得以体验自身的东西，是我们得以认识我们自己的东西，是我们得以发现我们自己的东西，是我们得以揭示我们自己的东西。而且，在此意义上，这个世界，这个‘bios’（生活），也是一种训练，即根据它，通过它，由于它，我们将会培养自己、改变自己，迈向一个目标或一个目的，直至完美的境界。如果通过‘bios’成了我们得以认识自己的体验，成了这种我们得以改变或拯救自己的训练，那么我认为，这是对于古典希腊思想十分重要的一种改变，一种变换，也就是说‘bios’必须是‘tekhnê’的对象，必须是一种理性的和合理的艺术的对象。”[②]

由此看来，在福柯那里，“世界被认为是我们得以体验自身的东西，是我们得以认识我们自己的东西，是我们得以发现我们自己的东西，是我们得以揭示我们自己的东西”。人的本质是在与世界的遭遇中被不断构建的。自我问题实质上是人的主体性问题，对意识形态抑制以及他异因素的揭示和彰显只是一种文本阐释的手段，而不是根本的目的。无论是格林布拉特还是福柯，他们对自我造型发生兴趣的根本目的不在于批判本身，而在于自我主体性的塑造。当然，格林布拉特对文艺复兴时期自我造型的理解，并不在于寻找永恒的主题。任何的阐释行为，都是意识形态的一部分，也是人类整体文化行为的一部分，问题在于通过显露自我的不自由而获得自由、通过揭示压抑而颠覆压抑、通过“内在造型的力量”完成人生命活动中的具有主体的“自我”塑造，从而趋向善与完美。正如福柯所说，我们将会培养自己、改变自己，迈向

---

① ［美］詹姆斯·米勒：《福柯的生死爱欲》，高毅译，上海世纪出版集团 2005 年版，第 417 页。

② ［法］米歇尔·福柯：《主体解释学》，余碧平译，上海人民出版社 2005 年版，第 505 页。

一个目标或一个目的，直至完美的境界。

格林布拉特关于“自我造型”的认识与福柯的知识权力话语理论也有着深刻的关系。在福柯看来，尽管一个时代的话语实践规定并产生了某种行为，但是规定性话语与人们的实际行为并不一定吻合。主流意识形态规范的抑制和阻碍与人们的思想行为存在着某种裂隙，统治阶级通过不断制造他异以及同化、消解他异矛盾，在这种抑制与颠覆的张力中达到稳固的统治平衡。福柯理论的影响不是局部的，而是体现在格林布拉特理论的各个方面。

另外，格林布拉特的“自我造型”概念与诸多文本有着复杂的渊源。例如，格林布拉特的“自我造型”理论和女权主义就有着潜在的文本关系。文学性文本与非文学性文本、虚构性文本与非虚构性文本、跨学科性等特点并非新历史主义的学术专利，20 世纪中后期的“文化转向”就意味着理论视野的泛化，各种界限成为设置理论概念的权宜之计。“女权主义者斯皮瓦克（Gayatri Chakkrakvorty Spivak）认为，‘左右着人们关于世界观和自我观的背景和基础的是马克思主义和弗洛伊德学说’，因此她毫不掩饰地承认，她对妇女问题的看法是在对马克思和弗洛伊德基本观点的吸收和批判的基础上形成的。她认为，马克思可以被读作是‘一位以世界（历史和社会）为对象的理论家，读作一篇有关生产力和生产—流通—分配的文本’；弗洛伊德则可读作是‘一位以自我（self）为对象的理论家，读作一篇有关意识与潜意识的文本’。马克思和弗洛伊德所表现出的这样一种‘人的文本性’，‘不仅仅相当于世界与自我，不仅仅相当于某一世界的表现形式，这一人的文本性也存在于世界与自我之中。而所有这一切全部缠绕于一种互文性’。斯皮瓦克这一番话，明确袒露了她对马克思和弗洛伊德的态度。他们都是文本，他们都是世上所有文本中的一部分，世界上所有的文本都是一个互相联系整体。言下之意，它可以随心所欲地在这些文本中穿行。”①

① 盛宁：《人文的困惑与反思》，三联书店 1997 年版，第 138 页。

因为人与人之间必然是有影响的，而“人是文本”，那么一切都具有互文性，文化就是一个互文结构的整体，因此，“自我造型”在这种互文性的人类文化结构中就是一种文本的流动。作者、世界、作品、读者（包括批评家）的关系也是互文性的关系，这样，按照格林布拉特的表达，在各种社会能量的碰撞和交流中，“自我造型”得以不断展开。德里达在《论文字学》中的著名语言“文本之外一无所有”，曾引起广泛争论，有的评论家认为应该翻译成“一切都包含于文本之中”，其实这两种翻译并没有什么大的区别。既然海德格尔说“语言是存在的家”，那么一切存在都在文本之中，格林布拉特的思想和理论也是在种种文本的相互“商讨”和“流通”之下形成的。

另外，20 世纪 80 年代，格林布拉特和他的同事大多着重分析文艺复兴时期的文本，这一理论现象的出现是有理论因缘的。中世纪基督教教义由于忽略了人的世俗生命本质，仅仅强调人的神性需要，而对人的世俗生活没有现实透彻地开示和引导，这就造成了人类对神性的误解和抗拒。于是，文艺复兴时期成为人类世俗上第一次个体精神确立和觉醒的时代，也是人类在世界中的第一次主动的自我精神构塑，是一种强调人类感性生命精神特质的时代。文艺复兴时代，人们不再将人类视为从上帝处得到本质而形成的完整统一体，而开始从思想精神上确认作为个体人的现实观念。这是人类世俗精神的自我成长和确立的开端。人类不仅不再像原始时代那样匍匐在神无所不在的威力和无处不在的命运面前，也不再跪伏在上帝的脚下，祈求在人世间战栗的恐惧和苟且地生存。拉伯雷在《巨人传》中就描写了德廉美修道院“各行其是，随心所欲”人间乐园般的生活，以及人们对知识的无限渴求。但是，人类是否真的从此人性完善、灵魂高尚，从此可以脱离上帝的俯视和怜悯、救赎呢？

我们知道，潜伏在人类生命中的贪欲和恶是普遍存在的，它们深植于人类的内心。在《哈姆莱特》中王子哈姆莱特感慨地叹息：世界是一座荒芜的花园，丹麦是最坏的一间。在文艺复兴时代的后期，人的问题变得极为复杂。人的本质极为复杂和多样化，因为过分强调张扬人性，主张享受现实生活，所以恶欲极度膨胀，贪欲诱使人们极力追求不属于自己的东西。莎士比亚的《李尔王》《麦克白》等戏剧就宣告了亲情的断裂和人们衰老的失败与悲哀，《雅典的泰门》宣告了金钱的魔力，人性在人类世俗运化中露出了恶的本质，因为人类始终是自我和社会多重塑造的符合体。

文艺复兴这样的特殊的历史时刻与当代的思想文化流动有相似之处。通过对文艺复兴时期文本的阅读和阐释，以认识人类复杂的自我，这样开始重新认识和重构“自我塑造”的过程。同时，我们注意到，文艺复兴时代是一个跨越中世纪与启蒙运动的过渡性时期，我们的时代也是一个飞跃的时代，是一个思想不断重构和裂变的时代，因此研究文艺复兴时期的文化现象无疑具有无可比拟的现实借鉴意义。格林布拉特曾经在多种场合谈到他的研究计划，即他想通过对莎士比亚成长的时代、社会的全面研究，找寻莎士比亚成为莎士比亚的种种原因，这个计划在 2004 年得以成功完成，《尘世中的莎士比亚》获得广泛好评。

第二节　格林布拉特“自我造型”的内涵

人类有没有共在的人性？人类有没有超历史的内核？这一直是人文社会学科探讨的重要问题。吉尔茨在《文化的阐释》中说：不存在什么独立于文化之外的所谓人性。这个观点基本能够代表 20 世纪人们对文化的理解。吉恩·霍华德说“当代思想最突出的一个新发展，就是对于人具有超历史的内核存在这一观念越来越普遍的攻击”。[①] 英国文化唯物主义学者多利莫尔在《激进的悲剧》中认为人并没有基本的共性，人的品性无一不是社会力量在某个特定历史时期的产物。从多利莫尔的这个观点出发，我们可以推断，人与人的真正沟通和理解就应该是

① 吉恩·霍华德：《文艺复兴研究中的新历史主义》，载《文艺学与新历史主义》，社会科学文献出版社 1993 年版，第 95 页。

社会性的。在格林布拉特看来，人类的“自我”是一个社会化构建的过程，人的本质不是固定的、整体的，而是不确定的、不连贯的，它有时因一些偶然性的事件而改变，是在社会意识形态隐蔽的规约下形成的。格林布拉特说：“我的出发点非常简单，即十六世纪的英国不但产生了自我，也有那种自我是能够成型的意识。”

格林布拉特的自我概念主要是：（1）长期存在的对个人秩序的感受；（2）个人借以向世界言说的方式；（3）私人欲望被加以约束的一种结构；（4）某种对个性（identity）形成与表达一直发挥审慎造型作用的因素。由此我们可以看到，这个概念中主要体现的是自我表现力、自我约束力和他人的制约三种因素。文艺复兴时代产生了社会流定性，个人意志得到了某种程度的张扬，但是也存在着对个人意志的强烈塑形。宗教教义中圣子耶稣的至善至美、国家权力、社会精英的举止风范、父母和老师的榜样等等，这一切主宰社会所有活动的力量都成为“自我造形”的内在约束力，这样，人类个性的规约塑造似乎成为经过某种巧妙处理的艺术过程。

格林布拉特的“自我造型”理论的形成始于他博士论文《沃尔特·罗利爵士：文艺复兴时期的男子和角色》（*Walter Ralegh*：*The Renaissance Man and His Roles*）。最初确定选题是在剑桥大学，当时他受到了他的老师雷蒙德·威廉姆斯（Raymond Williams）的深刻影响。可以说，威廉姆斯的讲座几乎全部将格林布拉特以往所受到的形式主义文学批评训练革除了。威廉姆斯论及印刷出版，认为出版业拥有土地和工厂，使一些被压抑的声音在文本中再现出来。人们在文本中所构建的美学价值，常常服务于社会策略，而社会策略又不断地回到文本的阐释行为之上。[①] 同时，文本的印刷出版制造了新的权力形式，这意味着以社会舆论为核心的意识形态权力的运作。格林布拉特曾经谈到，他决定将威廉姆斯对他的影响与自己对罗利爵士的兴趣结合起来。在这篇博士论

① Stephen Greenblatt, *Learning to Curse*: *Essays in Early Modern Culture*, Loutledge, 2007, p. 3.

文里，格林布拉特是在广阔的文艺复兴时期的文化视域中，通过罗利爵士与伊丽莎白女王及王室宫廷的复杂关系，阐释了社会权力结构与个人“自我戏剧化”展现的深层关联。

罗利爵士（Sir Walte Ralegh，1554—1618）是文艺复兴时期英国著名航海家、史学家、诗人。他是英国在美洲新大陆上第一块殖民地的建立者。1584 年，罗利爵士企图在洛亚诺克岛（Roanoke Island）殖民，为了纪念英王伊丽莎白一世（Virgin Queen Elizabeth），乃以其绰号贞女将此地命名为“维吉尼亚”（Virginia），但此殖民地仅维系了一段短暂的时期即告结束。据说在一次镇压爱尔兰叛乱期间，罗利爵士与伊丽莎白女王发生了恋情，此后获得垄断经营羊毛织物出口、锡矿开采权以及北美探险等特许。1603 年女王去世后，罗利爵士以叛国罪被掌权的詹姆斯一世判处死刑，在伦敦塔中被关了 13 年，1618 年被执行死刑。在宫廷权力、与女王的情感纠葛、探险、致富等诸种社会操作之间，罗利总是通过诗、书信、游记等文本书写，将现实力量的冲突和张力在文本中得到疏解。根据格林布拉特的分析来看，诗歌创作既是罗利排解内心的恐惧、孤独、爱情等情感的领地，也是罗利重塑自我、将自我加以戏剧性肯定和张扬的方式，同时也是向女王暗示、献媚和争宠的手段。隐蔽的政治行为、种种挫折和人生思考，甚至狱中的落寞几乎都被升华为诗作，从而成为另外一种方式的对女王的效劳。政治权力始终是织就罗利爵士人生起伏跌宕的主导因素，也是罗利将“自我戏剧化”的内在文化动因。罗利在他的著名诗作《生活》这样写道：“什么是生活？生活就是一场情感剧。我们随着音乐的音节欢笑。母亲的子宫是疲惫的小屋，也是我们为短暂的喜剧装扮自己的地方。天堂是明智的目光犀利的观众，坐在此处是行为不妥的标志。我们的坟墓躲藏着夕阳，像一幕演完了的剧谢了幕。三月里我们玩着最新的安息。只有死亡是真的，决不是开玩笑。”在这首诗里，罗利传达出自我戏剧化的人生感慨，表达了人生虚假的意义和诗性内涵。

从对罗利爵士的文化解读开始，格林布拉特逐渐将这种“自我戏剧化”的模式加以演绎和阐发，成为一种广泛运用于文艺复兴时期主要作家作品的阐释策略，这样，“自我戏剧化”的文本阐释逐渐发展成为“自我造型”（self-fashioning），文化诗学理论也逐渐得以形成。可以说，格林布拉特的“自我造型”理论是他的新历史主义与文化诗学理论的重要组成部分。这种新历史主义与文化诗学的文本阐释方法，主要是观察作家在表达自身的欲求、感情和思想观念时，所涉及的文化成规、社会约束、宗教习俗等文化及意识形态政治力量的冲突，作家通过创作行为，使自我得以不断塑形。这种“自我造型”过程通过虚构的事件、人物，寻绎自我与他人的复杂关系，让不可控制的外在社会力量穿越自身，如此一来，不仅创作的自我得以塑造，阅读文本的他人也得到塑形，而文本阐释更是一次“自我塑造”的复杂的理论旅程。

格林布拉特在著作《文艺复兴的自我造型》中比较全面地体现了他的自我造型理论。这本书的第一章《餐桌上的伟大：莫尔的自我塑造和自我删除》（*At the Table of the Great*：*More' s Self-Fashioning and Self-Cancellation*），一开头就阐述了莫尔的自我塑造和自我删除同时发生的动态过程。托马斯·莫尔（Thomnas More，1478—1535）是英国文艺复兴时期的重要人文主义者，空想社会主义理论的创始人，主要代表作是《乌托邦》。在国王亨利八世的离婚事件中，莫尔被控犯有叛国罪，由于这项指控纯属莫须有，不久，他被宣告无罪。1533 年，英王迫使国会通过了一项法令《至尊法案》，宣布自己为英国教会的领袖，所有英国的杰出人物都必须宣誓效忠，但莫尔拒不宣誓。莫尔说他不相信世俗的法律能使国王成为教会的领袖，莫尔为此辞掉了大法官职位，又得罪了国王亨利八世，被定为叛国罪，被关进了伦敦塔，罪名是“意欲剥夺国王的尊严、称号或其他王室的身份名位”。1935 年，莫尔的头被砍下来悬挂在伦敦桥上。格林布拉特写道：有时候，羞涩的调侃和严肃的工作是紧密相连的。故事可以追溯到 1534 年黑暗的日子，莫尔政治生涯的崩溃，也是莫尔整个世界的崩溃的前夕。莫尔在《愉悦与困苦的对话》（*A Dialogue of Comfort Against Tribulation*）中讲述到在伦敦塔中自己回忆起威尔斯（Wolsey）红衣主教的晚宴，这看来似乎是件美好的事情。莫尔回想起刚刚开始自己的律师职业之初，那时候自己聪明、年轻、充满野心、渴望给人留下很好的印象。有一次在红衣主教的晚宴上，极度虚荣的主教要求宾客们发表演讲。年轻的莫尔非常自信能表现出色，但是他后面的一位狡猾的牧师急切地越过了他。这位牧师用尽了无与伦比赞美奉承的词语，而且自己陶醉其中：他从心底发出长长的“oh”的感叹，高举拳头，高昂着头，将目光投向苍穹！这一场景深深镌刻在莫尔的脑海里。[①] 在这种愚蠢的虚荣和珍贵的精神交流相伴而生的时刻，莫尔对社会喜剧的敏锐的观察与莫尔终生所参与的政治游戏联系起来。富有和权力使人们更透彻地参与和认识到事情荒诞的实质：到处弥漫着无用的浮夸、奉承和赞美，政治生涯就类似于这种虚幻的场景。莫尔好像在观看一个虚构事件的制作过程，他被整个表演的非现实性震惊了，更重要的是这种虚拟的政治现实以一种巨大的力量对世界发生着作用。格林布拉特认为，这一事件本身并不多么离奇，它的意义在于整个世界就如同人们的渴望、焦虑和目的相聚合的巨大形体，闪耀着虚幻的、引人注目的、固执的、完全非真实的光芒。

格林布拉特通过莫尔生活的这一细节描写隐喻地展示和显露了莫尔整个政治生涯的虚构性和非现实性。莫尔从大法官到狱中囚犯，直至砍头，在这样的生活与写作的过程中，完成了自我塑造和自我删除的整个过程。写作是莫尔建构自我、寻找与确立自我的过程，但是在现实的政治生活中，莫尔又不断消解着人生的真实性，其自我陷落于被政治权力预构的虚假陷阱里。莫尔最终是以被砍头的形式完成了自我删除的过程的。在格林布拉特看来，莫尔徘徊在职业的公共作用与对这种精心制作的自我身份的逃离之间，这种逃离是莫尔内心深处的渴望，也是莫尔写作的潜在动机。

格林布拉特在作品里自问：为什么人们会屈从于这种既没有什么益

---

① Stephen Greenblatt, *Renaissance Self-fashioning: from More to Shakespeare*, University of Chicago Press, 1980, pp. 11 – 12.

处，又没有什么可忍受的离奇想象？莫尔的答案是权力。权力是人们能够将自己的虚构强加于世界的典型象征。这种虚构越是暴虐，就越是强烈地证明了权力的存在。虚妄的红衣主教威尔斯肯定被疯狂的权力欲掌控了，但是他又驱使着其他人进入疯狂之中，并且予以强化。前一代的理查三世也是这样。在给予、拒绝、新的给予和不情愿的接受的精美过程的掩盖下，理查三世也被王位权力无情地攫取住了。问题是没有人会被这种权力的毫不掩饰的虚华所欺骗，但是所有的人都心甘情愿地参与其中，并且静默地观看着（watch）这个过程。[①]

吉恩·霍华德评论说，格林布拉特的《文艺复兴的自我造型》这本书受到多方面的影响，其中之一是拉康的新弗洛伊德心理学，它不同意那种统一的、自足的自我的看法，而认为自我是暂定的、矛盾的，是话语的产物。这本书摒弃了人是变化无常的，但是能够控制自我属性的形成的人本主义观点。相反，在格林布拉特笔下，人是通常对个人控制怀有敌意的非人化的各种历史力量的产物。[②] 所谓"非人化的各种历史力量"就是使文本得以产生的各种社会力量，也是人不得不置身其中的政治与意识形态关系，这种"非人化"的物质力量对人自我的本质、命运的形成，产生了根本的决定作用。格林布拉特通过对文艺复兴时期从莫尔到莎士比亚这些作家作品的分析发现，这些作家的"自我造型"意味着向专制权力和权威的强烈反抗与顺从承认同时存在的张力。这些外在于自我的塑形力量不仅有代表神性的上帝、圣经、教会，也有代表世俗的法庭、殖民、军事当局以及其他各种权力机构。

可以说，格林布拉特是把对自我的研究放在文艺复兴时期宏大的历史文化背景中研究，以透视特定文化历史背景下的人物事件和社会现实，从而建立了文学与历史、文化的多向反映机制。格林布拉特倡导的

---

① Stephen Greenblatt, *Renaissance Self-fashioning: from More to Shakespeare*, University of Chicago Press, 1980, pp. 11–12.

② 参见吉恩·霍华德《文艺复兴研究中的新历史主义》，载《文艺学与新历史主义》，社会科学文献出版社 1993 年版，第 115 页。

新历史主义的研究方法，把历史与文化现实融通起来，体现了文学研究的现实倾向与政治维度。格林布拉特谈道："我们依赖这些作者生涯与较大社会场景的透视点，便可阐释它们之间象征结构的交互作用，并把它们看成是构成了一个完整而又复杂的自我造型过程。通过这种阐释，我们才会抵达有关文学与社会特征在文化中形成的那种理解。这就是说，我们是能够获得关于人类表达结果的具体理解的。因为对于某个特定的'我'来说——这个我是种特殊的权力形式，它的权力既集中在某些专门机构之中——例如法庭、教会、殖民当局与宗教家庭——同时也分散于意义的意识形态结构，特有的表达方式与反复循环的叙事模式中间。"① 在此，格林布拉特说"这个我是种特殊的权力形式"，因为每个人的行动都构成社会生活的一部分，个人不仅要接受社会习俗、各种制度的制约，而且我的存在对他人与社会都产生了某种影响。不仅像托马斯·莫尔那样的大法官会因为对法律的监管而作用于社会，并在某些特定时刻成为社会法律的虚幻的化身，而且普通人也因为生命在某种层面的社会意义，在某种程度上成为权力的现实存在形式。

格林布拉特在《俗世威尔——莎士比亚传》（*Will in the World*：*How Shakespeare Became Shakespeare*）② 里，将莎士比亚放在文艺复兴时期的文化视域里进行解读，揭示莎士比亚"自我造型"的复杂运作过程。格林布拉特并不拒绝对私人档案、警察案件、政治禁忌、民间猜测的关注，当然这种对异在社会资料的采纳，并不意味着他无视当时的主流意识形态和政治活动，他正是通过对文艺复兴时期作家作品，特别是莎士比亚作品的多层面多向度的研究，强调析出"自我造型"在历史性的文化建构中的重要价值和时代意义。一般来讲，格林布拉特认为"自我"是自我意识的实质性概括，它主要表现在人通过外在现实活动来

---

① 参见格林布拉特《〈文艺复兴时期的自我造型〉导论》，载《文艺学与新历史主义》，社会科学文献出版社 1993 年版，第 81 页。

② Stephen Greenblatt, *Will in the World*: *How Shakespeare Became Shakespeare* , W. W. Norton & Company, 2004, p. 199.

体现和构塑人自身内在的本质特点，它体现了人的伦理道德以及政治思想等诸方面的倾向性。“自我”问题，实质上是人的自我形象在现实中的历史性建构问题。

例如，在《俗世威尔——莎士比亚传》的第七章《震撼剧团》（*Shakescene*）中格林布拉特借助莎士比亚与大学才子派克里斯托弗·马洛、罗伯特·格林、托马斯·沃森、托马斯·纳什等人的交往，用具体的文本阐释实践阐释了“自我造型”理论的重要含义。大学才子派作家马洛、纳什等都受到良好的大学教育，有丰富的才华和可贵的创作才能，但是他们大都无视社会习俗和规则，不做社会、金钱、权力的奴隶，因此放荡不羁、寻欢作乐，不从事社会的正当职业，某些时候坑蒙拐骗、混吃混喝。这些人大多在30岁前后就穷困潦倒地死于暴饮暴食或饮酒闹事。如此一来，他们更成为社会权力的奴隶，过着被自我权力毁败了的生活。他们是有才华受了教育的人，但是却躲避成规、逃避责任而陷入自我虚构的陷阱里。

正如福柯所说，知识就是一种权力。知识有时候是用异乎寻常的方式塑造了自我和人生。如果说格林布拉特的“自我造型”理论总是寻找与自我对立的非人格化力量来促成自我的塑形，那么，使大学才子派们的“自我塑形”得以完成的对立性力量就是人性的恶本身。这种力量对人类的自我造成了彻底的颠覆，以至于最终彻底消解了生命的价值与意义。同时，不愿受约束的知性才华，也是这种颠覆性力量之一。这种对知识的把握和运用知识的才华，使他们产生了虚幻的感觉和侥幸的心理，自认为不需要勤恳的努力、不需要循规蹈矩的工作，一样可以有自由而悠闲的生活，这样，不惮于恶习，不惮于贫穷，从而在生命的深处解构了生存的意义。这种对知识的非正常依赖和可以操纵知识的才华，只是一种人性懒惰所造成的幻觉。大学才子派剧作家中马洛成就最高，有悲剧《帖木儿》《马尔他岛的犹太人》《浮士德博士的悲剧》等。托马斯·基德与马洛同屋，但是小团体的才子们都很瞧不起他，因为基德不仅写了著名的剧本《西班牙悲剧》，而且替人抄写文章赚取稿费，这是高傲不凡、个性冲天的才子们极端不屑的。罗伯特·格林（Robert Greene，约1558—1592）很有个性，放荡不羁，在英国文学史上以攻击莎士比亚而闻名。他的作品有剧本、散文、传奇故事等30多种，代表剧作有《詹姆斯四世》等。

格林布拉特谈到文艺复兴时期“自我造型”时说：“‘自我造型’主要是经由某些被视为异端、陌生或可怕的异己形象的反叛获得的。那种带有威胁性的他者，那些异教徒、野蛮人、巫婆、通奸淫妇、叛徒、敌基督等等必须予以发现或者假造，以便对他们进行攻击并摧毁。”①在格林布拉特看来，“自我造型”是在与主流意识形态以及他异因素的颠覆、抑制的矛盾冲突中逐步实现的，这种“自我塑造”体现了自我在塑形过程中被压抑、被化解的动态过程，凸显出自我与权力结构、意识形态无处不在的内在关联。这种自我塑造强调一种内在联系的、动态的变化过程。在格林布拉特看来，“自我”的形塑力量既来自种种外在的意识形态政治权力的抑制与颠覆，又来自内在的心理与知识结构的呼应与感化，是一种多重复杂的、充满种种潜在社会力量的富有张力的过程。

格林布拉特认为在莎士比亚的历史剧作中，格林等大学才子派们的作为被没有大学教育经历的莎士比亚塑造成著名的“福斯塔夫”等人的形象；而莎士比亚则把自己塑造成那位睿智聪明的哈尔亲王。格林生前傲慢势力、穷困潦倒，对莎士比亚极力挖苦攻击，据说莎士比亚曾拒绝借钱给他。这样，莎士比亚的“自我造型”是在与大学才子们竞争性对立面的抗争中成型的。

格林布拉特分析说格林式人物的先期造型是《终成眷属》里的帕洛。帕洛当众受了羞辱和揭发，名誉扫地，要保全名誉，看来只有自杀了。但是帕洛偏偏根本就没有什么荣誉感，他不但不自杀，而且还快乐地自我解嘲说：“我还是照旧吃吃喝喝，照样睡得烂熟，像我这样的

---

① Stephen Greenblatt, *Renaissance Self-Fashtion: from More to Shakespear*, The U. of Chicage, 1980, p. 9.

人，到处为家，什么地方都可以混混过去”。格林布拉特议论说，这就是生命力。这种生命力在福斯塔夫身上得到了充分的发挥。他最显著的特征就是祛除了以名誉为一切：名字、声誉、尊严、天职、信用和诚实。这样，福斯塔夫就走入了马洛式的悖论之中。如果名誉是虚幻不实、没有用处的，难道无耻、欺骗、放荡就能够照亮人生、就是管用的吗？在《亨利四世》中，福斯塔夫在战争打响之前自问：“荣誉能够替我重装一条腿吗？不能。能重装一条手臂吗？不能。能解除伤痛吗？不能。那么，荣誉一点也不懂外科手术吗？不懂。什么是荣誉？两个字。那么两个字的荣誉是什么？一阵空气。好聪明的算计！”于是，福斯塔夫站在为国而战死的沃特爵士尸体旁，他说：“我不喜欢沃特爵士这种咧着嘴的荣誉。给我生命吧”。[①] 尽管福斯塔夫贪生怕死、讲求实际，但是莎士比亚还是在《亨利四世》中给予了福斯塔夫以喜剧性死亡，就如同格林死于荒谬的暴饮暴食一样。

格林布拉特阐述说：几个世纪以来，福斯塔夫仍然激发着仰慕者们发掘其神秘的内在实质，那种伟大的机智、激发他人智慧的能力、引人注目的豁达、强烈的颠覆性才智以及节日狂欢般的精彩。这些品质都是真实存在的，但是还有一些令人捉摸不透的东西，好像这个无赖内在具有一种莫名的力量能够抵制阐释、控制自身。[②] 这种内在复杂的力量，就是人物“自我造型”的特质。格林布拉特所阐释的“自我造型”，是那种文本中人物自身、作品内部、作家与社会、作家与作家、人与人相对立的复杂力量之间极力冲突的内在张力，在新的、广阔的文化场域里的重构或“再现”。格林布拉特曾经谈道：“说到‘再现’，我们便回到文学上来。或者说，通过再现问题，我们即能理解，自我造型正是从这样一个事实中获得裨益，即它在进行功能运作时并不严格区分文学和社会生活。它开始跨越界限，混淆文学人物的创造，个人自我性格的塑

---

① Stephen Greenblatt, *Will in the World: How Shakespeare Became Shakespeare* , W. W. Norton & Company, 2004, pp. 221 – 222.

② Ibid. , p. 222.

造，那种被外力加以无可奈何的改造的经验，以及企图塑造他人性格的动机。"[①]

1895年5月18日恩格斯在给拉萨尔的信中提出了"福斯塔夫式背景"。恩格斯认为，福斯塔夫是莎士比亚在其历史剧《亨利四世》和喜剧《温莎的风流娘儿们》等剧作中塑造的人物形象，是莎士比亚现实主义艺术的重要成就。恩格斯指出：在封建社会解体时期的贵族与贵族斗争的后面，存在着农民和市民的活动，以及由这个活动构成的平民社会五光十色的背景。恩格斯称之为"福斯塔夫式的背景"。恩格斯把莎士比亚对社会环境的多层面描写看成是"莎士比亚化"的重要的内容之一。福斯塔夫的"自我造型"是与当时复杂的社会问题结合在一起的，福斯塔夫本人成为贵族和平民对立社会力量冲突、演化的关键性人物。在福斯塔夫身上体现了历史合力的多种构塑力量，其中起重要作用的是福斯塔夫对于荣誉、价值的理解。那么，福斯塔夫真的不要权势和荣誉吗？在《亨利四世》下部，福斯塔夫想在刚被加冕为国王的哈尔亲王那里沾点光，他刚一出现，新王亨利五世就说，"我不认识你，老头儿"。福斯塔夫受命不得在国王面前出现，这彻底毁灭了福斯塔夫的希望。哈尔亲王成了国王就不再相认，福斯塔夫多年的情感投资化为泡影。这无异于一次象征性谋杀，并成为福斯塔夫死亡的秘因。"国王把他的心伤透了。"表面的满不在乎、插科打诨、纵情享乐、标新立异似乎掩饰了内心的无限贪婪。福斯塔夫和他的原型格林一样，都被自我不慕虚荣的假象欺骗了。对于格林或福斯塔夫们来说，虚荣是暗藏在心底的真实，荒唐放纵无耻则是贪婪地、自私地游戏人生的外在借口。当然，无论是与国王关系的猝然断绝，还是隐藏在心底的攀附权贵、情感投资的企图，在格林布拉特看来，都是一种关于权力的隐喻性结构，正是这些力量的冲突和演变、运化，形成了"自我造型"。如果说权力虚构和纵容了人的幻觉，使人失掉自我，那么福斯塔夫式的纵情恣乐，则

---

① Stephen Greenblatt, *Renaissance Self-Fashtion*: *from More to Shakespear*, The U. of Chicage, 1980, p. 9.

是以一种蔑视权力和荣誉的假象，昭示了另一种形式的对权力的肯定与诠释。

在格林布拉特看来，文学阐释中的自我就是在历史的合力中形成的，对自我进行塑造的各种力量之间进行冲突、角逐、争斗，从而使文本中潜存着的种种威胁的他者、隐蔽的成见、随处弥漫的意识形态规置、看不见的权力结构，在文本的阐释中显露出来，彰显出主流意识形态历史话语的虚构性和文本裂隙。格林布拉特认为，莎士比亚把睿智的哈尔亲王看成了他自己。莎士比亚在作品人物身上既投射了试探性的参与，又有谨慎的、不易察觉的自我保护性技巧。哈尔亲王的冷漠只是莎士比亚与格林关系的一个层面，但不是最重要的方面。莎士比亚对于格林的慷慨是美学上的，而不是金钱上的。他赠给格林的无价之礼，就是把他变成了福斯塔夫。[①]

格林布拉特认为，对于文艺复兴时期的“自我造型”来说，“一个人的权威，正是另一个人的异己确立的，每当一个权威或异己被摧毁之后，另一个新的将会取而代之。在特定的时期，总会存在一个以上的权威或一个以上的异己，假如权威或异己都存在于自我之外，它们就会同时被当作内在的需要加以体验。因此，顺从和破坏这两种因素又已经内在化”[②]。这段话用莎士比亚的戏剧《麦克白》进行阐释就很容易理解。麦克白听信了精灵的预言，在平乱有功班师回朝之后杀死了国王，自己做了僭王。国王的权威力量被当作异己摧毁，但是原来国王的死亡、登上王位的荣耀，同时以一种异己和权威双重力量共存于麦克白的个人政治体验之中。进一步说，异在的老王的鲜血、作为国王的荣耀同时形成了分裂、冲突、矛盾的力量，最终成为导致麦克白夫妇疯狂的内在原因。在格林布拉特看来，自我是在与异己力量的对立冲突中被塑形的。

---

① Stephen Greenblatt, *Will in the World: How Shakespeare Became Shakespeare* , W. W. Norton & Company, 2004, pp. 224 – 225.

② 格林布拉特：《〈文艺复兴时期自我造型〉导论》，载《文艺学与新历史主义》，社会科学文献出版社 1993 年版，第 86 页。

“自我造型”往往发生在某种权威和某个异己遭遇的关头，而遭遇过程中产生的力量对于权威和异己双方都意味着攻击，因此，任何个性的获得，在它的内部都包含着对自身的颠覆与剥夺的踪迹。①

从深层文化结构讲，格林布拉特对“自我造型”的思考表现于个性，实际上来源于对人类行为的整体思考，也来自格林布拉特对于文化人类学的把握和理解。格林布拉特在《〈文艺复兴时期的自我造型〉前言》中谈道：“对我们的研究更有意义的是，造型工作可以指示某种不显而易见的形状的获得：比如有特色的个性，对世界的个人表达方式，以及一种理解与行为的始终一贯性款式风格。如人尽知，这种内在造型术的反复重现的样板正是耶稣。”② 耶稣是“道成了肉身”而得以形成的，他的出现寓意了上帝对人类的深切祝福和无比关爱，他来是为了代替人类接受人类之罪的刑罚，从而将人类能够新生与永生的恩典白白赐予人类。真实信靠他的人，就会得到生命的活水的滋润，走着永生的属天道路。耶稣基督体现了人类向至善至美永恒的回归。耶稣的形象，是人类在上帝的祝福里内在不断规范和革新自身，走向完美造型的“样板”。

格林布拉特认为，“自我造型”是一种整体化综合性的人类文化行为，它包含了作者的创作、文本的呈现与实现，以及阅读与阐释等。这种种文化行为都是相互联系、多次反复，不是一次性完成的，是一种特定文化中多重意义复杂互动的意识。人的本质就是在种种的文化信念与个性行为的关联中被形塑出来，最终必定走向人类共同的新生命。因为对创造与幸福的吁求，是人类内置在生命里的构造，这就是人类的同根性，是人类能够相互理解的可能性。人类无论走了多少历史漫长路，无论有多少苦难和荒谬的历史瞬间和特定存在，都会逐步形塑自身，完善人类的美好自我形象。格林布拉特谈道：“社会行为往往无形中植根于

① Stephen Greenblatt, *Renaissance Self-Fashtion*: *from More to Shakespear*, The U. of Chicago, 1980, p. 9.

② Ibid., p. 8.

公众意义系统，也通常直接为该系统的制造者们在阐释过程中所掌握。而我们在此书中讨论的那些构成文学作品的字词，恰恰以它们的本质清楚地肯定了一种同根性。”① 任何的人类行为绝对不是真空中的行为，而是出于别人的影响与对别人的影响之下，所以任何的界限都只是一种形而上的愿望和表达，是一种理论规范和认识实现的需要。所以，20 世纪中后期，几乎所有的学科都在尝试着跨越边界、跨越人类智识的藩篱，从整体的意义上讲，这种社会行为也是一种人类自身的“自我造型”。

---

① 参见格林布拉特《〈文艺复兴自我造型〉导论》，载《文艺学与新历史主义》，社会科学文献出版社 1993 年版，第 80 页。

第五章

文本阐释的跨学科特点

格林布拉特曾经在《什么是文学史》一文中谈道："我们起码要承认，职业阐释团体的历史仅仅是文学史的一个片断，文学本身对阐释者起着塑造作用，而文学文本明显的跨历史维度，即使几乎未被理解，但却是文学史的重要组成部分。文学史的要义始终涉及两种偶然性之间的关系，一种偶然性针对文学的创造者而言，另一种针对我们自身而言，正是这两种偶然性使文学成为可能。在这个意义上，文学史始终是文学的可能性的历史。"①

格林布拉特常常选用不同的作家、作品进行分析和阐释，着力从这些作家、作品身上找到使作家得以成功的诸种要素。他曾经谈道："生活现实并不像它们看上去那么缺少艺术性，而那些特殊文化及其研究者都不可避免地走向一种对于现实的隐喻性把握，而且认为，人类学阐释工作应该较多地关心某一社会中的成员在经验中所应用的阐释性构造，而不是去研究习俗与机构的制动关系。与此类工作有着亲缘关系的文学批评，因而也必须意识到自己作为阐释者的身份，同时有目的地把文学理解为构成某一特定文化的符号系统的一部分，这种批评的正规目标，

① ［美］格林布拉特：《什么是文学史》，孟登迎译，陈永国校，原载美国《批评探索》（*Critical Inquiry*）1997年第23期，第460—481页。www. xschina. org. 2005年2月1日。

无论多么难以实现，应该称之为一种文化诗学。”①

在格林布拉特看来，文化分析反对将文本内部和外部绝然分开，用可能得到的一切建构一个托列（Tylor）所说的“复杂整体”是必要的。对个别文化现象的分析，导致了对文学作品产生的文化环境的高度理解。同样，对文学作品的仔细阅读，导致了对产生作品的文化环境的高度理解。看起来文化分析似乎是文学分析的仆从，但是在一个广泛的教育范畴来看，文学分析是文化分析的仆从。②

格林布拉特的文本阐释实践，拓开了文本阐释传统范畴，将文学文本放在一个文化视域中研究其“共鸣”的种种因素。格林布拉特曾经谈道：“我的学术生涯主要受到威廉姆斯和福柯的形塑。20 世纪 70 年代末和 80 年代初他们在伯克利分校定期授课。另外，随之而来的还有其他一些有力度的知识的碰撞，例如：巴赫金（Mikhail Bakhtin）、肯尼斯·伯克③（Kenneth Burke）和米歇尔·德塞都④（Michel de Certeau），但是，我所说的认识过程不是像很多出版社所称的‘现代大师’那样只是草率组合在一起的一些教条，而是一种可以拥有的生活经验。”⑤可以说，格林布拉特的文本阐释基本上都会涉及社会生活，从而抹去了文学文本与非文学文本的界限，因为在他看来，文学就是社会生活结构以及文本符号中的一部分，文本阐释不应该像形式主义那样局限在文学文本之内。这种将个体认定为整体的一部分进行辩证思考的理论路向，康德、黑格尔、马克思都有阐述。实际上，格林布拉特的观点并不具有独创性，格林布拉特“新历史主义”的价值就在于他大胆地把理论应

① 参见格林布拉特《〈文艺复兴自我造型〉导论》，载《文艺学与新历史主义》，社会科学文献出版社 1993 年版，第 80 页。

② Stephen Greenblatt, *The Greenblatt Reader*, Edited by Micheal Payne, Blackwell Publishing , 2005, p. 13.

③ Kenneth Burke 代表作 *Philosophy of Literature Form*，提出“文学集群式分析”的概念，即言者在言说中包含了一系列隐含的等式或相关的集群。在这些集群中可以发现某些形象相伴而生。

④ 米歇尔·德塞都（Michel de Certeau , 1925—1986），法国当代著名思想家，是 20 世纪 60 年代之后，欧洲出现的最重要、最有影响力的学者之一，被称为“这个时代最大胆、最神秘、最敏锐的头脑之一”。代表作品 *The Practice of Everyday Life* 和 *Interpretation and Its Other* 等。

⑤ Stephen Greenblatt, *Learning to Curse*, New York and London : Routledge, 2007, p. 5.

用于批评实践。

第一节　对话主义和狂欢化

俄国文论家巴赫金（Mikhail Bakhtin）是格林布拉特理论构成中影响很大的重要人物。巴赫金的“对话主义”是当今时代文化界“具有开拓性的事件”，他的理论改变了西方理论界旧有的思维方式。西方传统理论是建立在柏拉图、亚里士多德等人建立的形而上学哲学认识论基础上的逻各斯中心主义，是一种“意识形态的独白原则”，即“一元论原则”“意识的统一性原则”。这种权力化、中心化、霸权化的认识原则，是压制着非权威、边缘化的力量。但是，20 世纪中后期的解构主义、后现代主义等思潮的兴起，解构中心、否定权利，导致人文精神陷入混乱。在这样的当代语境下，巴赫金以独特的思维注意和聆听到“狂欢节的回响”。这是一种狂欢节的宇宙观，一种狂欢思维。狂欢思维不主张一种力量压倒和替代另一种力量，成为新的权威、新的中心，而是主张让边缘和中心恢复交流和对话，从而使原本二元对立的力量在冲撞、交流和对话中产生新的性质和功能。这种对话主义和狂欢化旨在形成对主流意识形态的颠覆与反抗，也力避形成新的学术权威和权力话语。巴赫金是在对话主义和狂欢化的层面对陀思妥耶夫斯基的小说进行理解性阐释的，在他看来，“解释”（explanation）与“理解”（understanding）有本质上的不同，这决定于何者具备对话关系。在解释的时候，只存在一个意识、一个主体，这时解释对客观不可能有对话关系，所以解释不含有对话因素。反之，在理解的时候，则有两个意识、两个主体，是解释者和符号使用者之间的互动和交流，因而理解在某种程度上总是对话性的。[①]

格林布拉特吸收了巴赫金的对话理论，并运用到文学阐释的活动之

---

① ［俄］巴赫金：《巴赫金全集》第 4 卷，白春仁、晓河译，河北教育出版社 1976 年版，第 314 页。

中，形成了“文化诗学”理论。格林布拉特主张文学文本应该在广泛的文化结构系统中进行阐释和分析，从而使诸种社会能量反复交流和碰撞，从而构塑文学形象和文学的意义。格林布拉特在文本阐释实践中对主流意识形态、权威政治力量的抑制与颠覆社会因素进行揭示，将文学文本放在整体联系的文化空间里加以解读，进而将文学文本和产生文学文本的社会制度、经济、政治、社会心理、宗教等诸多社会力量联系起来考察。格林布拉特用“震荡”一词来表达社会能量的交聚，用“商讨”来表达社会能量的融通和调和，用“惊叹”和“共鸣”来表达文本的审美效果和政治、意识形态力量的内涵。

在巴赫金看来，所有的语言都有一种隐喻性的结构，这种结构暗中影响着意义的表达，它的源头可以追溯到原始人类的思维方式和生活方式，包括祭祀、庆典等民间活动。格林布拉特也认为文化诗学就是要把握文学文本的隐喻性机制。格林布拉特说：“文学以三种相互锁链的方式在文化系统中发挥自己的功能，其一是作为特定作者具体行为的体现，其二是作为文学自身对于构成行为规范密码的表现，其三是作为对这些密码的反省观照。”① 格林布拉特主张将文学密码的阐释放在某一特定的文化意义网络中进行，从而产生意义复杂互动的意识。

巴赫金在分析《陀思妥耶夫斯基诗学问题》时，论述了主人公的自我意识问题。巴赫金认为人是具有整体性的。他把“思想看做是不同的意识、不同的声音间演出的生动事件”，从而以全新的阐释立场分析陀思妥耶夫斯基笔下的主人公的自我意识。小说中的主人公不仅是作家描绘的对象、客体，同时也是表现自我意识的主体，是“人身上的人”。这种自我意识的存在，使人物具有了内在的自由和相对的独立性，呈现开放性、未完成性和未定性。格林布拉特在阐述文化诗学的文本实践时则谈到“自我造型”。这种“自我造型”与巴赫金的自我意识构成有大致共同的内涵。格林布拉特所提到的“自我造型”，是作者、

---

① 参见格林布拉特《〈文艺复兴自我造型〉导论》，载《文艺学与新历史主义》，社会科学文献出版社 1993 年版，第 78 页。

世界、读者（或批评家）等多种力量的汇集和碰撞，带有狂欢化色彩。多重对话的构成，解构了逻各斯中心意象，使读者无法再根据单一意识进行分类，从而对叙事作品做出直觉性的理解。这样，就使作品有了更为丰富的诗性意蕴。巴赫金的"自我意识"理论虽然注意到文本中各种不同声音的共鸣，但是较多地注意文本的诗学问题，而较少涉及意识形态权力对自我的塑造与影响，这与格林布拉特显然不同。

在巴赫金看来，事实上分析的主体（批评家、学者、语文学家）可能都得益于自己脱离所描写的语言之外了。这种外在性只是暂时的、表面的。他也处于语言之中，而且不论他是如何企望自己"严肃""客观"，也一定进入主体、能指与他者的这个三角链环中，这种进入是通过文本写作实现的，而不需要依靠那个并不可靠的无语言的虚设的所谓距离。唯一以文本理论为基础的实践活动就是文本本身。结果是显而易见的，总的来说，诸如论述作品的批评话语一样，批评的整体是滞后的。如果说一个作者要谈论一个过去的文本的话，只有他自己在写出一个新的文本才可以做到……所以，没有批评家而只有作者。① 在巴赫金看来，因为任何人都是在语言之中的，因此不存在客观的评论，对一切文本的阐释，都是一个再创作的过程。这一观点与格林布拉特的思想很相似。

格林布拉特常常提到文本的多重声音。在《莎士比亚的商讨》中格林布拉特说："我曾梦想与死人说话，至今我也不放弃这一梦想。但人们错误地以为我将听到他者的单一的声音。如果我想听到一种声音的话，我就不得不听到死者的多种声音。如果我想听到他者的声音，我就不得不听到我自己的声音，死者的言说就像我自己的言说一样，不是一种私有财产。"② 格林布拉特这里表达的意思是：他是无法独立存在的个体，他自身无法从作为历史的他者存在中脱离出来，因此，自我的声

---

① Mikhail Bakhtin, *Marxism and the Philosophy of Language*, Trans. L. Mateika and I. Titunik, New York: Seminar Press, 1973, p. 44.

② Stephen Greenblatt, *Shakespearean Negotiation*, University of California Press, 1988, p. 20.

音和存在总是伴随着历史中的他者存在。“死者的声音”是格林布拉特在著作中经常使用的词语，它意味着历史文本的意义呈现；人的灵魂和意识本来就没有死亡，这一点格林布拉特在《炼狱中的哈姆莱特》一书中有很多叙述。多重生命意义的体验，是格林布拉特在学术上得以成功的重要所在。他的理论构建不是僵死的，而是洋溢了充沛的生命力。“我自己的言说”是指作者自己的文本阐释经验，这种文本阐释和作为“自我”的意义存在，是深嵌于历史与现实之中的。格林布拉特的个人叙述就是对巴赫金诗学理论很好的诠释。实际上，巴赫金的狂欢化理论是对人类生存意义的象征性表达，也是人类“自我造型”过程中多重意义融合交汇的一种隐喻性概括。另外，从普遍意义上来说，巴赫金意义上的对话，也就是说在同一文本出现难以调和的不同声音、多重意识，或者非中心语言，具有颠覆的可能性，对作为权力中心的主流意识形态提出潜在挑战。

在《什么是文学史》中，格林布拉特谈道：“文学强有力的功能性恰恰在于它携带着那些现在仅仅是鬼魂的人的踪迹，因为它有一种似乎‘为了我们’而被书写的非自然力，就像圣·保罗所指出的，因为它总是在生与死之间高视阔步。”① 他引用了《哈姆莱特》中的台词：“你是个学者——对它说话，霍拉旭。”文艺复兴时期有文化的人还是很少的，所以哈姆莱特的哨兵们在巡逻时发现老王的幽灵，就请求霍拉旭与死去的老王对话。格林布拉特在解释这个事情时说，学者的角色是对死者说话，并让死者说话。这种介于生与死的文本之间的对话与交流是文学阐释的重要职责。面对文本和经典，就是面对死者，文本的意义就是在读者与文本、生者与死者的对话与交流中不断释放出来。文本阐释的意义就是在这种对死者踪迹的寻绎中得到延伸。格林布拉特所描述的来自死者的力量，是一种深层生命体验，是将一切物质化的存在加以能量化的一种表达。所有的物质空间、物质存在都存在着生与死的张力，是

① ［美］格林布拉特：《什么是文学史》，孟登迎译，陈永国校，原载美国《批评探索》（*Critical Inquiry*）1997 年第 23 期，第 460—481 页。www. xschina. org. 2005 年 2 月 1 日。

生命的创造，也是死者生命力量的宣泄。所谓死者，就是一种隐在的力量，他是没有形体的、不可见的，但是具有构塑生命的力量。

在论文集《惊叹与共鸣》的自我介绍里，格林布拉特提到他生命中的一个特别糟糕的时刻，他控制不住地要把这件事情讲出来。当时他是剑桥大学的学生（格林布拉特大学毕业后到剑桥大学两年），考虑是回美国进法律学校呢，还是到英文研究生院。在这种犹豫不决的人生路口，格林布拉特写道："'他坐在桌前，试着决定他该这么做'，一个声音——一个我自己的声音，我认为是，但并不是我自己的声音——在我的头脑里说话。'现在他把头放在手里，现在他皱着眉头，现在他起来打开窗户'，始终带点揶揄的腔调。自我似乎分裂了，从 J. Harry 变成 Harry J. [①]（或者从可怕的斯坦利 Stanley[②] 变成我的斯蒂芬），可怕地重温了我早年故事里的自我意识。很不幸，因为在早期人生的二十多年来，我的身份被塑造成与'I'对应的标准的单个人的对应物，所以这个不愉快的讽刺的'他'的声音，像我内在空间的一个侵犯者一样，回响在我脑海里——一个个人隐私的入侵者，一个我不希望将之具象化的客体。我体验到一种分裂的强迫性的叙述声音，好像某种东西抓住了我，我不能够摆脱掉，即使我试着这样做，也会立即变成了叙述。我好像要疯了。然后，突然，莫名其妙地，伴随着一个突然折断的声音，这种说话声突然离开了我。"这种他者声音的侵入，类似一种精神分裂的症状，也是人生的一种特殊体验状态。多重声音出现的关键在于自我身份的确立，那种抽象的主体的"I"，是一种社会身份的对应物，是一种被社会力量塑造成型的存在，而内在自我的声音，却好像是一个他者，他强行进入已经塑造成型的自我意识之中。格林布拉特认为，自我是在与异己力量的斗争中被塑造的。这种情况恰好诠释了巴赫金的复调理论，小说的主人公与"他者"声音同时呈现，造成双声语并存、众语

---

① Harry J. Greenblatt 是格林布拉特父亲的名字；J. Harry Greenblatt 是格林布拉特父亲朋友的名字，是格林布拉特父亲早年经常叙述的故事的主人公之一。

② Stanley 是格林布拉特童年时代母亲重复连续叙述的故事里的主人公。

喧哗的局面。这种生命历程是格林布拉特独特生命创造的瞬间时刻，是人类多重自我生命运化的特定形态，也是造成格林布拉特突出理论创造性的隐在原因。生命的力量并非显见的历史和物质现实能够解释的，他是多空间的存在，也是多层次的生命显现，这是生命与历史创造的特别力量，是人类不断“自我造型”的内驱力。

格林布拉特提到的另一个对他影响很大的修辞理论家是肯尼斯·伯克（Kenneth Burke），代表作是《文学形式哲学》。伯克被认为是自柏拉图以来最伟大的修辞家。他提出文学集群式分析的概念，即言者在言说中包含了一系列隐含的等式或相关的集群，在这些集群中可以发现某些形象相伴而生的观点。肯尼斯·伯克认为，语言形式在所建构的符号世界中，蕴含着言者的价值观与世界观，也包含言者要与听众所建立的认同，这是一种利用文字以形成他人的态度，或诱惑他人的行动，以说服他人形成态度。在肯尼斯·伯克看来，经由语言传达并借由形而下的实质文字连接，促成言者与听者形而上的无形思想交流，双方态度达成共识。集群分析可以具体呈现出文字的魅力，可以发掘作者如何运用与联结文字，传达意象与思想，引起共鸣。① 在这种情况下，伯克把文学说成是姿态和仪式，文学是对美学的积极力量和社会功能的坚决的陈述。

肯尼斯·伯克对文本的分析主要采用“细读”的方法，分析语言内在隐含的意义。伯克的集群分析理论和语言修辞方法对当代语言学影响很大。实际上，伯克的集群分析可以发掘人类社会普遍使用的隐喻流程。集群分析所处理的，是一种存在于文化与文学作品当中的隐喻过程。围绕在关键词四周的意象与词语，是一种对关键词的隐喻，使关键词的意涵受到集群的修饰与影响，隐喻在描述与发掘真实的过程中，扮演一个批判性的角色。人类对于事物的认知，来自对于其他事物的观点，借由隐喻的过程，人类经由清晰或已知的事物，增加对于模糊或未

---

① Christine Oravec, *Kenneth Burke's Concept of Association and Complexity of Identity*, In *The Legacy of Kenneth Burke*, Ed. H. E. Simons&T. Melia. Madison: University of Wisconsin, 1989, p. 188.

知的事物的了解。隐喻是无处不在的，是一种普遍性的文化比喻，在人类言说当中，扮演着一个角色。[①] 格林布拉特的文化诗学注重文本的隐喻特点，这种隐喻类似于文化人类学对人类行为的隐喻性把握。

格林布拉特还提到的重要批评家是米歇尔·德塞都（Michel de Certeau，1925—1986），法国当代著名思想家，是20世纪60年代之后欧洲出现的最重要、最有影响力的学者之一，被称为“这个时代最大胆、最神秘、最敏锐的头脑之一”，被认为是与福柯齐名的法国文化理论批评家。德塞都的主要代表作品有《日常生活实践》《对他者的阐释》等。德塞都使用“日常生活”的概念，认为这一概念具有抵抗权威、瓦解权力的意味。因为“日常生活”是无处不在的，人们可以利用权力预设的地盘和空间，建立自己的文化，使之变成自己有效的意义空间，从而在无形中消解和拒绝僵化机械的现代理性的压迫。这样，“日常生活”就成为抵抗“现代性”的场域。米歇尔·德塞都使用了很多的隐喻来说明“日常生活”在人们生活中抵抗权威、抗拒权力、疏解现代性的压力的作用，如偷猎、诈骗等。

米歇尔·德塞都将文化理论的视角延伸到日常生活，从而发现习焉不察的意识形态力量，这肯定对格林布拉特有相当大的影响。因为在格林布拉特的新历史主义与文化诗学著作里，格林布拉特将文学空间和社会空间并置，考察和阐释各种文本之间的社会力量的交流和碰撞，透视其中的隐喻性内涵。格林布拉特的文本阐释可以说汪洋恣肆，没有任何理论局限和莫名的思想压制与理论成见，表现了对生活的深切关注和对理论的透彻把握。

总之，“文化诗学”更多的是指对于文学的文化阐释与解读的策略。“这种文学阐释与解读策略，是将文学文本纳入特定历史时期以及所处文化机制的关系之中反复加以分析描述，从而赋予作品完整的集体性经验。”文化是视野，也是内涵。而文学是出发点，也是理论着力

---

① Sonjak. K. Foss eds.，*Rhetorical Criticis*，2th，Waveland Press，1996，p. 359.

点。韦伯说，要了解恺撒，不一定要变成恺撒。文本的阐释和阅读是各种力量在阐释中不断流通、商讨、冲撞，导致新的思想和审美力量产生的过程，它不是一次性完成，而是多重往复，不是变成一个恺撒，而是一种“自我造型”，使读者和批评者都不断得到新的影响和塑造，这是生命的重生与再建造，是人类“自我造型”的运行机制，是人类通过思想意念的流通而重建的生命状态。思想并不是单一的精神行为，它常常参与了现实的事件和构造。

进一步讲，格林布拉特整体的文化观和非客观、非连续的历史观，共同成为文化诗学的不可偏废的两个重要维度。格林布拉特从宏阔的角度探索人类文化活动的种种潜在意义，并不囿于一个学科领域。一切人类文化现象，甚至一个琐碎的历史细节，都是其关注的中心，也着力从文本与生活的种种联系与差异中洞见历史政治与主流意识形态真相。格林布拉特尽管是从宏观的高度发现问题的，但是主要用微观的细读阐释方法，也就是主要采用“小历史”（history）的叙述方法，即选用档案资料、历史文献、轶闻稗史等流散在民间的资料进行文本阐释，涉及和揭示了“大历史”（History），即历史的书写的意识形态本质和政治性。格林布拉特的文本阐释方法是“跨学科”的，是一种网络化多层次的文化阐释方式。

第二节　跨文本阐释的诸种理论状态

在新历史主义思潮的主要人物里，和海德·怀特等理论家比较注重历史的诗性品质相比，格林布拉特更主要地体现了新历史主义跨学科多角度的特点。显然，在当代话语范畴里，文学学科与非文学学科的壁垒已经被打破。文学批评已经不再是囿于文学艺术特定领域的话语独白，而是交织着哲学、历史学、社会学、伦理学、人类学、学术史、精神分析乃至其疗治效果的综合的文化诗学。在这种情况下，文学理论成为一种具有广泛意义的理论生长点，与文艺理论相关的各种文化现象成为文化界关注的核心。文学理论正在演变成一种阐释的工具和思想聚会与演变的反应场，文化诗学成为这场演变和发展的理论结果。某种程度上，文学理论研究已经发生了历史性转折，走向广义的新历史主义与文化诗学。

当然，新历史主义对文学与各种社会范畴的跨越和整合，也引起了学界的某些批评和抵制。哈罗德·布鲁姆对美国新历史主义的激进思潮十分不满，他在《西方正典》中谈道："这样一来就把审美体验降为了意识形态，或顶多视其为形而上学。一首诗不能仅仅被读为'一首诗'，因为它主要是一个社会文献，或者（不多见但有可能）是为了克服哲学的影响。我与这一态度不同，力主一种顽强的抵抗，其唯一的目的是尽可能保存诗的完整和纯粹。"① 布鲁姆认为文学仍然是少数精英的高雅事业，不可能成为社会进步和大众教育的基础，从而将审美看成是私人化行为，这就从根本上忽略了文学艺术与社会生活的实质性关联。布鲁姆的文学偏见在于小觑了新历史主义的思想性，以为新历史主义是对诗歌和审美的解构。其实不然。新历史主义正是从立体层面体验和欣赏诗歌和文学作品的创造性价值和审美价值。诗不是现实真空里的塑料花，而是多重文化背景中的生命之流，是生命价值和意义的创造性体现。

其实，布鲁姆对新历史主义是有"误读"的，新历史主义只是强调和关注文学与各种社会要素的关系，并没有忽略文学艺术的审美特性，更没有把文学等同于意识形态。如果新历史主义单面地解构了文学的内涵和范畴，那么关于文学与社会范畴、关系以及理论边界的限定与跨越的探索，显然成了无稽之谈。在《惊叹和共鸣》一文中，格林布拉特阐述了艺术独特的魅力和理解的实质。"对艺术的理解不可能是自动的，也不能够缩略为构塑它的制度和经济的力量。理解是一种带有奇妙的狂热崇拜的注视，因此，艺术作品蕴含了和产生了观众的惊奇、愉

---

① ［美］哈罗德·布鲁姆：《西方正典》，江宁康译，译林出版社 2006 年版，第 13 页。

悦、仰慕的情感，以及天才的暗示。"① 由此可见，格林布拉特并没有把艺术作品等同于政治社会文本或意识形态，而只是揭示了艺术作品与社会因素的“流通”和“交易”。他着重探讨的是各种理论关系和范畴的确立与消解，学科的界定与拆解，理论边界的限定和跨越，由此开启了一个新的思想维度，凝聚、整合并超越了文学与历史、政治、哲学思想等不同社会范畴。

一 文学文本与历史文本界限的消解

以往的文学理论往往把历史存在当作文学故事得以展现的背景，认为文学有自主的疆域和文学事件得以发生的审美酵剂。但是，自从20世纪末文学批评界发现了“文学艺术是对社会生活的反映”这一论断有失偏颇以后，文学与社会生活的关系问题从此基本上成为被文学批评家忽略的盲区，或者近乎是一个讳莫如深的老生常谈。在《通向一种文化诗学》中，格林布拉特着力探讨了文学艺术与社会生活的多重构塑关系。社会生活不仅仅是文学艺术的源泉和历史背景，而且文学艺术也参与社会生活、政治制度、意识形态的构成，是社会生活和政治活动的一部分。

“历史”从一般的含义讲就是，在过去了的时间段里所发生的现实。历史是真实的、客观的、不可复制的。而现实本身的确蕴含了政治、阶级、经济、意识形态和人的生存态势等诸种因素。因为现实不断呈现出很多并无深意的一般生存活动，是众多现象和意识流动的堆积，是琐碎、不连贯的，有些事实甚至从一开始就是不为人知的、隐秘的、被时间和空间遮蔽了的。历史不可能等同于现实。历史只有作为文本才可以流传和确认，历史文本是人类用语言等表达方式对过去事实的记录。正在发生的事实或已经发生了的事实，在进入历史文本的过程中必然，往往必然被政治、经济、意识形态等因素操纵和编排过，当然也不

---

① Stephen Greenblatt, *Resonance and Wonder*, In *Learning to Curse*, Routledge, 2007, p. 242.

乏理性的梳理。因为这是人类有意识、有目的的文化活动，必然带有相当程度的主观性，夹杂了人们的主观选择和有意无意的主观渲染与阐释。况且，语言虽然是丰富和多面的，但是肯定无法言尽事实的真相，所以老子的《道德经》讲，大道无言，大音希声。任何理论都只能从某些视角论证和思考问题，倡导了某一层面的事实与逻辑，所以总是有矛盾和缺陷的，绝对的完美和无懈可击的理论只是人类的一种理想而已。

历史有时掩盖了丑恶、要害、真实的东西，而以政治发言人或是以事态真相的姿态叙事。真正的历史学家往往担负着披露真相、维护真理、警醒世人、与虚假不实的历史言论作斗争的重大使命，从而张扬真理、救助弱小，重视边缘化的生命力量，这也是人类自身的使命、良知和理想。新历史主义与文化诗学理论打破了文学与历史的坚硬壁垒，从而打破了文学审美自主性的神话，开始从广阔的社会领域发现审美的踪迹。文学不仅仅是人类审美活动中的一种特殊形式，除此之外，审美的事件与形塑的力量也是潜存于社会历史存在中的各个角落的意识形态事实。实质上，一方面可以说文学参与了历史的构成；而另一方面，历史与现实又是文学得以发生的物质条件和社会基础。文学是社会历史构成因素中最具人性化和情感力的因素。因此，从这个含义讲，历史文本往往是那些被人类意识赋予某些意义的现实，具有主客观合一的特点，它既是社会生活的发展程序，又是人类展现生命活动的记录和阐释。历史只有将其经验和精髓应用于人类社会实践活动，才会是活的、生动和有意义的。

新历史主义学者普遍认为，在文学与历史之间不存在严格的界限，只存在侧重点不同。文学以虚拟的方式尽量披露事实，而历史主要以写实的手法展现被过滤了的事实。文学不可能是象牙塔里的理论游戏和宏大叙事，不是虚构的狂欢和精英表演的节日，而是展示人类生命活动的一种方式，也是介入社会实践活动的一种手段。文学体现了关注实践、关注现实的历史责任感和人文关怀。文学不是一种物质文本，而是一种意义载体。文学也不是自足的神话，而是开放的、流动的、建构的。文学诚然有自己的特定的规律，但是人们永远无法否认文学参与社会的主动性，无法切断文学自身与外部世界的复杂关联。文学就是社会现实的一部分，文学也是历史的一部分。

文学与历史从来就没有一个明确的边界，两者互相渗透、相互构塑的张力，显示了人类精神追求的救世情怀和文学终将介入现实的审美与意识形态的双重魅力。克罗齐的名言：一切历史都是当代史。这一论断消解了时间在历史流程中的坚硬的实质，将历史与当代人的生存现实联系起来。历史的当代性品质昭示了历史具有虚构和真实的双重性质。历史的真实性是规则和基础，从这一层面来说历史是不容抹杀也是严禁杜撰的，但是由于历史往往是以语言为载体呈现出来的，在语言的实现中，确实有了人的主观性和倾向性，在此过程中，人们往往用特定的虚构和修辞等手法来填补历史中那些被时光遮蔽了的存在，正是在这个层面上历史也不可避免地有了虚构的因素。人们往往把历史文本看成是客观的、自明的、接近现实的语言构成，其实，历史文本一旦形成便隐含了作者的意识形态思想倾向。没有什么透明的、绝对客观的文本形式，但是据此就彻底进入历史相对主义又是错误的。真正的历史文本肯定是尽可能接近事实的、接近客观的。

新历史主义批评家吉恩·霍华德说："面对这些问题，新历史主义批评似乎越来越需要接受：第一，历史不是客观的、透明的、统一的，或容易认识的，因而把历史当作文学文本意义的基础是极成问题的。第二，每当我们谈论文学与历史、文本与语境时，我们很随便地求助于这种二项对立式，然而这种对立式是不能产生结果、只能产生误会的。文学是历史的一部分，文学文本也同样是物质文化生活的其他方面的语境，正如它们是文学的语境一样。我们非但不应该抹煞互文性问题，相反应该去扩大它，这样才可以认识到社会文本和文学文本两者都是混浊的、自我分裂的、多孔隙的，也就是说，它们对来自双方的互文性影响都是开放的，这意味着赋予文学以真正的力量。文学并不是被动地反映外在现实，它本身就是一个建构文化的现实动因。它是一个更大的象征系统的一部分，通过这个象征系统，某一特定历史时刻的世界才会上升到观念的层次，文化才能想象出它与自身存在的实际条件之间的关系。总之，我们所看到的并不只是一个等级关系，文学寄生其中，被动地反映历史事实，而是一个错综复杂的文本化世界，文学参与其中的历史过程，参与对现实的政治管理。"[①] 格林布拉特将大量史料组合为新的历史叙事，用以说明文学与社会历史的流通关系。本质上这种关系和阿尔都塞的"异质同构"概念不同，它强调了文学与社会历史互相塑造的动态关系。格林布拉特将政府职员、各种社会机构、司法人员、庄园、金币伪造、文艺复兴时期的语法、语言教学与莎士比亚的方言并置研究。在格林布拉特看来，文学不是一种孤立的人类实践活动，文学是在由政治、经济等构成的宏大的社会舞台中形成的特殊精神活动。从某种角度讲，文学从最初的创作形成到读者的欣赏接受，再到文学理论批评都是社会的产物，也是社会活动和生活事实本身。

格林布拉特说："仅就我所选择的职业而言，没有文学，我实际上等于死了。如事实所证明的，我设法通过了相当于神职人员豁免权的考试：我顺利地背出我的保命诗，被授予终身教职延续职业生命。当然，我反过来也考别人；我所从事的和继续从事的职业，将文学用作一个复杂的认证过程中的很小但却重要的步骤，用作安排和调整社会地位的一个体系。"[②] 这段话揭示了文学参与现实生命活动的现实性。文学是一种精神活动，也是很多人的生存方式和赖以存活并不断改善社会地位的一种方式，所以文学首先是一种生命存在呈现的方式，里面浸透着关于政治、经济、名誉等多重质素，所以著名史学家柯林伍德说，一本书其实就是一个人的命运，这句话十分恰切地说明了充满思想的书籍与生命

---

① 吉恩·霍华德：《文艺复兴研究中的新历史主义》，载《文艺学与新历史主义》，社会科学文献出版社 1993 年版，第 101 页。

② ［美］格林布拉特：《什么是文学史》，孟登迎译，陈永国校，原载美国《批评探索》（*Critical Inquiry*）1997 年第 23 期，第 460—481 页。www. xschina. org. 2005 年 2 月 1 日。

真实活动的内在关联。书的言说不是僵化的字句堆积，而是生命鲜活的流动，通过语言的言说构筑了生命之流，这也是作者向世界的宣言和奉献。书是无声能量之源，通过语言神秘的符号，渗入人的生命意识层次，成为构塑人类的最可宝贵的力量，成为生命创造的最有用的催化剂。

格林布拉特的新历史主义与文化诗学批评理论改变了传统学者（包括历史学者和文学批评者）眼中历史与文学的关系。历史因历史本身潜藏着的文本性和话语叙述性的彰显，而与文学有了更多的理论和现实关联。文学对历史事件的反映和描写，不仅揭示在特定历史背景下的社会现实和人们的日常生活状态，而且涉及了当时文学与政治权利、意识形态的关系。格林布拉特的新历史主义与文化诗学以独特的研究方法和理论思维方式改变了文学理论批评的研究范畴，对文学研究产生了革命性的影响，并广泛渗透到小说、诗歌、戏剧以及电影、电视等多种文艺样式之中，体现于创作实践和理论批评等各个文艺活动层面，具有重要的理论价值和现实意义。

学者周小仪精辟地指出，现在无论是在文艺创作领域还是在文化批评领域，传统的形式概念已经发生了质的演变。本来完整和谐的语义结构以及自然生动的有机形式概念，已经让位于破碎的、多元的、开放的形式概念。如果用修辞学术语描述这两种形式的特点，可以说一种是完满和谐的隐喻，另一种是机械组合的转喻。专注于一棵古松的优美和谐并见出人格的刚强伟大，这是传统美学家的兴趣。翻检政府文件、找寻逸闻趣事、透视日常生活材料，并把这些费力拼合的素材同传统文本编排在一起，共同组合为一套新的叙事，这种工作是当代理论家福柯、赛义德以及新历史主义批评家的特色项目。档案馆里尘封的文献、日常生活的某些形式与作品中曾被人们忽视的边角内容，这些过去文学理论家们不屑一顾的材料如今被重新加以剖析，并具有了真实而重要的意义。因此，这种文论的意义超乎了审美、政治、秩序等表面的价值之上，它寻绎着历史演变的深层诱因，力图揭示在普遍的历史阐释后面的动力机制。文学现象不再是文学艺术领域自主性神话，而是被膨胀为社会性的文化因素，文学活动成为文化批评的重要组成部分。同样，文化批评不可能局限于文学作品本身，它的触角几乎覆盖了社会生活的各个方面。①

二　文学文本与社会能量的商讨与交易

传统的文学理论坚持认为“文学艺术是对社会生活的模仿和反映”，这种静态的、稳定的文学理论观念已经不足以反映当代审美生活。作为当代审美实践的文学阐释，就是要发现审美话语和社会话语的多重交流的复杂关系。为此，格林布拉特谈道：“当代审美实践试图建立一种阐释模式，以便更为恰当地解释社会物质话语和审美话语之间不稳定的交流关系，这是现代审美世界实践的核心。与这种审美实践相呼应，当代理论必须确立自身：不是在阐释之外，而是在谈判和交易的隐秘处。”② 格林布拉特在自己的理论著作中反复使用“流通”（circulation）和“交易”（exchange），就是基于此种理解。

格林布拉特认为：“语言，像其他符号系统一样，是种集体构造物。我们的阐释任务，因而必须更加敏感地去把握上述事实的后果，对文学文本世界中的社会存在以及社会存在之于文学的影响实行双向调查。”③ 格林布拉特将语言的能量传递揭示出来，语言并不是像眼见的那么单纯，而是运行了思想，并参与构建了客观现实，也是生命创造的重要质料。格林布拉特通过对文艺复兴时期的莎士比亚戏剧的研究，以具体的审美实践阐释新历史主义的对理论疆界的跨越。格林布拉特谈到新历史主义跨越了文学批评和文学的坚实领域，他倾向于就其本身的方

① 周小仪：《从形式回到历史——关于文学研究方法论的探讨》，载《北京大学学报》2001年第6期。

② 格林布拉特：《走向一种文化诗学》，盛宁译，载张京媛主编《新历史主义与文学批评》，北京大学出版社1993年版，第15页。

③ 格林布拉特：《〈文艺复兴自我造型〉导论》，载《文艺学与新历史主义》，社会科学文献出版社1993年版，第80页。

法论假设本身提出问题，促使我们不仅对《查理二世》，而且对大卫·威尔逊的《查理二世》进行意识形态状况的研究。[①] 文学作品本身和文学批评活动常常共同构成社会政治和意识形态的内容，《查理二世》的上演和随之而来的文学批评活动，引起了伊丽莎白女王对权力的紧张和忧虑。1601 年，埃塞克斯将军组织反对女王的暴动失败，这时《亨利五世》正在上演。在《亨利五世》的结尾，歌队唱道："再打一个充满显赫但也同样深情的比喻，正像如今我们仁慈女王手下的那位将军，要是他在不久的将来从爱尔兰归来，在他的剑尖上挑着被镇压去的'叛乱'，那时候会有多少人离开安静的城市出来迎接他！"格林布拉特认为，歌词中"一个充满显赫但也同样深情的比喻"即使经过了谨慎小心的权衡，歌队的话还是显示出支持埃塞克斯的迹象。他们的意图似乎是要向伦敦的群众灌输一个成功起义的概念，也许还是为鼓舞密谋者自己的士气。至少他们被捕后，当局是这么认为的。当时的密谋者为演出提供了 40 先令的资助，于是这部剧按要求上演了。女王很生气地说："我就是理查二世，你们看不出来吗？"宫内大臣剧团迈向了更危险的境地。两个核心叛党受审时都被问到这场演出，仿佛他们已经成了密谋的一部分。但为剧团辩护的奥古斯丁·菲利普斯设法使法官相信，演员们是完全不知情的。他说："他们只是为了比平时多挣 40 先令，所以按照要求演出了。"[②] 这一事件展示和渲染了剧作中的政治、权力和历史内涵。文学艺术与社会的整体文化氛围、权力、政治、意识形态整体等有着隐秘多向的关联。

实际上，格林布拉特是以文化人类学的方式将整个文化当作其研究对象，而不是像以往新批评、形式主义等理论仅仅研究人类文化中被人们视作文学的部分。因此，格林布拉特论述说："文学批评实践再一次对严格区分'文学前景'和'政治背景'的理论假设提出挑战，甚至

---

① Stephen Greenblatt, *Introduction to The Power of Forms in the English Renaissance.* 载张中载、王逢振、赵国新主编《二十世纪西方文论选读》，外语教学与研究出版社 2003 年版，第 598 页。

② Stephen Greenblatt, *Will in the World*, NewYork: W. W. Norton&Company. 2004, p. 309.

广泛地说，对审美生产和其他形式的社会生产的区分提出了挑战。事实上，这种区分并不是内在于文本之中的，而是被艺术家、观众、读者构建和不断抽取出来的东西。一方面，这种集体社会阐释把审美可能性的范畴限定在给定的再现模式之中，另一方面，这种审美可能性模式又和社会制度、实践活动、由信仰所构建的整体文化等复杂网络联系起来。”①

格林布拉特认为，艺术作品的形成隐含着社会能量的商讨（negotiation）与交易过程，涉及社会的主宰通货——金钱与声誉，从而揭示出艺术和社会、历史、经济的复杂关联。在格林布拉特看来，文学理论和文学批评从来就不是囿于特定专业领域的独白话语，尤其是声像、信息时代，好莱坞电影、电视节目、小说等文学艺术以更为广泛的方式潜移默化地构塑了人们的生活，同时人们的现实生活、政治力量、经济利益等现实因素又成为文学作品产生的温床。真实的生活和艺术、审美之间并非是完全不同、截然区分的两回事。艺术和审美是构成我们生活的一个重要的维度，同时，艺术和审美对现实生活具有渗透、凝聚和构塑作用。审美存在、生命活动是无法离开社会因素的构塑和影响的，人的生命活动从一开始就不可能是原生态的，就注定是社会空间里有限的个体存在。

格林布拉特的关于各种社会能量之间的“商讨”的概念，得益于马克思主义关于经济基础与意识形态互相作用的理论。这种“商讨”意味着各种社会能量潜在的交易和各种能量的转化。格林布拉特常常是以自己个人的学术经历来阐释，人与文本的关系总是受着各种因素的影响而被构塑。所谓“商讨”，既是世界与文本的商讨，也是各种文本之间的商讨，是诸种社会能量之间的商讨。

为此，格林布拉特在《通向一种文化诗学》中详细列举了三个实

---

① Stephen Greenblatt, *Introduction to the Power of Forms in the English Renaissance.* 载张中载、王逢振、赵国新主编《二十世纪西方文论选读》，外语教学与研究出版社 2003 年版，第 600—601 页。

例。第一个实例是里根总统在其政治生涯的关键时刻，不经意地援引了通俗电影道白以及白宫发言人的政治解释。艺术与现实、虚构与政治、审美与真实原本就是不同的，存在着确定的界限，因此构成“差异性”，但是在历史的发展中，这种种界限又总是不断被消解，从而形成权力独白话语所构成的“整体性”。格林布拉特阐述说，里根总统的性格“是在两个相互替代的过程的汇合中产生的，一种引发出40年代冷战时期的反颠覆，并且支撑了它在80年代的新的抬头趋势，其政治矛头由针对纳粹主义变成了针对共产主义，由此有了国家安全的局面；另一种则是由具体的自我向它的银幕幻象的心理转变”。[①] 电影与现实生活界限的跨域，造成了总统自我形象的演变，这种演变说明了演艺资本与政治资本的一种“交易”和“商讨”，艺术与资本的关系产生了实际的政治结果。格林布拉特认为，总统援引道白时是承认借助于审美的，这也就否认了政治生涯与审美艺术的功能性区别的存在。当他这样做时，他肯定没有顾及总统的话语和过去使用的虚构话语的区别。但是，他从演员过渡到政客就是抹除了这种区别，尽管政治话语是他所代表的法律和经济体系的代码。

正是在这种疆界的确立和颠覆的过程中，文学艺术与社会生活等种种历史关系因为渗透和融合产生了新的意义。格林布拉特是用“振荡”(oscillation）一词来说明“完整性”与“差异性”的相互关系。“振荡”意味着文学艺术和社会生活的各种因素既确立又消解的多重复杂运动，这构成了美国日常生活的诗学本质。“问题的关键在于不仅仅是政治而且是生产与消费的整体结构，即对日常生活和意识的系统的组织状态，产生了我刚才描绘的图式：疆界的确定和消解，在各具明确界限的事物与独白话语的整体性两级之间摆动。”[②]

---

① Stephen Greenblatt, *The Greenblatt Reader*, Edited by Michael Payne, Blackwell Publishing, 2005, p. 23.

② Ibid., p. 24.

第二个实例是约塞米蒂（Yosemite）[①] 国家森林公园自然状态和各种现代标识牌并陈的局面。山风、瀑布、岩石、峭壁和铭牌共同构成约塞米蒂（Yosemite）国家森林公园独特的景观，艺术与自然的界限早已被打破，在现代城市，不存在一种绝对没有人工痕迹的自然场景。意识形态权力的规制在约塞米蒂（Yosemite）国家森林公园也是存在的，高尔夫球场的建设、豪华宾馆、纪念品商店，种种现代化设施的进入，标志着私人财产和公共财产、艺术与自然、娱乐与经营等界限的消解和确立，也意味着种种潜在的社会能量的交易和流通。

第三个实例是美国作家梅勒（Mailer）的畅销书和杀人犯的生活际遇。犯人吉尔摩（Glimore）因为杀人抢劫主动请求死刑，因为美国很久没有这一刑罚了，这件事激发了出版公司的商业需求和作家梅勒的创作冲动，出版社委派梅勒进行调查采访，梅勒经过真实生活调查之后，写出了《死刑犯之歌》（*The Executiopner's Song*）。因为小说的广泛的媒体宣传和舆论轰动，引起了杀人犯爱波特（Abbott）的注意。杀人犯爱波特于是写信主动要求向作家梅勒提供监狱生活的细节，梅勒发现了爱波特监狱生活叙述的文学性，并根据这些详尽的监狱生活信息，写出了《野兽的肺腑之言》（*In the Belly of the Beast*）一书。此书一经出版，就引起巨大的社会反响，获得了广泛的成功。爱波特也成为名人，在梅勒的帮助下假释出狱。但是不久爱波特又因为杀人而入狱，梅勒又以此事件为蓝本写出了另一本同样名叫《野兽的肺腑之言》的剧本，这个剧本又十分畅销。在格林布拉特看来，艺术作品是一系列人为操纵的产物，主要是在原作形成过程中受到的操作。也就是说，艺术作品是一系列商讨（negotiation）之后的产物，艺术家掌握了公认的创作成规和话语符号，使交易和商讨获得成功。物质和话语间存在着不稳定的阐释交易范式，这是现代审美实践的核心所在。格林布拉特引用了前民主德国

① Yosemite 位于美国加利福尼亚中部国家森林公园。

马克思主义者罗伯特·威曼的话说明这一情况：把某些东西占为己有的过程，与把其他东西（和人）当作异己是不可分割的，占为己有的行为不仅总是包含了自我表现和汲取，而且也包含了因为具体化和所有权的剥夺而造成的异化。[①]

格林布拉特的着力分析介绍，以三个典型现实的事例廓清了文学艺术与社会生活的隐秘关系，也用具体事例说明了文学文本与社会文本的互文性，即“商讨”“交易”“流通”。这种交易和流通不是经济学名词的粗俗借用和表达，而是指向一种思想能量的运作。在某种情况下，生命意识和思想能量相互震荡，使生命事件发生运作与转化。这种表达，不是一种物质存在的表达，而是一种思想的洞见和特殊体验。格林布拉特在文章中称自己关于“流通”（circulation）的概念是受到雅克·德里达作品的影响而使用的，更主要是受到了美国政治流通的快节奏的启发。新闻、娱乐、权力、意识形态和军事黩武主义政治结构等，一切都在极速流通，从而构成了“美国日常行为的诗学”。

为此，格林布拉特说，“官方文件、私人文件、报刊剪辑等材料往往由一种话语领域转向另一种话语领域，并且成为审美财产。我们就需要运用新的术语来描述这种方式”。[②] 在这里，物质的社会因素转变为审美内容，从而必然使审美的内容渗透着现代时空中的社会效用、媒体和作家等人的经济利益、诸种社会能量的隐形谈判和潜在交易等诸种因素，所以，作为文学与艺术的审美活动与社会生活的关系是多向往返的、多层面的、多声部复调的。格林布拉特说：“我认为，如果把社会话语领域向审美领域的转换这一过程看作是单向的过程是错误的，这不仅是因为在这种（梅勒创作）情况下审美领域和资本主义经济活动紧密联系在一起，而且因为社会话语本身已经担负了审美的能量。”[③] 梅

---

① Stephen Greenblatt, *The Greenblatt Reader*, Edited by Michael Payne, Blackwell Publishing, 2005, p. 24.

② Ibid., p. 27.

③ Ibid..

勒在小说创作的成功运作过程中，肯定包含各种社会利益和社会力量的驱动、各种社会力量的参与，文学创作并非仅仅是作家纯粹的想象的产物，而且是一种社会存在和社会活动。文学艺术和社会活动在历史的某个时刻和某些事件中不存在着明确的界限，正是在不同话语领域的界定与整合的过程中，产生了历史的无限张力。

实际上，后殖民主义文论家霍米·巴巴在探讨异质文化的关系时和格林布拉特一样，也常常使用"商讨"（negotiation）或者"杂交性"（hybridity）概念。盛宁认为："这种异质文化文化之间的商讨不是一种绝对的否弃（negation），而是一种将对立的或矛盾的成分同时给予表述的历时过程。在霍米·巴巴看来，异质文化之间势必发生碰撞，这种碰撞无论是敌对的，还是互补的，都是一种话语实践。它们在表征层面上所反映的文化差异，决不能迫不及待地就认为是一成不变的传统中的既定的种族属性和文化属性。因为文化差异的社会是一个非常复杂而且持续不断的'商讨'行为，'商讨'的目的就是要设法使历史转变过程中产生的文化的'杂交性'得到肯定。至此，我们可以说霍米·巴巴对'后殖民主义'文化批评中关于文化的定位与新历史主义基本相同。"①霍米·巴巴使用"商讨"概念主要是指异质文化之间的交流、碰撞、重构，而格林布拉特所说的"商讨"概念包含了人类一切文化领域的、诸种文本的社会能量的碰撞与交流。这一名词既是格林布拉特理论阐述的关键性概念，也是新历史主义与文化诗学的核心概念，如若去除了这一概念，新历史主义与文化诗学的很多理论阐释都无法成立。

三　文本阐释中的审美效果："惊叹"与"共鸣"

"惊叹"与"共鸣"都是文学批评史上经常使用的概念，这些概念大多与美学欣赏有关，其中蕴含了人类对未知世界的神秘感觉。中世纪郎加纳斯（Pseudo-Longinus）的《论崇高》首次从审美的角度论述了

① 盛宁：《人文的困惑与反思》，三联书店 1997 年版，第 186 页。

“崇高”的概念，对西方美学产生了重要的影响。在《论崇高》这篇信里，郎加纳斯谈道：“崇高就像闪电一样在恰当的时刻驱散了所有的一切，并立刻极为丰富地展现了演说者的力量。”[①] 从而提出了著名的观点：“崇高就是伟大心灵的回声”。郎加纳斯认为，作家的伟大人格是文学作品崇高风格形成的主要原因，作家伟大人格在作品中的流露，引起读者心灵的“共鸣”和赞叹，对于像《奥德修斯》这样的伟大作品，读者能够感受到的是作家和作品人物所体现的崇高之感，这种感受过程也就是伟大的人格与崇高的心灵之间的碰撞与交流的过程。在郎加纳斯看来，“对于那些想向古人学习的人说来，从古人伟大的气质中，就有一种涓涓细流，好像从神圣的岩洞中流出，灌注到他们的心田中去，因此，连那些看来不容易着迷的人也受到了启示，在古人伟大的魅力下，不觉感同身受”[②]。这种像涓涓细流一样伟大的人格气质的流露，就是文学作品魅力之所在。在郎加纳斯看来，即使是一个质朴的想法本身，即使没有说出口来，但是因为其灵魂中所蕴含的伟大的因素，常常就会令欣赏者感动。郎加纳斯说，阿雅克斯（Ajax）在冥界的沉默是伟大的，这种沉默比任何语言都更为崇高。[③] 在《崇高》中，郎加纳斯多处运用了“回声”（echo）这个词语，其中蕴含了“崇高”这种现象所引起的精神上的“共鸣”和“惊叹”，它意味着像闪电一样超越一切界限，弥漫广阔世界的力量。郎加纳斯的阐述涉及读者对文本的反应和接受，但是这种阐释只局限于伟大的作品和具有伟大心灵的读者，这与格林布拉特所提到的文本的“共鸣”和“惊叹”是有区别的。在格林布拉特看来，一切文本，包括社会生活的一切文化领域，都隐含着某种可以引起“惊叹”和“共鸣”的诗性品质，也就是说，社会生活并不像我们所想象的那样缺乏艺术性。格林布拉特在探讨文本的“惊叹”和

---

① Pseudo-Longinus, *On the Sublime InCritical Theory Since Plato* edited by Hazard Adams and Leroy Searle. 第3版上册，北京大学出版社2006年版，第95页。

② 同上书，第98页。

③ 荷马史诗《奥德修记》（*Odyssey*）中的英雄。

"共鸣"的因素时，理论视域比郎加纳斯要宽泛得多，甚至涉及整个人类文化的一切领域。

维柯把"惊奇"看作人类诗性智慧的首要的范畴。在维柯看来，人类童年时代对自然界事物处于天真无知的状态，惊奇唤醒了人们的心灵，因此导致了惊奇的现象发生，惊奇的对象愈大，惊奇也就变得愈大。维柯说：好奇心是无知之女，是知识之母，是开人心窍的，产生惊奇感的。凡俗人至今还保留着这种特性，每逢看到一颗彗星、一种太阳幻象或其他自然界的离奇事物，特别是天象中的怪事，他们马上就动起好奇心，急于要了解它有什么意义。他们看到磁石对铁的巨大作用就感到惊奇。就连在现代，人的心智已受到哲学的教导和感发了，他们还认为磁石对铁有一种秘奥的同情，因而把整个自然界看作一个巨大的躯体，能感到情欲和恩爱。[①] 在维柯看来，惊奇引发了原始先民的想象力，从而焕发了一种天然的创造力，"能凭想象来创造，他们就叫做'诗人'，'诗人'在希腊文里就是创造者'"。[②] 因为对世界的惊奇，产生想象和创造力，于是产生了生命的诗性智慧和诗性品质。诗性逻辑是通过隐喻而产生具体的感性意象，这种感性意象的产生，是诗区别于哲学的主要因素。

维特根斯坦在思考世界神秘的实质时，也谈到对于"惊叹"的理解。他说，从美学上讲，奇迹在于世界存在，在于存在的东西确实存在。[③] 这种世界存在的奇迹在艺术家的作品中被表达为"惊叹"，对于世界实在性的把握就在于用一种新的观察方法和思维表达方式，用一种诗意的力量体会世界的实在意义。所以维特根斯坦说，"今天，闪电比两千年前似乎更为常见，更不令人震惊。人必须清醒过来表示惊奇。大概所有的人都应该如此。科学是重新使人入睡的途径"。[④] 在世界素朴

---

① ［意］维柯：《新科学》，朱光潜译，人民文学出版社 1986 年版，第 163 页。

② 同上书，第 162 页。

③ Ludwig Wittgenstein, *Notebooks: 1914 – 1916*, Harper Torchbooks, 1969, p. 86.

④ ［英］维特根斯坦：《文化与价值》，黄正东、唐少杰译，清华大学出版社 1987 年版，第 7 页。

的平淡无奇、司空见惯的表象里，存在着使人惊奇的诗性魅力，要用新的思维方式来把握生活的诗性，这是维特根斯坦的本意。和维柯不同的是，维特根斯坦把“惊叹”看成是一种新的观察方式和思维方式，而不是一种来自对世界无知的应答和想象。

读者批评理论的重要代表性人物姚斯认为：文学作品并不是孤独地站在那里，向每个时代的每个读者展示同样的面孔，它不是一座独自喃喃诉说自己不朽本质的丰碑，它更像一曲管弦乐，永远在读者心中激起新的回响，它把文本从言词材料中解脱出来，赋予它以现实的存在：“言词在向人诉说的同时，也必须创造一个能够理解他们的对话者”。文学作品的这种对话性决定了语言研究必须不断地面向文本，而不能简化成对事物的理解。[①] 由此看来，姚斯不仅注意到了文本内在蕴含的对话性，而且注意到了文学作品的内在魅力所引动的读者心中的“一曲管弦乐，永远在读者心中激起新的回响”，姚斯的观点与格林布拉特的观点很相似。

西方马克思主义文论家本雅明也曾经论述道，现代艺术手法（例如布莱希特的“陌生化”效果）会产生震颤，有助于帮助现代人打消由大机器所造成的麻木，在震颤中引发对现代资本主义社会的反思。这种震颤效果与格林布拉特所注意到的文学艺术的诗性魅力效果基本相同，但是出发点不同。本雅明的艺术震颤效果主要来自于现代艺术手法的独特运用；而格林布拉特的“惊叹”“共鸣”主要是指文本和生活世界所蕴含的艺术魅力和审美情感，它超越了人们的想象力，也引发了人们持久的想象力，这种艺术魅力和审美情感是使文本和世界意义得以生成的不可或缺的因素。格林布拉特在论文《共鸣与惊叹》（*Wander and Resonance*）中阐述了新历史主义对“共鸣”与“惊叹”的理解和看法，这两个词也因此成为新历史主义批评理论的核心名词之一。格林布拉特说：“当我们想到我们的文化并不是以过去文本的踪迹，而是以鲜活的

① 参见朱刚编著《20世纪西方文论》，北京大学出版社2006年版，第244页。

可见的踪迹出现展现自身时，我们就很容易把握‘惊叹’和‘共鸣’两个概念。因为后者在画廊、博物馆就特别为这个目的为我们展示着。但是这些过去的对象的力量（the power of objects）展示就在于超越外在的界限到达广阔的领域，它的出现唤醒了观众复杂的、充满活力的文化力量。”①

格林布拉特尽管强调意识形态无处不在的权力结构，那种普遍的抑制颠覆和塑形，但是格林布拉特也注意到了伟大作品超越意识形态的特点，因为吸收了特定时代的语境因素，而产生了艺术作品伟大的艺术力量。格林布拉特在分析莎士比亚戏剧《李尔王》时这样说《李尔王》的意识形态和历史情境所产生的振摆，即同时发生的肯定与否定，那持续不断地对它所肯定的东西加以破坏，对它自己的活动进行质疑——一句话，那高度自觉的审美意识，都引导我们去赞美该剧的普遍性、文学性，以及它对一切意识形态的超越。②

格林布拉特在《〈文艺复兴时期的自我造型〉导论》中谈道：“在这本研究自我造型的专著里，文学文本是我所关心的中心对象。这一半是因为，如我这本书期望能表明的那样，伟大的艺术是对于复杂斗争与文化和谐的极其敏感的记录；另一半原因则是，出于喜爱与专业训练习惯，我所拥有的阐释能力无论有多少种，它们终会被文学的共鸣性质释放出来。”③ 这里，格林布拉特所提到的“文学的共鸣性质”，主要是指文学文本中所包含的审美内涵，其中也包含了各种社会能量的相互作用的张力，它激活和产生了新的文本力量。所以文学阅读不是一个对象化的过程，而是一种能量的冲突、融会和交流，也是自我力量的形塑与新的文本创作过程。

---

① Hazard Adams and Leroy Searle, ed., *Critical Theory Since Plato* 第3版下册，北京大学出版社2006年版，第1482页。

② 格林布拉特：《〈李尔王〉与哈斯奈特的〈魔幻虚构作品〉》，载《体裁》（*Genre*）1982年第15期，第242页。

③ 参见格林布拉特《〈文艺复兴时期的自我造型〉导论》，载《文艺学与新历史主义》，社会科学文献出版社1993年版，第80页。

在《惊叹与共鸣》这篇文章的开端，格林布拉特讲述了收藏在牛津基督教会学院（Christ Church）学院图书馆小玻璃盒子里的、圆的、宽边的、红衣主教威尔斯（Wolsey）的帽子的历史经历与文本内涵。红衣主教威尔斯（Wolsey）是亨利八世前期主持英国外交事务的大臣。据说他为了避免引起英国与强大的西班牙——神圣罗马帝国交恶，没有尽快办妥亨利八世与第一任王后凯瑟琳离婚，因此得罪了亨利八世，被解职，死于解往伦敦的途中。威尔斯（Wolsey）出身普通平民家庭，成年后以生活奢侈堂皇、富敌皇家而在历史上闻名。在这位红衣主教盛极一时、权倾一方的时期，曾经捐资筹建了牛津红衣主教学院，威尔斯（Wolsey）死后被改名为基督教会（Christ Church）学院。汉普顿宫廷、伦敦的白厅宫、剑桥的三一学院，都是威尔斯（Wolsey）捐资建造的，它们和这顶红衣主教的小帽一样，从最初的捐资建造者那里被剥夺了所有的有效权力。亨利八世所代表的皇家历史权力以一种出人意料的方式占有了一切。这顶威尔斯（Wolsey）的小圆帽从很多人手里辗转交易，最后回到牛津基督教会（Christ Church）学院图书馆的小玻璃盒子里。

威尔斯（Wolsey）的小圆帽是由很平常的一点红色布料做成的，但却是复杂文化符号结构系统中的一个因素，它蕴含了威尔斯（Wolsey）从屠夫儿子到红衣主教的巨大社会地位转变的种种意识形态政治权力内涵。格林布拉特因此感叹："如果说一件工艺品的小历史（miniature history）分量太轻而不能产生什么效果的话，然而它却无疑唤醒了一种关于文化产品的幻像，这正是我所感兴趣的地方。威尔斯的帽子的旅行，说明艺术品并不是静止不动的，它存在于时间之中，充斥了个人的、制度的冲突、商讨和占用的因素。"① 后来，格林布拉特又解释说：博物馆里的艺术品摆在那里是沉默的，如果参观它们的人听到它们的声音——常常是伴随着讲解员录音的声音——这些声音是很不容易理解的，但是却是审美体验的本质。②

① Stephen Greenblatt, *Resonance and Wonder*, In *Learning to Curse*, Routledge, 2007, p. 216.

② Ibid., p. xiii.

由此可以看来，格林布拉特重视社会文化文本的丰富历史含量和审美品质，注意到了不同文化文本之间的互动式“共鸣”，这种共鸣意味着不同社会价值能量的流通、碰撞和较量。正如格林布拉特所说：“如果文化诗学意识到它作为阐释者的地位，这种意识应该进一步扩展，直到承认它不可能完全重新建立并且重新进入十六世纪的文化；同时也承认，一个人在这种阐释工作中是不可能遗忘自己所处的环境的：我的这本书清晰表明，我针对自己的材料提出的问题，而且实际上这些材料的性质，统统都受到了我向自己提问的支配。然而我不会在这种混杂不纯性面前退缩——它们是新式研究方法的代价，甚至可能是其中的优点——但我已经试图补偿因此的犹豫不决和缺乏完整的毛病。办法是不断返回个别人的经验与特殊环境中去，回到当时的男女每天都要面对的物质必须与社会压力上去，以及沉降到一部分具有共鸣性的文本上。”①因此，对所有特定历史文本的观照和阐释肯定都包含着阐释者的当代文化视域，也受着阐释者文化视野和文化个性的局限。

在《学会诅咒》的前言中，格林布拉特还讲述了自己的一个奇怪经历，以此来说明“惊叹”和“共鸣”的变化无常。有一次他去开会，正当他站起来讲话时，他发现大厅的听众里面有一个人很像他的前女友。他吃惊地发现这个人就是大约25年前大学期间他曾经爱过的女子，虽然老了一些，但是不会错。从他最后看见她并与她讲话的时间起，大约四分之一世纪过去了，此后就没有相见。大约两个月前，他的母亲从报纸上发现他的前女友悲惨地死于乳癌。再次相见，“惊叹”的感觉弥漫了格林布拉特的身心，他快疯掉了。他讲话的声音也变了味。但是他突然想起来他的前女友有一个双胞胎的妹妹，她在另一所大学，自己以前很少见到她。果然，当他讲完话后，她走过来介绍自己，并且给他看关于她姐姐葬礼的报纸和一些早年他与姐姐恋爱的各种纪念品，从前的一切变魔术似的跳出来，又不可挽回地缓慢消逝了，慢慢地，“惊叹”

---

①　参见格林布拉特《〈文艺复兴自我造型〉导论》，载《文艺学与新历史主义》，中国社会科学出版社1993年版，第81页。

变成了“共鸣”。[①] 格林布拉特形象地解释了“惊叹”与“共鸣”的区别，他并不想让这种具有控制性的词完全保持稳定的状态。格林布拉特认为，文化诗学的愉悦之一就是一定要意识到在表面的断裂之间，甚至被压制的场域里面隐蔽的转换。“惊叹”是在看见墙上或国家犹太博物馆的玻璃盒子里的艺术品时发生的。这种“惊叹”不是由于艺术品本身而产生的，这些艺术品外表很朴素，而是因为博物馆的历史氛围和艺术品的历史与文化含量而产生“惊叹”。“共鸣”也是与历史氛围相伴而生的，艺术品在这里被发现，死去的人的声音像密码一样存在于物体之中，形成“共鸣”。[②]

格林布拉特曾经精彩地对自己的工作做了一个阐释。他说：“当然，书是沉默的，但是，作为一个对戏剧有特殊兴趣的文学学者，我或多或少地不断意识到语言转变为声音，并且声音在舞台上因为话语而存在的魅力。当然，这些实际的声音很快消失了，但是它们留下多重回声。我觉得我有一个重要的使命，或者起码是一个基本的职业回报——我能够听到并且理解这些回声。当然，我不是指能听到人们背诵或表演个别的文本，而是那种由文本所建构的语言体系所发出来的细微的声音。”[③] 从这段话里可以看到，格林布拉特把文学阐释当作是他生命中的一部分，不是外在的职业生存，而是一种与文本紧密相连的生命存在。对于他来说，所有的文字和文本都是有生命的，都有一种生命的低语，在商讨着，交流着，并发出某种惊叹与共鸣。

我们可以用休谟在《论人性》中所说的话来更好地诠释格林布拉特的理论感受：心灵是一种剧场，严格说来“里面没有同一时刻的单纯，也没有不同时刻的同一”，只有“一种永恒的流动和运动，一种连续不断的变化”。其中，“好几种感觉相继出现；它们来来往往，悄然

---

① Stephen Greenblatt, *Resonance and Wonder*, In *Learning to Curse*, Routledge, 2007, p. xv.

② Ibid., p. xiv.

③ Ibid., p. 8.

逝去，混入无限多样的情境之中”。[①]

四　多义的文化概念

格林布拉特在《什么是文学史》中谈到“适当的文学史不仅必须是跨学科的——诗的创造与所有其它话语形式相关——而且必须是跨文化的，停留于自身民族界线之内将一无所获，因为适于一种特殊话语实践的文化，只有通过将它与其它文化相比较才能得到理解”。[②] 格林布拉特的文化诗学受文化人类学的影响，把对文学的阐释扩大到整个人类的隐喻性文化结构之中，在文本的交流和商讨之间，完成关于“人”的“自我造型”。格林布拉特文化诗学的视域和眼光是没有局限、没有成见的。

格林布拉特曾提到莎士比亚、狄更斯等伟大作家借用他人故事和人物形象，创作了成功的艺术作品。但是这种借用不是想象力贫乏或者创作力枯竭的象征，因为他们本来就包含于我们语言里面最充满活力的、广大的、富有创造性的想象力之中。它象征了文化流动性的某些层面。这种流动性不是盲目的情感流露，而是一种“交易”（exchange），文化是人们通过像压制、批准、婚姻等制度交换物质、思想的特殊商谈网络（a particular network of negotiations）。[③] 应该说，对于文化的思考和理解是每一个严肃的学者的志业。英国批评理论家特里·伊格尔顿在著作《理论之后》中曾经谈道：“确实，按照传统，文化和资本主义几乎是对立的。文化概念是作为一种对中产阶级的批判而不是同盟发展起来的。文化讨论的是价值而非价钱，是道德而非物质，高洁而非低俗。它以人之力量本身为目的关注其发展，而非出于某种卑贱的功利动机。这

---

① David Hume, *A Treatise of Human Nature* , Oxford : The Clarendon Press, 1988, p. 253.

② ［美］格林布拉特：《什么是文学史》，孟登迎译，陈永国校，原载美国《批评探索》（*Critical Inquiry*）1997 年第 23 期，第 460—481 页。www. xschina. org. 2005 年 2 月 1 日。

③ Stephen Greenblatt, *The Greenbatt Reader*, Edited by Michael Payne, Blackwell Publishing, 2005, p. 15.

些力量形成了一个和谐的整体，它们不仅仅是一捆专门的工具。‘文化’意味着一种奇妙的组合。它是一个飘摇的庇护所，那些工业资产阶级用不着的价值和能量可以在此避难，那些在社会秩序逐渐式微的爱欲与象征、伦理与神话、感知与情感可在此建立家园。他从贵族式的高度，嘲讽下面那些云集于商业蛮荒之地的店主们和股票经纪人”。[①]

从这个意义上讲，伊格尔顿的“文化”超越了琐碎低俗的生活，是某种金钱的喧嚣与铜臭的骚扰之外的精神存在。坦率地讲，这样的文化是人类的一种理想，是精神的避难所。而在格林布拉特看来，文化就是历史存在和现实生活本身，它既包含着高洁，又藏纳着低俗。文化是无处不在的，文化隐藏在生活的每一个空间与时间里。格林布拉特在《文化》一文中谈道：任何文化都有一种普遍的符号经济，这种符号经济是由神秘的符码构成的，它激起人们的欲望、恐惧和挑衅。通过创作具有共鸣性故事的能力，他们掌握了丰富的想象力，更重要的是他们具有高度机敏的能力对任何文化中的最伟大的集体产物——语言——文学艺术家特别善于掌控这种经济。他们把符号物质从一个文化区域转移到另一个文化区域，增长它们的情感力量，改变他们的意义，并将它们与异域的其他物质联系起来，在一个广大的社会规划内改变他们的位置，从而操控经济的大权。例如，莎士比亚的《李尔王》就是取材于古代不列颠国王的一个家喻户晓的老故事，但是莎士比亚却能够把它改编成名剧。[②] 格林布拉特的感叹主要来自文学家成名获利的思考。因为掌握了语言这样的文化符码，文学创作与经济、生存等紧密联系起来。

伊格尔顿曾经说，快乐、欲望、艺术、语言、媒体、身体、性属、族裔，用一个简单的词来概括就是“文化”。文化也是那些文明的、人文主义的左派和实际存在的社会主义的市侩主义保持距离的手段。在这些动荡的年代，是文化理论而非政治、经济或正统哲学、与马克思主义

① ［英］伊格尔顿：《理论之沉浮》，邹涛译，载《中外文化与文论》第 13 集，四川大学出版社 2006 年版，第 190 页。

② Stephen Greenblatt, *The Greenbatt Reader*, Edited by Michael Payne, 2005, p. 15.

展开争议也不足为怪。① 文化包含着神秘的政治力量，它是人类全部的生存意义和全部生存内容的符码化。

实际上，人类文化精神的走向问题是人类殊为重要的永恒话题。具体到文化批评的理论和走向问题，蒋述卓在《批评的文化之路》的代序《走文化批评之路》中恳切谈到建立中国的文化诗学的迫切性和独特性。“建立一种新的阐释系统就刻不容缓地成为我们当下重要的任务。这种新的阐释系统就是文化诗学。文化诗学，顾名思义就是从文化的角度对文学进行批评。这种文化批评既不同于过去传统的文艺社会学中那种简单的历史批评或意识形态批评，又不简单袭用西方后现代主义文化或西方人所建立的第三世界文化理论的文化批评理论。它应该是一个立足于中国本土文化语境、具有新世纪特征、有一定价值作为基点并且有一定阐释系统的文化批评。”② 蒋先生提出了中国的文化诗学问题，这个问题与西方依然勃兴的“文化转向”是一致的。东方有圣人，西方有圣人，此心同，此理同。人类文化思想的发展与交流是积极的，学习西方还是学习东方，这在本质上并不重要，重要的是和谐、发展、进步。正如迪特·森椅哈斯在《文明内部的冲突与世界秩序》中所说，一个社会的核心凝聚力是文化。东西方文化思想有时候在一个相同的平面或平台上相逢，也许不是相互模仿，而是相互启发，心照不宣。在某一个平和理性的层面上，人类的所有理论都是相通的，也是互相诠释的。

格林布拉特曾经在《什么是文学史》中谈到，有一种文学史观与传统文学史的编年规则、因果观念以及对每一时代和国家的“重要书籍”进行枯燥的预见性选择和分析实践不同。这种文学史观把由语词构成的整个客体领域看作潜在的主题，反对在一种写作和另一种写作之间设想固定的、先验的差别，只关注在每一个时代出现的这种差别的实

① ［英］伊格尔顿：《理论之沉浮》，邹涛译，载《中外文化与文论》第 13 集，四川大学出版社 2006 年版，第 196 页。

② 蒋述卓：《走文化批评之路》，载《批评的文化之路》，中国社会科学出版社 2003 年版，第 3 页。

际应用，对颂扬自主性个性持怀疑态度，要求认识到所有的文学创造活动都涉及社会能量在全球的复杂流通。[①] 由词语构成的文本隐喻了人类精神的复杂层面，构成了人类的文化精神，传递着人类艰辛的探索和美好的追求，这种文化精神是没有学科界限，也没有固定模式的。可以说，所有的文学都涉及人类生存的意义，演绎了人类生存的秘密。对文学创造活动审视，意味着“社会能量在全球的复杂流通”，是一种新的文化创造契机。

总之，文化精神是所有民族的内在精神灵魂，是每一个民族的精神表征，也是整个人类生存的审美表达。德国文学家歌德说“我们重复一句：问题并不在于各民族都应按照一个方式去思想，而在他们应该互相认识，互相了解；假如他们不肯互相喜爱，至少也要学会宽容”。[②] 所以，赛义德的“理论旅行”理念很精彩。使理论向历史现实敞开，向社会、向人的需要和利益敞开，指向取自处于阐释领域之外或边际的日常生活现实的那些具体事例。当批评意识失去了对一个开放世界的积极意识之后，也就失去了它的本业。[③] 赛义德的观点与格林布拉特的观点某些层面有异曲同工之妙，理论向“日常生活现实的那些具体事例”开放，不就意味着文学文本与非文学文本边界的跨越吗？当然也意味着理论与生活的融合。

---

① ［美］格林布拉特：《什么是文学史》，孟登迎译，陈永国校，原载美国《批评探索》(*Critical Inquiry*) 1997 年第 23 期，第 460—481 页。www. xschina. org. 2005 年 2 月 1 日。

② 朱光潜：《西方美学史》（下），商务印书馆 1984 年版，第 435 页。

③ 参见［美］赛义德《理论旅行》，载《赛义德自选集》，谢少波、韩刚译，中国社会科学出版社 1999 年版，第 138 页。

第六章

无处不在的权力运作

人文学科文化理论中的政治、权力的概念已经不是指政治集团间的力量争斗，而是一种文化意义上的概念。这种政治概念不是军事政治，也不是国家政治，而是一种与生存意义有关的政治，是一种文化价值上的自我意识、自我肯定和自我身份的确定与辩护。而权力概念则主要是指社会存在中的对“自我”的人形成的建构、控制、排斥、压制的种种社会力量，它是一种社会权力结构形式，是一种看不到，但是可以觉察到的隐在意识形态政治力量。

本质上，格林布拉特的文化诗学的核心是文化政治和意识形态权力问题，他关注的不是文学性，不是审美，而是文化价值事件。在格林布拉特看来，文化就是生活本身，文化的冲突是生活本身的冲突。当然，格林布拉特的理论著作中从来都不乏对诗性的关注和思考，在诗性的生活和文本之间发生了什么事情？它对读者产生了什么影响？这些文本隐含着什么意义？它们之间有什么关联？这种种问题本身，就是格林布拉特理论研究的价值所在。当代美国批评理论家不是文学青年，他们具有清醒的自我意识，拥有整体的文化观。格林布拉特对文本的阐释的理论背后是他的价值观，这种价值观背后深蕴着他的生活方式和思维方式——一种美国式的日常文化和政治文化思考，在这样的理论架构之中，政治、经济、生活都在同一平台上得到审视和理解。

文学是开放的，文化也是开放的。格林布拉特对文本和生活自身意义的怀疑、颠覆、消解，凸显各种文本之间关系的不确定性、多样性、变化、难以控制的能量冲突和偶然性、不可通约性。格林布拉特把这一切都归之于权力的运作。

第一节 “政治”概念的阐释

涉及政治与意识形态权力问题，必须对新历史主义乃至整个欧美批评理论的“政治”概念有一个明确的认识，这种理论上的政治解读，是把握新历史主义以及其他当代欧美批评理论流派思想的关键因素。特别是国人对“政治”概念的理解与欧美文化批评理论中的理解尚有不同。要准确无隙地把握欧美文化批评的核心理念，在此必须对“政治”概念结合中国批评理论语境中的“政治”概念问题加以梳理。

20 世纪 80 年代初期，中国文学理论界普遍对“文艺为政治服务”的实用主义理论论调产生了反思与反感，人们急于摆脱文艺“他律”的潜在束缚。于是，文学审美性研究、文学主体性研究、文学语言研究非常风行，文学理论呈现向内转、重视审美“自律”的倾向。但是文学艺术毕竟不是脱离社会存在的乌托邦，文学艺术是深深嵌入文化思想领域的一块独特的历史人文价值场域，它必然与各种自然和社会因素息息相关。到了 20 世纪 90 年代，国人大量译介英美文化研究的最新成果，重新发掘文学艺术乃至文化在社会历史场域中动态关系与社会政治因素，学者们开始呼吁建立中国的“文化研究”思想基地。其中，文化批评理论中的“政治”概念成为一个最关键的部分。因为中国特殊的历史发展过程，文化思想界对政治讳莫如深，生怕陷入“庸俗政治化”“庸俗社会化”的理论陷阱，实际上文化批评理论的政治指向与宗派斗争、意识形态颠覆不甚相同。美国马克思主义和后现代主义文化研究理论家弗雷德里克·詹姆逊在《论“文化研究”》中说道：“文化研究是一种愿望，探讨这种愿望也许最好从政治和社会角度入手，把它看作是一项促成'历史大联合'的事业，而不是理论化的将它视为某种新学科的规划图。这项事业所包含的政治无疑属于'学术'政治，即在大学里的政治，此外也指广义上的智性生活或知识分子空间里的政治。"① 实际上，文化批评理论中所谈到的"政治"概念既是指传统意义上的某种特定现实的宗派政治力量，也是指文化与权力关系，即文化政治，它要求把握在不同语境中文化与权力的组合方式。

"文化政治之所以在现代性问题中占有一个突出的位置，是因为它关系到每一个文化群体的自我定位、自我理解和自我主张。它敦促属于不同文化和'生活世界'的人迎接异族文化和世界文明的挑战、为捍卫和改造自己的文化或'生活形式'而斗争。它逼迫人无时无刻不去思考在一个日益缩小的地球和日益扩大的人类交往范围里的'同'与'异'、'分'与'和'、'存'与'亡'、'兴'与'衰'的问题。"② 伊格尔顿曾经谈道："文化（美的生活、美的艺术）应该在其基本价值不被根本改动的情况下撒播于整个文化（迅速改变着整个社会），并且对传导这些价值的社会结构本身形成一定的挑战。"③ 文化是一种与生活方式有关的观念形态，是一种积极干预社会、凝聚社会精英力量、引导社会理想发展方向的政治姿态，其核心是参与社会的政治热情。因此，塞缪尔·亨廷顿曾经提出"文明冲突论"，认为文明是放大了的文化，是最高的文化群体和最大范围的文化认同，它确定人们的精神状态的同一性。冷战后新世界冲突的根源不再是经济或意识形态，文化将是截然分割人类和引起冲突的主要原因。亨廷顿掩盖、忽略甚至不予表达的是：文化本身渗透了政治、经济的因素，文化是一种意识形态政治概念，它聚合了社会精神层面的全部理念。新时代的战争除了刀、枪、炮火、技术、导弹之外，更有文化的斗争。利益、秩序以及为利益秩序服

---

① ［美］弗雷德里克·詹姆逊：《论"文化研究"》，载《快感：文化与政治》，中国社会科学出版社1998年版，第399页。

② 张旭东：《尼采与文化政治》，载《批评的踪迹》，三联书店2003年版，第198页。

③ 伊格尔顿：《历史中政治、哲学、爱欲》，马海良译，中国社会科学出版社1999年版，第135页。

务的政治机构涵盖了日常政治的内容，一切都变成了经济问题，一切都变成了技术问题，而内在的精神价值取向和意识形态征服被遮蔽了。在和平的环境里，政治的斗争往往内化为文化的渗透和价值观念的颠覆，这种斗争更为隐蔽、更为剧烈，从某种意义上讲，在当代，“政治”是以文化的模式出现的，文化就是政治的另一种面目和符码。

包括新历史主义理论在内的文化批评理论中的“政治”概念，是一种事件，也是有关种族、阶级、性别、民族性等复杂因素交织在一起的整体社会结构中的既斗争又妥协的关系，是人与人、人与社会之间的某种结构状态。21 世纪初，卡尔·施米特谈到政治概念时说：“在政治领域，当人们互相面对时，他们并不是什么抽象物，而是在政治上有利害关系、受政治制约的人，是公民、统治者或被统治者、政治同盟或对手——因此，在任何情况下，他们都属于政治范畴。在政治领域，一个人不可能将政治的东西抽取出来，只留下人的普遍平等。经济领域的情况亦复如此：人不是被设想成人本身，而是被设想成生产者、消费者等等；换言之，他们都属于特殊的经济范畴。”①

在新历史主义的理论以及其他批评理论范畴内，涉及“政治”的概念时，实际上是把经济、宗教、阶级、文化、审美等社会生活各个领域的真正的实质性的关系和结构状态，以及它们内在强度的最坚硬的部分抽象出来。政治是无所不在的，是人生存于世界的实质。“政治”意味着在精神、物质双重纬度上贫穷受到富裕的强制、弱者被强者的压制、女性被男性压制、边缘被中心压制等。绝对的平等与自由是人类的理想化状态，但是不平等与不自由到了一定的质变的程度，肯定会导致正当性、合法性和主体性，在一个更坚实的历史理解和价值基础上建构新的政治局面，这意味着新的事物组合方式和动荡变化的局面。因此，文化理论家费斯克（J. fiske）谈道：“不能正确理解大众文化进步性的原因，是不能解释激进与渐进的差异与关系，不能区分日常生活的微观

① Carl Schmitt, *Crisis of Parliamentary Democracy*, trans. by Ellen Kennedy, MA: MIT Press, 2001, p. 11.

政治经济学与有组织行为的宏观经济学的差异与关系。缺乏宏观意义上的激进性与直接效果，并不意味着大众文化的东西是反动的、同谋的、妥协的，或没有声音的。它恰好表明，激进的左派学术理论家与政治理论家，因其宏观与激进立场而忽视甚至否定了微观与渐进。他们应当更加关注两者之间的关系，在什么条件下 90% 的看不见的政治潜力能够转化为直接政治运动。"[①] 不仅对大众文化理论批评语境来说，看不见的政治潜力是整个社会组织结构的常态，20 世纪后半叶的文化批评理论也都有这种政治意识形态批评的自觉性。对于新历史主义来说，政治不是现实生活的抽象物，而是现实生活的隐喻性结构。政治从某种程度上就是文本的隐喻性结构和现实社会生活本身。韦伯早在 20 世纪初就说道，"人是被尘世的种种法则束缚着的，在可以预见的将来，这些法则包括人为了争夺权利，可以甚至是不可避免地要发动战争；包括人必须在这些法则的限制下，去满足当下的需要，不管这种需要意味着什么。……因而，一切和权利国家的品质有关的东西，都必将不可分割地与驾驭整个政治史的'权力实践'纠缠在一起。"[②] 在新历史主义的文本阐释实践中，对潜存于文本诗性魅力之中的隐含的权力政治的揭示，就是一种现实生活实践，而不是一种抽象的理论教义。

可以说，"如果霸权结构有如此强的作用力，以致它能够控制甚至一个人自动运作的神经系统、呼吸能力，那么我们就必须面对这样一种经验性的'事实'，我们中的一些人（如果不是全体），在某些时间（如果不是全部时间）的确已被降低到在思想上和生理上（如果不是在本体上）正在实践着严酷的、被压迫的'事实'。因此，我们必须坚持不懈地与霸权进行斗争，不光为了思想的解放，也为我们的发言权和人

---

① J. fiske, *Understanding the Popular Culture*, Boston: Unwin Hyman, 1989, p. 161.

② Max Weber, *Between Two Laws*, *Political Writings*, ed., Peter Lassman and Ronald Speirs, Cambridge, 1994, p. 78.

身的解放。"[①] 这一见解，既富有代表性地说明了霸权政治的广泛与深度，又真实地说明了西方理论批评的政治严肃性。

在这样的理论语境下，格林布拉特的新历史主义与文化诗学理论，在文本阐释的理论实践中，力图洞见其文化与社会权力、经济关系和意识形态信仰的密切关联和理论共谋实质。实质上，政治问题是20世纪中期以后所有文化批评理论的核心和精髓问题，也是新历史主义批评理论的重要问题。新历史主义要求密切关注文化与权力关系在文本的社会历史语境中的实质，力主颠覆以往文学具有审美自主性的神话，从而在广泛的文化视域中，探索文化与政治密不可分的关系。

新历史主义揭示文本阐释中的意识形态权力的存在，是一种包含着巨大政治内容的形而上思考态势。应该注意到的是，任何一种思想文化理论对现实挑战和颠覆都只是一种手段，而批判的目的应该是建构，是吁求一种更人性、更合理、更有力度的思想理论架构和更加完美的生存可能性。"就其经典意义来说，文化的整体意义在于，它是一个平台，我们可以在这之上的一个十分快乐的超越时刻，把怪异表现手法统统悬置起来，然后回过头在一个基本属于人类的平台上相遇。"[②] 新历史主义力主跨越学科界限，重新认识文本中的历史含量以及它与社会发展变迁的关系，并深入关注弱者的边缘化地位和多元化存在状态。实质上，文化上的"自我造型"是新历史主义在文本阐释中揭示各种文本中隐含的文化霸权以及意识形态抑制与颠覆的政治动因。

第二节　权力运作和文本阐释：福柯的影响

20世纪70年代福柯到美国各大学巡回演讲，带来了思想的飓风，

① 阿卜杜尔·简穆罕默德：《在少数话语作为肯定形式的否定之否定：理查德·赖特作为主体的建构》，载《少数族话语的本质和语境》，第102—123页。转引自吉尔伯特《后殖民批评》，杨乃乔等译，北京大学出版社2001年版，第107页。

② 伊格尔顿：《文化之战》，载王宁主编《全球化与文化：西方与中国》，北京大学出版社2002年版，第145页。

对格林布拉特的文化诗学理论的形成产生了重要的影响。美国学者弗兰克·林特利查（Frank Lentrichia）曾经在论文《福柯的遗产：一种新历史主义?》中阐述了格林布拉特与福柯权力理论的关系。格林布拉特深受福柯的权力理论的影响，他不仅保留了福柯对权力的具体机构化特点，强调权力的不可触摸性，也认为权力是捉摸不定、实际上不可界定的理念。正如福柯惯常所作的那样，格林布拉特描述的权力同样也不是确定在一定的界限内——“而是从不知什么地方跑出来扩散到所有地方，并吸收一切社会关系以至使社会集团之间所有的争端与‘冲突’，都成为仅仅是政治纷争的表现，成为一场建立在一种单一力量基础之上的事先设计好的冲突剧。这种力量制造出‘对立’来作为其虚假的政治效果之一。格林布拉特关于那个‘我’的讲述，同福柯的一样，将把他失陷于专制性的叙事体作品，同当今世界成为恶梦般的方面这两者之间，构成戏剧化巧合。”① 林特利查所阐述的观点，权力“从不知什么地方跑出来扩散到所有地方”，同时也非常形象地说明了福柯对格林布拉特的弥漫性影响，甚至可以说，福柯是另一个层面的格林布拉特。如果说福柯更多是用理论阐述来表达对权力的理解，那么格林布拉特主要是通过对文艺复兴时期的文本分析来阐释权力的内涵。尽管福柯说理论就是一种实践，但是二者总有偏重，格林布拉特的文本阐释主要侧重于具体文本阐释实践。应该说，如果忽视了福柯就无法全面理解格林布拉特的思想。这种影响主要有两个方面：

一　内化为思维的权力

在福柯看来，政治权力是无处不在的，它已经直接延及个人的特征，能够触及他的肉体，浸染他的仪态、态度、言论、见习方式和日常生活。福柯认为，这种权力结构并不是以暴力形式或令人瞩目的外在形

① Frank Lentrichia, *Foucault's Legacy*: *A New Historicism*, In *The new Historicism*, H. Aram Veeser ed, New York and London: Routledge, 1989, p. 235.

式与人们的生活结合在一起的，而是以一种愉悦的方式潜移默化地进入人们的思想生活，影响着人们的生活理念和生活抉择。福柯说："人们在定义权力压制效用时，接受了纯粹法学概念上的权力。人们将权力等同于说'不'的法律，它首先是一种强制令。我现在相信有关权力的整个概念都是错误的、狭隘的、以偏概全的，奇怪的是人们却都相信这套说法。如果权力只是压迫，如果它永远说'不'，你真的相信我们会心甘情愿地俯首听命吗？权力之所以拥有控制力并令人接受，并不仅仅因为它具有否决的力量，还因为它普遍存在，创造出事物，产生出愉悦，形成学识，构成话语；它应当被视为遍及整个社会机构的生产性网络，而不是行使压制功能的负面机构。"① 在福柯看来，权力以知识和话语结构进入人们的生活内层，有时候它主要是以一种愉悦的、温柔的形式塑造着人们的生存，这种力量是遍及整个社会的一种潜在的权力网络。格林布拉特接受了福柯权力观，他认为有时候权力是一种令人捉摸不定的思维方式，它决定了人们的行为和命运，而文本的产生就是文本与社会力量之间"商讨"的结果，例如他对莎士比亚戏剧《奥瑟罗》的阐释。

在格林布拉特看来，莎剧《奥瑟罗》故事的产生是建立在奥瑟罗对男权力量的炫耀和抑制之上的。奥瑟罗在苔丝狄蒙娜的面前讲述自己的关于名誉和武功的传奇经历，这引起了苔丝狄蒙娜对奥瑟罗的强烈向往，这种向往是深植于女性内心之中的对男权力量的顺从和崇拜。可以说苔丝狄蒙娜所依附的是关于英雄的幻象。这种男性权力的运作导致了苔丝狄蒙娜对传统习俗的颠覆。苔丝狄蒙娜抗拒父亲的反对，自主走出父权的庇护和奥瑟罗结婚。苔丝狄蒙娜的婚恋反叛为她的生命悲剧埋下了伏笔。根据文艺复兴时期的家庭习俗，因为苔丝狄蒙娜对父亲的欺骗和反叛，她的婚姻本身基本上是建立在对父亲的欺骗的基础之上，所以肯定会有人怀疑她的真诚并质疑她婚后的贞洁。父亲布拉班修的出场和

① 朱刚编著：《二十世纪西方文论》，北京大学出版社 2006 年版，第 539 页。

伊阿古的诡计，总是在暗中提醒着奥瑟罗关于苔丝狄蒙娜的善变："她当初是骗过她的父亲嫁给了你；她装作惧怕你的面貌时候，她其实是最爱你的。"①

父亲与丈夫就像同一个男性权力的链条一样，因为一环松脱了，事件的秩序就是断裂的，悲剧迟早在这种断裂的空间里得以发生。再者，苔丝狄蒙娜建立在幻象基础之上的爱情还表现在她对外在习俗的跨越，因为奥瑟罗是有色人种。这种跨域并不意味着裂隙的弥合，而是表明历史的裂隙更为现实地、潜在地皲裂着。在这种状况下，奥瑟罗的自卑和极乐都似乎是不真实的，也因此不断地激起他内心的恐惧。在爱情的极乐中，奥瑟罗总是预感着潜在的终结和现实的断裂，说："摇荡的船也不妨爬上奥林匹斯山一般高的巨浪，然后再钻到地狱那样深！纵然现在是要死的，现在还是最幸福的时候，因为我恐怕我的心灵已经是绝对地满足了，在将来不可知的命运中不见得能有这样的慰安。"格林布拉特评论说："在奥瑟罗那些心醉神迷的言语中，一个基督徒丈夫的正常情感伴随着某种别的东西，即在天堂和地狱之间的剧烈彷徨，瞬间拥有灵魂的绝对满足感，一种极大的极为古老的意识，一种或许同样古老的，对'未知命运的阴郁恐惧'。这些与基督教正统并没有产生公开的'抵触'，但是每个词所透露出来的强烈情欲却使人感到与正统之间的张力。这种张力与其表明奥瑟罗特有的某种返祖性的'黑色'，不如说表明基督教教义在性欲问题上的殖民权力，这种权力此时恰好通过其固有的局限性显现出来。也就是说，我们在这个短暂的瞬间，瞥见了基督教正统的'权力界限'，其控制能力达到了极度地紧张状态，以及其霸权被激情瓦解的潜在可能性。"② 在此，格林布拉特把奥瑟罗爱情的跌宕阐释为宗教和殖民权力的规置，从而在更加复杂的层面上揭示了整个事件中权力的结构和实质。

---

① Stephen Greenblatt, *The Greenblatt Reader*, Edited by Michael Payne, Blackwell Publishing, 2005, p. 175.

② Ibid., p. 177.

在剧中，苔丝狄蒙娜主动甘愿接受男性权力的管理，出嫁以前顺从父亲，嫁了丈夫后顺从丈夫。奥瑟罗粗鲁、急躁，缺乏高贵的思维习惯和生活作风，这与苔丝狄蒙娜所受到的教育差异很大，但是爱情能够激发和产生克服巨大文化鸿沟的勇敢的梦想。她说："我爱他如此之深，虽然他是粗暴、斥责、忿怒。"甘于忍受爱情的凌辱是女性人身依附的表现，这种顺从他者的思维定式，就是一种男性权力的内化和女性自我颠覆的发生。以至于临终时她还喘着最后一口气说"把我托付给我的善良的夫主"，悲剧的震撼效果就在于这种自我的否定、颠覆与毁灭是在一种爱情的美丽的梦幻中发生的。

1976 年福柯曾经谈道："在权力关系中起作用的是战争，其实和平时期也存在着一种不间断的战争。可以说，文明秩序从根本上看是一种战斗秩序，我所研究的是这种关于权力战争的信念究竟是怎样、在何时产生的。也就是说，究竟是谁，在战争的喧嚣纷乱中，在战斗的污垢中，寻找到了可理解性、秩序、制度、历史的原则。"① 能够杀人流血的不仅仅是刀枪弹药，而且还有这种潜在的权力的规置。这种权力涉及宗教、习俗、心理结构、社会制度、家庭伦理等社会的方方面面，权力有时候是存化于人们思维的深处的潜在力量，它的运化以一种习俗或者温情的甚或爱情的面目出现，它异化了人的本质，造成了人的命运和作为自我的人的跌落和失败。正如福柯所说：让这种制约自动在自己身上发生作用，人们把这种权力关系刻在自己的心中，自己同时扮演两个角色，成为征服自己的原则。② 在苔丝狄蒙娜的生命故事里，权力运作主要体现为主动颠覆自我，服从男性权力，让自身处于顺从者、弱者和被征服者的地位。按照这样的权力逻辑，被人取夺生命只是众多被掠取的事件之中的一件事情而已，并最终导致了故事与生命的结束。从苔丝狄蒙娜爱情的勇敢选择，到最后被怀疑不贞洁，被丈夫莫名其妙地勒死，

① 参见詹姆斯·米勒《福柯的生死爱欲》，高毅译，上海世纪出版集团 2005 年版，第 402 页。

② 参见朱刚编著《二十世纪西方文论》，北京大学出版社 2006 年版，第 399 页。

都表现了苔丝狄蒙娜主动投入权力网络陷阱的种种特点，同时也体现了殖民权力对作家创作的潜在影响。也许，悲剧的秘密就在于在莎士比亚的潜意识里奥瑟罗是有色人种的印象，即有色人种奥瑟罗与白人美丽高贵女子的爱情悲剧是不可避免的。历史与现实的链条在人类意识的某一处猝然断裂，于是悲剧就被相继创造出来，并且真实地上演。我们知道，新历史主义和旧历史主义的区别在于把文学材料和非文学材料同样当作“文本”来进行阐释，把文本视为“权力场所，分歧之地，利益之争，正统观念和颠覆冲动的角斗”。因此，文本显示的正是这种权力角斗的例证。① 格林布拉特的文本解读是开放的，是在广阔的文化的场域里运化而成的。

二　“触摸真实”

真实性问题是文学批评理论探讨的重要命题。格林布拉特主要是采用打破文本与非文本界限的形式来触摸真实的。对文本的阐释，是放在整个文化的场域来进行的，这样就涉及轶闻琐事、日记传说、野史记录、法庭记录等与文本相关的种种文字资料，从而努力构建出关于当时社会的习俗、人们的心理、宗教信仰等信息，力图发现在历史的特定时期的社会力量与文本之间的“商讨”、“交易”和种种冲突、颠覆和抑制等情况。

詹姆斯·米勒认为，按照福柯的看法，“真实”可以通过探究来接近，显然是一个现代的观念，也是当代科学的方法论基础之一。人们假定“真实”是客观的，是某种可以由任何一个受过适当训练、认识方法正确的人来确认的东西。这种探究模式，对于现代国家的司法过程，对于搜集自然界的信息的科学程序，都具有关键的意义。② 触摸真实也是格林布拉特的内在愿望和理论特点。他在《触摸真实》这篇文章中

① 参见朱刚编著《二十世纪西方文论》，北京大学出版社 2006 年版，第 402 页。

② 参见詹姆斯·米勒《福柯的生死爱欲》，高毅译，上海世纪出版集团 2005 年版，第 366 页。

写道："我们寻找另外一些的东西，我们要发现过去的真实的身体和生动的声音。我们知道我们根本就无法找到这些，因为身体已经很久就消散了，声音也沉寂下来了。但是我们起码应该抓住与这些真实经验相关的蛛丝马迹。文学对于我们，和对于其他人一样，是一种不真实的东西。创作者发明了一种再现生活经验的技巧，使一切都神秘地鲜活起来。但是，在习惯为文学的界限之外，还有另外一种技巧和另外一些文本，与文学一样具有几乎同样的无可比拟的力量，这是一种愉快的、跨越界限的文学批评理论的帝国扩张。最大的挑战不单纯是探索这些文本，而是要使文学和非文学似乎成为相互之间的一种厚描。文学作品和人类学（或历史）的轶闻都是文本，在制作的层面上它们同样是虚构的，又同样是由想象以及可获得的、能够帮助它们联结成形的叙述和描写资源构塑的。但是它们之间存在着根本的不同。实际上，不仅它们创作的目的不同，而且它们对事实的需求也有很大的不同，它们是不可通约的，事实上也不可能同时陷入，这就使这种结合既有力度又富有魅力。"① 在格林布拉特看来，文学文本与人类学的资料是可以连接起来分析的，这种分析类似一种"厚描"，是一种建立在深厚文化内涵基础上的文本阐释。

对真实的触摸以发现生活的真实的面目，发现有价值的见解和真理性，这是传统理论研究的一种方法；但是格林布拉特的触摸真实，是通过把文学文本与轶闻、航海日记、法庭记录等非正统历史资料，以及现实生活的偶然性事件联系起来分析，从而将文学文本与现实生活进行对话与阐释，从而发现社会能量的流通与矛盾、意识形态权力对生活的规约和构塑。在格林布拉特看来，这些无形的权力角逐、运作和生活的诗性内涵一样都是生活的真相。福柯这样说："在我们的文明中，原来有着一整套确定'真实'的技术，然而科学实践一步步损害了它们的声誉，掩盖了它们，并最终驱逐了它们。'真实'在这里并不属于某种现

---

① Stephen Greenblatt, *The Greenblatt Reader*, Edited by Michael Payne, Blackwell Publishing, 2005, p. 37.

存的秩序，而属于某种偶发的秩序，它是一种事件。它不是被记录下来的，而是被引发出来的，是命题逻辑（apophantics）场所的一种产品。"[①] 在文本阐释过程中触摸真实，让真实的事件在文本与历史现实关系的纠葛中再次显露与发生，这也是格林布拉特理论研究的主要手段。

当然，那种认为真实本身是独立于权力之外的存在的观念，显然是一种幻想。权力运作就是生命存在的真实状态，没有人能脱离现实权利的规置，也没有人能够活在真空的现实里。在福柯看来，权力就是知识文化本身，就是人们借以生存的方式。福柯说，权力产生知识。权力和知识正好是互相蕴含的。如果没有相关联的知识领域的建立，就没有权力关系，而任何知识都同时预设和构成了权力关系。因此，这些"权力—知识"关系不能以知识为主体进行分析，不管那主体是否能摆脱与权力系统的关系。相反，认知的主体、待认知的对象、知识的模式、必须视为是"权力—知识"的那些基本内涵和历史变迁的产物。总之，不是知识主体的活动产生了某一知识集合，不管这一知识集合对权力是有利的，还是抵触的。相反，是"权力—知识"，是纵跨"权力—知识"和组成"权力—知识"的过程和斗争，决定了知识的形式和可能的领域。[②] 福柯的观点意味着权力产生知识，拥有"权力—知识"的人，才是真实事件的操纵者和创造者，不是知识主体产生了知识集合，而是知识与权力结合才能使权力运作得以实现。这样看来，知识的运作过程就是权力的发生过程。

福柯主要运用批评理论来阐释权力与知识的内在关联，而且这种内在关联是随处可见的。福特曾经论述说：工厂、学校、军队都实行一整套微观处罚制度，其中涉及时间（迟到、缺席、中断）、活动（心不在

---

① 参见詹姆斯·米勒《福柯的生死爱欲》，高毅译，上海世纪出版集团 2005 年版，第 367 页。

② Foucault, *Discipline and Punish*, Trans. by Alan Sheridan, New York: Vintage, 1979, pp. 27–28.

焉、疏忽、缺乏热情）、行为（失礼、不服从）、言语（闲聊、傲慢）、肉体（不正确的姿势不规范的体态、不整洁）、性（不道德、不庄重）。与此同时，在惩罚时使用了一系列微妙的做法，从轻微的身体惩罚到细小的剥夺和羞辱。这样即使最微小的不端行为受到惩罚，也使规训机构表面上无关紧要的因素具有一种惩罚功能。因此，在必要时，任何东西都可用于惩罚微不足道的小事；每个人都发现自己陷入一个动辄得咎的惩罚罗网中。[①] 在福柯看来，社会是以惩罚的形式来规训人的行为，而格林布拉特还关注到社会用奖赏、赞誉的形式来构塑人的行为。格林布拉特对权力运作的解读也涉及细微处，包括人的风度、拍拍肩膀的肯定、一个欣赏的微笑、一次提拔擢升等，格林布拉特更多的是涉及对历史资料、轶闻趣事这样的“小历史”文本的阐释来体现权力的网络性特点。

格林布拉特在《神奇的财产》里阐述哥伦布发现新大陆后，宣布一切财产都归西班牙国王所有的过程。哥伦布们发现新大陆有很多神奇的东西，有高耸入云的各种大树。这些树长着从未见过的、美妙的、各种颜色的叶子；有从来未曾见过的各种形状的鱼；有奇特壮美的山川与河流，总之一切都十分神奇。当地人最初发现哥伦布们是很胆怯的，但是很快就向他们敞开了真诚的胸怀。这些当地人拿来所有的好吃的、好喝的款待他们。于是，因为他们神奇的款待，日记这样写道：总督（哥伦布）给他们玻璃珠子和铜戒、铜链子，不是因为他们要这些东西，而是因为这样才对。更为重要的是总督说，因为他已经把他们看成属于凯斯特（Castile）的统辖因而是凯斯特人。并且说他们什么都不缺，就缺少语言和命令。因为他发出的所有命令他们都会遵守，而不会反抗。[②] 这些当地人对西班牙人非常热情，而且在初次遭遇就成为臣属，同时也就成为基督徒，因为他们很容易就会想象到服从，所有这些

---

① Foucault, *Discipline and Punish*, Trans. by Alan Sheridan, New York: Vintage, 1979, p. 178.

② Stephen Greenblatt, *The Greenblatt Reader*, Edited by Michael Payne, Blackwell Publishing, 2005, p. 99.

地方都被占领，但是没有发生任何武力冲突。后来，为了让这些当地人能够更好地执行他们的命令，哥伦布给他们一些物品，反正都是取自岛上的，让他们学习语言，又派五名当地人到西班牙去学习语言。格林布拉特使用了原始资料进行分析阐述，揭示神奇的殖民过程中的权力征服。殖民过程是在赠送一些玻璃珠子等小礼物的友好气氛中进行的，语言知识和权力结合起来。处理他者和异端的最好办法就是将之同化，通过语言训练的办法，从文化上改变和鼓励这些当地人用欧洲的方式来思考问题和解释世界。这样，殖民过程也是一种帝国自我合法化的过程。在欧洲文化语境中，帝国强大的合法化的自我是建立在他者文化的臣服之上的，于是文本和语言都成为重要的殖民工具。

格林布拉特在《学会诅咒——十六世纪语言殖民概况》文章中阐述了当时的语言殖民的事件。他说，丹尼尔没有想到英语的流布是一种征服，而是把它看成是一种无价的礼物。他没有丝毫意识到当地人可能会不情愿抛弃他们自己的语言。① 殖民化的过程也是语言发挥权力作用的过程，这种事件本质就是一种内在的真实，触摸真实就会发现事件的权力真相。整个殖民过程用日记杂志、卷宗文献、调查统计、法规律令等被记录下来，成为土地财富占有的证据，殖民过程也是文本化的过程，历史书写就是殖民权力的表征。因此，“对任何殖民权力来说，文字铭刻都是使非欧洲的政治社会环境塑造成型，得到表现的手段。文本性的投射——无论是记录事实，还是写成故事、诗歌——既是全面详尽地理解殖民地的一种手段，也是一种通盘的控制”。②

殖民征服就是一种权力征服，问题不仅仅在于征服本身，而且在于种种被忽略的征服者的角度、立场和思维方式。殖民者不会想到那些被殖民的当地人是一些行为个体，或者与自己一样的、独立的生命存在，而是把他们看成是另类的“他者”，是一种物化的存在。在这种情况

---

① Stephen Greenblatt, *Learning to Curse*, New York and London : Routledge, p. 23.

② ［英］艾勒克·博埃默：《殖民与后殖民文学》，盛宁、韩敏中译，辽宁教育出版社 1998 年版，第 111 页。

下，好像即使送一只玻璃珠子也是莫大的恩惠和高贵正当的行为，而当地人所有的慷慨，都是他们作为主人应该拥有的一种权力。这种潜在的思维意识，构成了一种无形潜在的文化暴力，通过将他人在思维上非人化，保持了自己优越的占领者的优势。

格林布拉特的分析也可以用福柯的理论来阐释。福柯说："我们当下的文化所构建的知识当中，事件的特性和权力的事实（最广义上的），都被无一例外地排除出去。这是可以料到的，因为决定这种知识的那一阶级，必须让事件看起来无法触及权力。事件，尤其是危险的那一面，必须在那一阶级所掌握的权力的连续性中，用某种未被规定的阶级权力来控制和消除。"① 这种控制和消除已经内化为一种统治阶级的思维方式，一种将被统治者隔离为他者的潜意识。可以说，无论是福柯还是格林布拉特，对于事件的解读、对于真实的触摸都有着清醒独到的立场，这是他们理论的魅力之所在。

谈到"触摸真实"的问题，英国当代著名史学家彼得·伯克（Peter Burke）的见解很重要。伯克认为，历史学家从来没有能够告知整个真相，据说历史就像 Swiss 起司一样，充满了小洞，我们不知道的事情和我们知道的事情一样多。我们无法说出整个真相。我们只能讲真相吗？那更为困难。历史真相是在特定时刻发生过又永远消逝的事件。我们只能致力去说我们有证据，或者当我们推断时，要使读者明了我们正在推测。那一个人思想有趣或重要，或许人们可能说那只是真相，那乃是个人的选择。如果历史学家发表的一连串陈述，对不同时期、不同文化的人，具有相同意义及相同的接受度的话，这绝不是"真相"，真相肯定会随个人、时代及文化变动。所以，在某种意义上，我们无法获知真相。我们最好说，我们能够获知些许真相，而且我们能够避免说

---

① Foucault, *Revolutionary Action Until Now*, In *Language*, *Counter Memory*, *Practice*: *Selected Essays and Interviews*, ed., Donald F. Bouchard Ith, Cornell University Press, 1977, pp. 220 - 221.

谎。[①] 在伯克看来，历史是以往特定时空的人们生存的具体事实，对于历史学家来说，历史的真相是存在的，但是未知的事实也是一样多的，总是存在被忽略或者被遮蔽的事实。新历史主义力求要触摸的真相，也就是这种隐含不彰的事件。这样，格林布拉特倡导的新历史主义与文化诗学对历史文本的再阐释就显得尤为重要，历史是在不断阐释重构中凸显着事件的意义，彰显着事件的真相。

格林布拉特曾经解释他对非正统的“小历史”的重视，以及他在文章中大量使用轶闻、尘封的档案记录、航海日记、历史名画等，以此触摸真实。他强调说：“历史的证据——纯粹的轶闻——习惯上被文学批评唤醒用来支持文本阐释，这办法我从来不用，而且恰恰是‘惊叹’的敌人，它意味着结束了偶然性和困扰。我不容许因为历史而让我避开文学的效果，而是通过接触真实，加深这种文学效果。这种对真实的接触（touch）不是一次完成的，而是不断加深、复杂的历史。”[②] 这种不断加深、复杂的历史，既存在着文化的诗学因素，又不断地揭示着主流意识形态与政治权力的潜力，这样，格林布拉特的新历史主义与文化诗学的文本阐释，显示了历史意识和文化意识并存的局面。

---

① Ewa Domnáska：《当代新文化史家彼得·伯克访谈录》，竹山译，载《历史与当下》第2辑，上海三联书店2005年版，第255页。

② Stephen Greenblatt, *Learning to Curse*, Routledge , 2007, p. 7.

结　语

格林布拉特是一位具有世界影响的新历史主义与文化诗学理论的实践者。福柯曾经这样说道："作者的名字代表了某种话语的样貌，表明了这种话语在社会和文化领域的地位。"[①] 应该说，格林布拉特的名字与新历史主义和文化诗学是联系在一起的。格林布拉特这个名字，在某种程度上已经被赋予一种具有跨学科意义的新历史主义与文化诗学内涵。简要概括，格林布拉特的学术贡献主要有如下几个方面：

第一，格林布拉特开创了新历史主义与文化诗学的文本阐释实践理论。在格林布拉特看来，新历史主义不是一个学派或一种教义，而是一种集体的理论实践。它具有以下特点：（1）新历史主义把文化看成是一种符号，是一种符号网络。（2）新历史主义反对学科霸权，发现了跨学科领域的一种能够产生新知识的重要方法。（3）新历史主义坚持认为，历史不仅是发生在过去的事情或一系列事件，而且是对这些事件的叙述。（4）历史真相来自对足够的讲述的故事的一种批评反映，因此历史起初是一种话语，它不是对真实事件的否认。（5）一种典型的新历史主义阐释过程是先以一种令人震惊的事件或轶闻为论述的开端，以引起对宏大历史叙事的怀疑，或者对某一个历史阶段比如文艺复兴时期进行实质性的描绘。轶闻不仅引起读者的注意，还提供了格林布拉特所说的"触摸真实"的作用。（6）新历史主义对统一的、坚如磐石的

---

① Michel Foucault, *What Is an Author*? In *The Foucault Reader*, ed. Paul Rabinow, New York: Pantheon, 1984, p. 107.

文化图景或历史阶段表示深切的怀疑。新历史主义坚持认为有数不清的伊丽莎白时期的世界画面，而不是一个铁板一块的伊丽莎白世界图景。统一性的历史神话产生，非常典型的是为了某种特定的现实目的，就像向往一种黄金般的过去那样，尼采称之为“纪念的历史”。(7) 因为人是不可能穿越自己本身的历史时刻，因此所有的历史都是构建着的历史存在，本身就具有历史偶然性。(8) 新历史主义对文学形式主义（或新批评）进行坚决的批判，因为形式主义总是把文学作品看成是超历史的崇拜对象。对历史与文学关系的重新审理，是新历史主义的首要原则。(9) 把文学文本看成是一种独立于作者和读者的超然的客体，再也不能站得住脚了，因此不可能再把过去看成是能够超脱于文本重构的客体存在。(10) 将历史看成是某种超然的背景，是一种词语（或其他类型）的艺术的偶像化作品，再也站不住脚了。历史与文学是某些地方相互重叠的存在。①

第二，格林布拉特赋予了“文化诗学”理论以新的内涵。“文化诗学”概念是植根于西方文化传统的一个含义广泛、来源复杂的概念。格林布拉特认为，他的文化诗学理论来源于格尔茨的《文化的阐释》。格林布拉特主要通过自己的文本阐释实践赋予了“文化诗学”以新的内涵。文化把诗性作为人类生存的一种隐喻性模式，文化诗学将一切人类活动都看成一种文化文本，在这种文本的阐释中体验文化的诗性魅力。当然，“文化诗学”更多的是指对于文学的文化阐释与解读的策略。这种文学阐释与解读策略，是将文学文本纳入特定历史时期以及所处文化机制的关系之中反复加以分析描述，从而赋予作品完整的集体性经验。

第三，格林布拉特从审美、权力、真相三个维度来构建新的文本阐

---

① Cf. H. Aram Veeser, ed., *The New Historicism*, New York: Routledge, 1989, p. xi, and Raman Selden's *A Reader's Guide to Contemporary Literary Theory*, Hemel Hempstead: Harvester Wheatsheaf, 1997, p. 188 – 189. and *The Greenblatt Reader*, Edited by Michael Payne, Blackwell Publishing, 2005, p. 3.

释理论。格林布拉特对文本的诗学性质十分重视，认为文本阐释的审美效果也可以用“惊叹”与“共鸣”来表达。“惊叹”与“共鸣”是格林布拉特经常使用的、非常关键的词语，它们体现了格林布拉特的美学思想。格林布拉特尽管强调意识形态无处不在的权力结构，那种普遍的抑制颠覆和塑形，也注意到文学文本中所包含的审美内涵，其中也包含了各种社会能量的相互作用的张力，它激活和产生了新的文本力量。文学阅读不是一个对象化的过程，而是一种能量的冲突、融会和交流，也是自我力量的塑形，同时也是新的文本创作过程。格林布拉特认为有时候权力是一种令人捉摸不定的思维方式，它决定了人们的行为和命运，权力涉及宗教、习俗、心理结构、社会制度、家庭伦理等社会的方方面面，有时候是存化于人们思维的深处的潜在力量，它的运化以一种习俗或者温情的面目出现。权力异化了人的本质，造成了人的命运和作为自我的演化和重塑。在格林布拉特看来，这些无形的权力角逐、运作，和生活的诗性内涵一样都是生活的真相，文本阐释的过程，就是体验审美、发现权力、触摸真相的运化过程。

第四，格林布拉特建立和发展了对“自我造型”理论的阐释。格林布拉特的“自我造型”理论是在欧洲思想文化的传统基础上，逐步发展完善而来的。格林布拉特早期主要用“自我戏剧化”的模式对文艺复兴时期的文学文本和戏剧进行阐释，后来逐步成为一种广泛运用于文艺复兴时期主要作家作品的阐释策略，并阐发成为“自我造型”（self-fashioning）理论，文化诗学理论也因此逐渐得以形成。格林布拉特的“自我造型”理论是他的新历史主义与文化诗学理论的重要组成部分。这种新历史主义与文化诗学的文本阐释方法，主要是观察作家在表达自身的欲求、感情和思想观念时，所涉及的文化成规、社会约束、宗教习俗等文化及意识形态政治力量的冲突，作家通过创作行为，使自我得以不断构塑。这种“自我造型”过程通过虚构的事件、人物，寻绎自我与他人的复杂关系，让不可控制的外在社会力量穿越自身，如此一来，不仅创作的自我得以塑造，阅读文本的他人也得到塑型，而文本阐释更是一次“自我造型”的复杂的理论旅程。

第五，格林布拉特力图消解理论界限的跨学科研究方法，为当代理论批评研究提供了新的方法和理念。格林布拉特新历史主义与文化诗学理论的跨学科特点，不仅是对大学或研究机构中确定学科的跨越，也是对文学与历史、文本与社会生活等诸多界限的跨越。这是一种新的理论研究理念，所有的学科之间、理论与生活都是相通的。格林布拉特的理论创见在于他随意自在的理论研究和理论写作，这样理论研究是和生活存在紧密结合在一起的。格林布拉特对个人故事和历史轶闻的叙述，使理论研究感觉起来不再是一种枯涩的生存需求，而是一种生命的表达和延展。这种将批评理论和生活现实结合起来的思维方法，带来了跨学科理论的革命性效果。特别是格林布拉特理论著作中的独特风格，不断深化和激发读者新的理论认识，挑战读者的理论极限，这应该是格林布拉特成功的主要原因。

进一步讲，格林布拉特的学术研究适应了当代人文学科的发展需求，代表了新的人文学科的发展前景。正如英国著名史学家彼得·伯克（Peter Burke，1937—）所说：“我认为终止学科的断裂（fragmenting）与专业化（specializing）相当重要。或者，至少借由以整体眼光看事情及学科间合作的努力，来弥补学科的专业化和断裂。这是穷尽我所有学术生涯所欲努力之事。我知道有一群人正在从事此事。我不知道我们是否能强到去扭转这趋势，因为这种断裂明显的有其道理。我认为存在一些将专业化与以整体眼光看事情的尝试相结合的机会。那就是，在大学有越来越多的人文课的老师们开始对学生用三年或几年研究一门课程表示不满。在大学期间，将一些人文课程予以整合，而到了研究所阶段再让学生进行专业化训练，这不是更好吗？首先让他们尝试以整体观看事情。”① 可以说，彼得·伯克的毕生学术努力方向，与格林布拉特思维方向和学术发展方向是一致的。格林布拉特的文本阐释代表了一种新的

① Ewa Domnáska：《当代新文化史家彼得·伯克访谈录》，竹山译，载《历史与当下》第二辑，上海三联书店 2005 年版，第 256 页。

理论和实践的阐释框架，体现了一种消解学科界限的理论气度，以及宏阔开放的学术眼光。当代史学也好，当代批评理论也好，不能仅仅只囿于特定的学科界限之内进行研究，因为思想是流动的，只有摒除思想成见，敢于跨越学科边界，才会带来学术研究新的生命力。

实际上，在思想精神领域，富有开拓性的文化建构很重要。所谓的界限，理论与理论、学科与学科、文学与社会、文学与历史等界限，在一种良性“诗学”的理论意义上，都是应该拆解和清除的，但是新的疆域总是在重建，理论的构建正是在这种拆解和重建的震荡中，或者这种理论的流动和变通中焕发了新的力量。格林布拉特理论的重要意义是与当代史学家的思想意向有根本的一致性。例如，荷兰著名语言学家和历史学家约翰·赫伊津哈（John Huizinga，1872—1945）认为，“即使是以最严格的科学形态出现的历史，也应该读来充满趣味。平淡无味的历史根本不是历史，最多只是一项缺乏美感的历史研究的尝试而已。因为历史不但应该合乎逻辑，还要具有史诗性和戏剧性，当然，我不是要求有意在历史叙述中添加戏剧的或传奇的题材，写成历史传奇。我是假定在历史中应该包含史诗和戏剧性的美学因素”。[①] 同样，中国著名史学家何兆武先生在《诗与真：历史与历史学》一文中也谈道：“史家王国维最大的隐痛之一，是‘可爱者不可信，可信者不可爱’。‘可信’属于‘真’的、科学的范畴；‘可爱’属于审美的、人文的范畴，这就是‘诗’的范畴。如果我们能够将‘诗’情与‘真’意结合起来，或许就能让史学既‘可信’又‘可爱’。这应该成为新史学的目标。而所谓新‘史学’，不仅是社会科学方法进入史学，而且更多地是文学本身进入史学。文本的解读、文学想象的介入，这都是新史学的特征。所以‘史学家司马迁’同时也是‘文学家司马迁’。我们建议，史学家也应该主动承担一些文学创作的任务。”[②] 何先生的论述表达了一种意向，

---

① ［荷］约翰·赫伊津哈：《历史改变形态》，周兵译，载于《历史与当下》第二辑，上海三联书店2005年版，第227页。

② 何兆武：《诗与真：历史与历史学》，载《历史学家茶座》2007年第2期，第57页。

就是历史和文学并不存在严格的界限，它们之间应该是互为助益的关系。由此看来，格林布拉特的理论研究实际上意味着文学理论批评领域的史学革命，与史学研究的当代研究成果有理论的应答性。

格林布拉特通过对文艺复兴时期文本阐释实践，将文学与历史、文学与社会、文学与日常社会等种种界限加以拆解，从而把对文学与文学史的研究放在意识形态、社会心理、权利斗争、民族传统、文化差异的综合文化场域中进行整合分析和研究，揭示被主流意识形态所压抑的异在的不安定因素，揭示出在这种复杂社会状况中文化产品的社会品质和政治意向，因为这种种因素常常是以隐蔽的方式传达出来的。无疑，作家和文学作品与意识形态、权利话语有着内在的、难以割舍的复杂关系。格林布拉特对自我的建构、对文学及文学史的解读以及他的文化诗学理论都具有跨学科的理论性质，也具有政治批判性，具有批判主流权利话语的现实姿态，具有多重复杂的理论视角。现实、历史、文学艺术、政治生活、社会存在等以平等的价值和距离进入格林布拉特的视野，它们重重交织，相互影响和阐释，构成新历史主义研究的广阔理论视域。

人类应该是一个相互关联的和谐整体，所谓中心与边缘、上层与下层、男人与女人等对立的人性存在，都是一种理论设置和现实存在的意识形态偏见。理论批判不是人性的需要，而是人类的无奈，因为在人类文化历史进程中，肯定存在着各种思想偏差和精神迷误，因此从某种程度来说，不存在着真正意识形态之外的历史。历史是断裂的、偶然的，充满了意识形态的抑制与颠覆，但是并不等于承认已经发生过的种种重大历史事件都是可以忽略的。应该说，偶然性和间断性无论如何真实和具有理论的张力，历史学家秉有的客观公正的态度都是值得肯定的，这种态度能够带来多少客观性，也许从某种角度来看并不非常重要，重要的是这样一种诚恳的努力和坚定的方向。

第六，格林布拉特赋予了文学文本与社会能量的“商讨”“交易”“流通”等具有新意的理论范畴。格林布拉特把文学文本放在社会文化的广泛视域里加以解读，进而将文学文本和社会文本的界限消解。“商讨”“流通”“交易”概念都是格林布拉特从美国经济发展的特点中引用的概念，以造成既熟悉又惊奇的诗学效果，理解这些概念对理解把握格林布拉特的新历史主义与文化诗学理论非常关键。格林布拉特认为，艺术作品的形成隐含着社会能量的商讨（negotiation）与交易过程，涉及社会的主宰通货——金钱与声誉，从而揭示出艺术和社会、历史、经济的复杂关联。

总之，格林布拉特的新历史主义文化批评以有异于传统的历史主义批评方法，而以全新的研究姿态博得了学术界的瞩目，格林布拉特的新历史主义与文化诗学的文本阐释策略和研究理路，很快被应用于历史研究、人类学研究、宗教研究、女性主义研究、文学创作、影视评论等跨学科研究领域。可以说，格林布拉特的新历史主义与文化诗学批评方法对西方文艺理论批评界带来了很大的影响。

例如，美国学者简·汤普金斯受到格林布拉特文本阐释理论的影响，运用新历史主义的文本解读策略，探讨斯托夫人在《汤姆叔叔的小屋》中所体现的情感力量。在《情感的力量：〈汤姆叔叔的小屋〉》（1985）一文中，汤普金斯运用文化诗学的解读方式既揭示了历史的真实状况，也显示了作品的文化的诗学魅力。同时，新历史主义与文化诗学那种对权力政治的揭示，与女性主义的权力主张交织在一起，产生一种奇特的理论效果。汤普金斯认为，斯托夫人意在促使当时的美国社会产生一种剧烈的变革。这种做法的重要之处在于，小说通过对主要文化信念的确认，实现憧憬着的理想，即摧毁现有的社会制度。斯托夫人将小说的整个故事构建在基督之爱的救赎力量之上，同时也将其释放于神圣的母性和家庭的温馨魅力之中，从而将美国生活的权力中心进行了重新定位。在斯托夫人看来，社会权力中心不在法庭、不在工厂里和集市上，而在厨房里。这意味着新的社会不是由男人来控制，而是由女人来主持。在斯托夫人笔下，家庭被想象为充满活力的活动中心，不论物质活动还是精神活动，也不论是经济活动还是道德活动，这个中心的影响会不断向外延伸，越来越大。这样，在最传统的人类价值——宗教、母性、家庭、亲情里，男人从人类活动的中心被推置于人类生活的边缘。在汤普金斯看来，正是斯托夫人在《汤姆叔叔的小屋》中对诸如印第安纳忙碌的厨房、温馨的早餐、古老的摇椅发出的关爱的话语、天使般的小女孩伊娃等日常生活，以及人物与事件的描写，构成情感小说的那种足以震撼世界的政治意识形态效果和力量。实际上，这种情感力量在美国南北战争时期具有重要的政治作用。

20 世纪中期以后西方文化思潮的总体态度是批判、解构、去中心、跨学科，关注边缘化的生存，反对压制和霸权，从而带来了批评理论研究新的价值和意义，批评理论研究与现实生活的距离越来越近，文化力量成为新时代一种不可抗拒的政治力量。格林布拉特在这样的理论局势下，不可能庸俗化地去建立自己的核心理论体系和组织成员。实际上，也确实很少有理论家宣称自己是“新历史主义”者，“新历史主义”更多地是一面理论旗帜，它意味着某些相似而有不同的理论研究实践和见解。在这种情况下，“新历史主义”从产生以来，就遭受了种种非难和攻击，但是所有攻击都似乎不无道理，因为本来这一理论就涵盖着诸多的理论层面和研究视角，而被称为“新历史主义”的理论家又各自著述，甚至观点相反。到了 20 世纪末，已经很少有人公开标榜自己的新历史主义立场，但是无论如何，新历史主义与文化诗学理论已经逐渐成为欧美重要的学术研究领域，不可否认地成为欧美学术体系的一部分。在这种情势下，本书对格林布拉特新历史主义和文化诗学理论内含着三个层面的观点。

首先，应该注意到的是格林布拉特不是新历史主义和文化诗学理论的抽象标签，而是鲜明生动的、个性丰富的学者。从某种意义上来讲，新历史主义与文化诗学是从格林布拉特开始才具有了世界性的学术影响，究其原因，这与格林布拉特独特的理论风格息息相关。在格林布拉特那里，学术研究不是枯燥乏味的理论堆砌，而是入木三分、汪洋恣肆的理论表达。“自我造型”、文本的“惊叹”与“共鸣”性的诗性阐释以及对文本意识形态权力运作的多层面解读，都是格林布拉特作为新历史主义与文化诗学学者的个性化阐释和理论构建，体现了格林布拉特富于创见的理论深度。

其次，格林布拉特新历史主义与文化诗学最令人困扰的问题是其理论的复杂性。理论话题的复杂多面性，有时令人感到无所适从，并产生新的理论震动，而这种理论的惘然和震动在某种情况下使读者的思想得以历练和成长。格林布拉特的新历史主义与文化诗学理论，打开了文学研究的广阔的文化视界，甚至可以说他把文学作品看作是文化网络中的某种存在，而不是孤立的文学创作现象，从而将宗教、哲学、心理学、人类学、政治经济等一切力量都融会到文本阐释之中，让读者在多重知识与话语规范中，放弃先前自我的立场，在多重的文本交流中体验到自我重塑的发生。尤其重要的是格林布拉特在广阔的文化视域中分析文本中蕴含的权力运作过程，把文本阐释变成了一切社会现象和社会力量交锋的试验场，在多种力量的震荡中，读者会感受到传统阅读习惯和理论成规受到了严重的挑战。例如，格林布拉特在《权力的即兴运作》的文章开头提到斯宾塞和马洛从研究的视角来看具有相反的特点。斯宾塞认为，对法定权威的爱的服务（loving service）赋予和确立了人的身份，这种法定权威是指来自上帝和国家的支配性力量。相反，马洛把人的身份的确立建立在政治的、神学的、性的秩序被打破的历史顷刻。然后格林布拉特通过广泛的文化层面的比较，又同时涉及荷马的《奥德修》、丹尼尔·伦纳（Daniel Lerner ）的《传统社会的消逝》（*The Passing of Traditional Society*）、莎士比亚的《奥瑟罗》等诸多文本和人物，探讨权力的即兴运作。在格林布拉特看来，权力是人们能够将自己的虚构强加于世界的典型象征，这种虚构越是暴虐，就越是强烈地证明了权力的存在。而且从某种程度上来说，每一个人都是某种权力的隐喻性存在。格林布拉特对权力的解读，具有祛魅虚幻的权力运作的特点，精辟地展示了人的存在所受到的权力颠覆与抑制的特点，权力运作不仅存在于政治制度或社会习俗之中，而且内在于自我的心理现实或哲学宗教理念之中。格林布拉特的阐释方式和写作风格可以说对读者是一种挑战——大量的信息、大量的作品、大量的与众不同的观点，以一种奇异的理论冲击力，打破和重构着读者的阅读视界。按照格林布拉特自己的名词来表达，就是在文本阐释的复杂过程中，同样形成了一种独特的权力运作方式。

最后，格林布拉特的新历史主义与文化诗学理论的确带来了理论研究的突破性进展，但是同时也存在着种种理论偏激。轶闻、历史档案、法庭记录等种种资料的研究，打破了文学与历史二元对立的理论局限性，将文学文本与历史文本并置研究，考察其中存在的种种意识形态关联，具有相当的理论价值。在消解压制和界限的同时，也可能引起了新的无所适从的理论困惑以及廓然无依的理论情绪，由此带来了新的压力。权力结构、意识形态、政治态度等形成新的理论压制力量，从格林布拉特的新历史主义与文化诗学的文本阐释中流泻出来。当然任何理论的阐述都不会是绝对圆满的，在明确表达理论意向时，肯定存在着理论的偏激和某些层面的缺失，在人类的理论阐述中肯定内置了种种悖论的逻辑。从这个角度来说，对任何理论家的求全责备都是不明智的。一种理论如果具有开拓性价值和意义，打开了一种思路，构建了一种新的思维方式，这就是难能可贵的了。可以肯定地说，格林布拉特的新历史主义与文化诗学具有重要的理论价值和意义，格林布拉特也因为自己的理论研究，有了与众不同的人生。

参考文献

英文部分：

1. Stephen Greenblatt, *Three Modern Satirists: Waugh, Orwell, and Huxley*, New Haven: Yale University Press, 1965.

2. Stephen Greenblatt, *Sir Walter Ralegh: The Renaissance Man and His Roles*, New Haven: Yale University Press, 1973.

3. Stephen Greenblatt, *Renaissance Self-fashioning : from More to Shakespeare*, University of Chicago Press, 1980.

4. Stephen Greenblatt, *Shakespearean Negotiation*, Chicago: University of Chicago Press, 1988. Oxford: Clarendon Press, 1988.

5. Stephen Greenblatt, *learning to Curse*, New York and London: Routledge, 2007.

6. Stephen Greenblatt, *Marvelous Possessions: The Wander of the New World*, The University of Chicago Press, 1991.

7. Stephen Greenblatt, Stephen Greenblatt, *Allegory and Representation*, *Selected Papers From the English Institute*, 1978 – 1980, Baltimore: The Johns Hopkins University Press, 1981.

8. Stephen Greenblatt, *Hamlet in purgatory*, Princeton University Press, 2001.

9. Stephen Greenblatt & Giles Gunn ed. , *Redrawing The Boundaries*,

New York: The Modern Language Association of American, 1992.

10. John D. Cox and David Scott Kastan eds, *A New History of Early English Drama*, Columbia University Press, 1997.

11. Stephen Greenblatt : *Introduction to The Power of Forms in the English Renaissance*. 1982. In Vincent B Leitch, 2001.

12. Stephen Greenblatt, *The Greenblatt Reader*, Edited by Michael Payne, Blackwell Publishing, 2005.

13. Stephen Greenblatt, general editor , M. H. Abrams, *The Norton Anthology of English Literature*, W. W. Norton, 2005.

14. Gallagher C. & Greenblatt S. , *Practicing New Historicism*, Chicago: The University of Chicago Press, 2000.

15. H. AramVeeser, ed. *The New Historicism*, NewYork: Routledge, 1989.

16. Jürgen Pieters ed. , *Critical Self-Fashioning: Stephen Greenblatt and the New History*. Peter lang Gmb H, 1999.

17. Stephen Greenblatt, ed. , *New World Encounters*, University of Chicago Press, 1993.

18. Stephen Greenblatt, *Will in the World: How Shakespeare Became Shakespeare*, W. W. Norton & Company, 2004.

19. Park Honan, *Shakespeare: A Life*, Oxford: Oxford University , 1998.

20. Colebrook C. , *New Literary Histories*, Manchester University Press, 1997.

21. P. Dahlgren and C. Sparks eds: *Journalism and Popular Culture*, London: Sage, 1992.

22. Gayatri C. Spivak, *Outside in the Teaching Machine*, London: Routledge, 1993.

23. Terry Eagleton, *Ideology of Aesthetics*, Oxford: Black well, 1990.

24. Robert Con Davis and Ronald Schleifer, eds. , *Contemporary Literary Criticism*, Longman, 1989.

25. Raymond Williams, *The sociology of culture.* University of Chicago Press, 1995.

26. K. Ryan, *New Historicism and Cultural Materialism: a Reader*, London: Arnold, 1996.

27. Cary Nelson and Lawrence Grossberg eds. , *Marxism and the Interpretation of Culture*, Urbana: University of Illinois , 1988.

28. Padmini Mongia ed. , *Contemporary Postcolonial Theory : A Reader*, London: Arnold, 1996.

29. Loris Althrsser , Lenin *and Philosophy and Other Essays* London, 1971.

30. Raymond Williams, *Marxism and Literature*, Oxford University Press, 1977.

31. Fredric Jameson, *The Political Unconscious*, Cornell University Press, 1981.

32. Jean Baudrillard, *Symbolic Exchange and Death*, Translated by Lain Hamilton Grant, London: SAGE Publications, 1993.

33. Raymond Williams, *The Long Revolution*, London: Chat to and Windus , 1961.

34. Raymond Williams, *A Vocabulary of Culture and Society*, Oxford University Press, 1985.

35. Martin McQuillan, ed. , *Deconstruction Reading Politics*, New-York: Palgrave Macmillan, 2007.

36. GertrudeHimmelfarb, *The New History and The Old: Critical Essays and Reappraisals*, Harvard University Press, 2004.

37. J. M. Roberts, *The NewHistory of The World*, Oxford University Press, 2003.

38. Maria Lúcia Pallares-Burke, *The New History: Confessions and Conversations*, *Blackwell*, 2002.

39. Peter Burke. ed. , *New Perspectives on Historical Writing*, Pennsylvania State University Press, 2001.

40. Philippe Carrard, *Poetics of The New History : French Historical Discourse from Braudel to Chartie*, Johns Hopkins University Press, 1992.

41. Harry Elmer Barnes, *The New History and The Social Studies*, New York : The Century Co. , 1925.

42. James Harvey Robinson, *The New History : Essays Illustrating The Modern Historical Outlook*, New York : The Macmillan Company, 1922.

43. Henrika Kuklick, ed. , *A New History of Anthropology*, Oxford : Blackwell Pub. , 2008.

44. Malcolm Chase, *Chartism : A New History*, Manchester University Press, 2007.

45. Roger Osborne, *Civilization : A New History of the Western World*, London : Jonathan Cape, 2006.

46. Michael Lewis, ed. , *American Wilderness : A New History*, Oxford University Press, 2007.

47. David Armstrong, *A New History of Identity : A Sociology of Medical Knowledge*, New York : Palgrave, 2002.

48. Wilson S. , *Cultural Materialism: Theory and Practice*, Blackwell, 1995.

49. White, Hayden, *The Content of the Form*, The Johns Hopkins University Press, 1987.

50. Lawrence Grossberg and Cary Nelson ed. , *Cultural Studies*, Treichler; Routledge, 1992.

51. Michel Foucault, *What Is An Author*? In *The Foucault Reader*, ed. , Paul Rabinow, New York: Pantheon, 1984.

52. Foucault, *The Order of Things*, New York: Random House, Pantheon, 1972.

53. Foucault, M. , *The History of Sexuality*, Volume1, An Introduction, trans. By Robert Hurley, New York: Random House, 1978.

54. Foucault, M. *Discipline and Punish*: *The Birth of the Prison*, trans. By Alan Sheridan, New York: Vintage, 1979.

55. Geertz, C. *The Interpretation of Cultures*, New York: Basic Books, 1973.

56. Pandmini Mongia ed. , *Contemporary Postcolonial Theory*, London: Arnold, 1996.

57. Geoffrey Galt Harpham, *Foucault and the New Historicism*, In *American Literary History*, Vol. 3, No. 2 (Summer, 1991) .

58. Judith Newton, Judith Stacey, *Learning Not to Curse*, *or*, *Feminist Predicaments in Cultural Criticism by Men*: *Our Movie Date with James Clifford and Stephen Greenblatt*, In *Cultural Critique*, No. 23 (winter, 1992 – 1993) .

59. John Martin, *Inventing Sincerity*, *Refashioning Prudence*: *The Discovery of the Individual in Renaissance Europe*, In *The American Historical Review*, Vol. 102, No. 5 (1997) .

60. David W. Noble, *Review*: *Rethinking the Modern Sense of Wonder*, In *American Quarterly*, Vol. 46, No. 1, Mar. , 1994.

61. Foucault, *Revolutionary Action Until Now*, in *Language* , *Counter Memory*, *Practice*: Selected Essays and Interviews, ed. Donald F. Bouchard Ith, Cornell University Press, 1977.

62. Frank Lentrichia: *Foucault's Legacy*: *A New Historicism*, In *The new Historicism*, H. Aram Veeser, ed. , New York and London:

Routledge, 1989.

63. Carl Schmitt, *Crisis of Parliamentary Democracy*, trans. by Ellen Kennedy, MA: MIT Press, 2001.

64. Max Weber, Between *The laws*, *Political Writings*, ed. by Peter Lassman and RonaldSpeirs, Cambridge, 1994.

65. Hazard Adams and Leroy Searle eds. , *Critical Theory Since Plato* Third Edition, Peking University Press, 2006.

66. Christine Oravec, *Kenneth Burke's Concept of association and Complexity of Identity*: *The Legacy of Kenneth Burke*, Ed. , H. E. Simons&T. Melia. Madison: University of Wisconsin, 1989.

67. Sonjak. K. Foss. eds, *Rhetorical Criticism*, 2th, Waveland Press, 1996.

68. Mikhail Bakhtin, *Marxismand the Philosophy of Language*, Trans. L. Mateika and I. Titunik, New York: Seminar Press, 1973.

69. Karl Popper, *The Open Society and Its Enemies*, Princeton university press, 1957, Vol. II.

70. Baethes, R. , *The Structuralist Activity*, The Death of the Auther, In Adams , 1971.

71. Heidegger, *Poetry*, *Language*, *Thought*, New York: Harper & Row Publishers, 1971.

72. Richard Lehan, *The Theoretical Limits of the New Historicism*, NLH, 21. 3, Spring, 1990.

73. Horne, D. *The Public Culture*, London: Pluto, 1986.

74. Milner Andrew, *Cultural Materialism*, Melbourne University Press, 1993.

75. Raman Selden, *A Reader's Guide to Contemporary Literary Theory*, Hemel Hempstead: Harvester Wheatsheaf, 1997.

76. Fiske, *Understanding Popular Culture*, Boston: Unwin Hyman, 1989.

中文部分:

1. [美] 斯蒂芬·格林布拉特:《俗世威尔——莎士比亚新传》,辜正坤等译,北京大学出版社 2007 年版。
2. 盛宁:《新历史主义》,台湾扬智文化事业公司 1996 年版。
3. 盛宁:《人文困惑与反思——西方后现代主义思潮批判》,生活·读书·新知三联书店 1997 年版。
4. 王岳川:《二十世纪西方哲性诗学》,北京大学出版社 2000 年版。
5. 王岳川:《后殖民主义与新历史主义文论》,北京大学出版社 2002 年版。
6. 王岳川:《现象学与解释学文论》,山东教育出版社 1999 年版。
7. 王岳川:《后现代主义文化研究》,北京大学出版社 1992 年版。
8. 张旭东:《批评的踪迹——文化理论与文化批评》,生活·读书·新知三联书店 2003 年版。
9. 张旭东:《全球化时代的文化认同》,北京大学出版社 2005 年版。
10. 毛崇杰:《颠覆与重建》,社会科学文献出版社 2002 年版。
11. 徐贲:《走向后现代与后殖民》,中国社会科学出版社 1996 年版。
12. 张进:《新历史主义与历史诗学》,中国社会科学出版社 2004 年版。
13. 张京媛主编:《新历史主义与文学批评》,北京大学出版社 1993 年版。
14. 方汉文:《后现代主义文化心理:拉康研究》,上海三联书店 2000 年版。
15. [意] 维柯:《新科学》,朱光潜译,安徽教育出版社 2006 年版。
16. [德] 黑格尔:《美学》,朱光潜译,商务印书馆 1986 年版。

17. ［德］黑格尔：《精神现象学》，贺麟等译，商务印书馆 1979 年版。
18. ［德］黑格尔：《历史哲学》，王造时译，上海世纪出版集团 2005 年版。
19. 中国社科院外文所编：《文艺学和新历史主义》，社科文献出版社 1993 年版。
20. ［美］詹姆斯·米勒：《福柯的生死爱欲》，高毅译，上海世纪出版集团 2005 年版。
21. 王宁主编：《全球化与文化：西方与中国》，北京大学出版社 2002 年版。
22. ［英］科林伍德：《历史的观念》，何兆武、张文杰译，商务印书馆 2004 年版。
23. ［美］弗雷德里克·詹姆逊：《时间的种子》，王逢振译，漓江出版社 1997 年版。
24. ［美］弗雷德里克·詹姆逊：《政治无意识》，王逢振、陈永国译，中国社会科学出版社 1999 年版。
25. ［美］弗雷德里克·詹姆逊：《文化转向》，胡亚敏等译，中国社会科学出版社 2000 年版。
26. ［美］弗雷德里克·詹姆逊：《语言的牢笼：马克思主义与形式》，钱佼汝等译，百花洲文艺出版社 1995 年版。
27. ［美］弗雷德里克·詹姆逊：《快感：文化与政治》，王逢振等译，中国社会科学出版社 1998 年版。
28. ［美］米勒德·J. 艾利克森：《后现代的承诺与危险》，叶丽贤、苏欲晓译，北京大学出版社 2006 年版。
29. ［意］克罗齐：《作为思想和行动的历史》，田时纲译，中国社会科学出版社 2005 年版。
30. 马新国主编：《西方文论史》，高等教育出版社 2002 年版。
31. ［英］莎士比亚：《莎士比亚全集》（1—8），朱生豪等译，译林出版社 2005 年版。

32. 熊伟主编：《存在主义资料选集》，商务印书馆 1997 年版。
33. ［美］海登·怀特：《元历史：十九世纪欧洲的历史想象》，陈新译，译林出版社 2004 年版。
34. ［美］海登·怀特：《后现代叙事学》，陈永国、张万娟译，中国社会科学出版社 2003 年版。
35. ［美］海登·怀特：《形式的内容》，董立河译，文津出版社 2005 年版。
36. ［美］克利福德·格尔茨：《地方性知识》，中央编译出版社 2000 年版。
37. ［美］克利福德·格尔茨：《文化的解释》，韩莉译，译林出版社 2006 年版。
38. ［德］海德格尔：《存在与时间》，陈嘉映译，生活·读书·新知三联书店 1987 年版。
39. ［德］海德格尔：《海德格尔选集》，上海三联书店 1996 年版。
40. 张鹏翔：《历史思维对科学思维的解蔽》，中国社会科学出版社 2007 年版。
41. 王治河主编：《全球化与后现代性》，广西师范大学出版社 2003 年版。
42. 陶东风：《文化研究：西方和中国》，北京师范学院出版社 2001 年版。
43. ［德］奥斯瓦尔德·斯宾格勒：《西方的没落》，吴琼译，上海三联出版社 2006 年版。
44. 胡经之主编：《西方文艺理论名著教程》，北京大学出版社 2003 年版。
45. 谢少波、王逢振编：《文化研究访谈录》，中国社会科学出版社 2003 年版。
46. ［俄］W. 巴赫金：《巴赫金文论选》，佟景韩译，中国社会科学出版社 1996 年版。

47. ［俄］巴赫金：《陀思妥耶夫斯基诗学问题》，生活·读书·新知三联书店 1988 年版。

48. ［俄］别尔嘉科夫：《历史的意义》，张雅平译，学林出版社 2002 年版。

49. 吴玉洁：《新历史主义与历史剧的艺术建构》，中国社会科学出版社 2005 年版。

50. ［英］弗兰西斯·弗兰契娜等编：《现代艺术和现代主义》，张坚等译，上海人民美术出版社 1988 年版。

51. ［奥］西格蒙特·佛洛伊德：《机智与无意识的关系》，张增武等译，上海社会科学院出版社 1991 年版。

52. ［加拿大］诺思罗普·弗莱：《批评的剖析》，陈慧等译，百花文艺出版社 1998 年版。

53. 中国中外文艺理论学会：《中外文论与文化》第 13 辑，四川大学出版社 2006 年版。

54. 朱立元主编：《现代西方美学史》，上海文艺出版社 1993 年版。

55. 朱立元：《当代西方文艺理论》，华东师范大学出版社 2002 年版。

56. 朱立元：《接受美学》，上海人民出版 1989 年版。

57. 朱立元主编：《二十世纪西方美学经典文本》，复旦大学出版社 2000 年版。

58. ［古希腊］亚里士多德：《诗学》，陈中梅译，商务印书馆 2003 年版。

59. ［德］卡西尔：《人论》，甘阳译，上海译文出版社 1986 年版。

60. 刘进：《文学与“文化革命”：雷蒙德·威廉斯的文学批评研究》，四川出版集团 2007 年版。

61. ［美］希利斯·米勒：《解读叙事》，申丹译，北京大学出版社 2002 年版。

62. ［德］汉斯·罗伯特·耀斯：《审美经验与文学解释学》，顾建光等译，上海世纪出版集团 2006 年版。
63. [英] 特里·伊格尔顿：《美学意识形态》，王杰等译，广西师范大学出版社 1997 年版。
64. [英] 特里·伊格尔顿：《后现代主义的幻象》，华明译，商务印书馆 2000 年版。
65. [英] 特里·伊格尔顿：《当代西方文学理论》，王逢振译，中国社会科学出版社 1988 年版。
66. [英] 特里·伊格尔顿：《历史中的政治、哲学、爱欲》，马海良译，中国社会科学出版社 1999 年版。
67. [德] 伊瑟尔：《阅读行为》，金慧敏等译，湖南文艺出版社 1991 年版。
68. [德] 沃尔夫冈·伊瑟尔：《虚构与想象》，陈定家等译，吉林人民出版社 2003 年版。
69. [法] 于斯曼：《美学》，栾栋等译，商务印书馆 1995 年版。
70. [英] 雷蒙德·威廉斯：《文化与社会》，吴松江等译，北京大学出版社 1991 年版。
71. [英] 雷蒙德·威廉斯：《现代主义的政治》，阎嘉译，商务印书馆 2002 年版。
72. [法] 托多洛夫：《批评的批评》，王东亮等译，生活·读书·新知三联书店 1988 年版。
73. [法] 托多洛夫：《巴赫金、对话理论及其他》，蒋子华等译，百花文艺出版社 2001 年版。
74. [英] 拉曼·塞尔登：《文学批评理论：从柏拉图到现在》，刘象愚等译，北京大学出版社 2000 年版。
75. [英] 艾·阿·瑞恰慈：《文学批评原理》，杨自伍译，百花洲文艺出版社 1992 年版。
76. [斯洛文尼亚] 斯拉沃热·齐泽克等编：《图绘意识形态》，方杰译，南京大学出版社 2002 年版。

77. [德] 莫里茨·盖格尔：《艺术的意味》，文彦译，华夏出版社1999年版。

78. [德] 瑙曼等：《作品、文学史与读者》，范大灿译，文化艺术出版社1997年版。

79. [英] 弗朗西斯·马尔赫恩：《当代马克思主义文学批评》，刘象愚等译，北京大学出版社2002年版。

80. [法] 保罗·利科尔：《解释学与人文学科》，陶远华等译，河北人民出版社1987年版。

81. [法] 利奥塔：《后现代性与公正游戏：利奥塔访谈录》，谈瀛洲译，上海人民出版社1996年版。

82. [法] 让－弗朗索瓦·利奥塔尔：《后现代状态：关于知识的报告》，车槿山译，三联书店1997年版。

83. [意] 克罗齐：《美学原理 美学纲要》，朱光潜等译，外国文学出版社1987年版。

84. [意] 克罗齐：《作为表现的科学和一般语言学的美学的历史》，王天清译，中国社会科学出版社1984年版。

85. [意] 克罗齐：《历史学的理论与实际》，傅任敢译，商务印书馆1982年版。

86. [美] 乔纳森·卡勒：《文学理论》，李平译，辽宁教育出版社1998年版。

87. [美] 乔纳森·卡勒：《论解构》，陆扬译，中国社会科学出版社1998年版。

88. [美] 乔纳森·卡勒：《结构主义诗学》，盛宁译，中国社会科学出版社1991年版。

89. 萨义德：《东方学》，王宇根译，三联书店2000年版。

90. 萨义德：《权力、政治与文化——萨义德访谈录》，单德兴译，三联书店2006年版。

91.《赛义德自选集》，谢少波、韩刚等译，中国社会科学出版社

1999 年版。
92. 萨义德：《文化与帝国主义》，李琨译，三联书店 2003 年版。
93. [德] 伽达默尔：《哲学解释学》，夏镇平译，上海译文出版社 1994 年版。
94. [德] 伽达默尔：《真理与方法》，洪汉鼎译，上海译文出版社 1999 年版。
95. [法] 福柯：《性史》，张廷琛等译，上海科学技术出版社 1989 年版。
96. [法] 福柯：《古典时代疯狂史》，林志明译，生活·读书·新知三联书店 2005 年版。
97. [法] 福柯：《主体解释学》，佘碧平译，上海人民出版社 2005 年版。
98. [法] 福科：《词与物：人文科学考古学》，莫伟民译，上海三联书店 2001 年版。
99. [法] 福科：《权力的眼睛：福柯访谈录》，严锋译，上海人民出版社 1996 年版。
100. [法] 福科：《福科集》，杜小真编选，上海远东出版社 1998 年版。
101. [法] 福科：《知识考古学》，谢强等译，生活·读书·新知三联书店 1998 年版。
102. [美] 哈罗德·布鲁姆：《影响的焦虑》，徐文博译，生活·读书·新知三联书店 1989 年版。
103. [美] 哈罗德·布鲁姆：《批评、正典结构与预言》，吴琼译，中国社会科学出版社 2000 年版。
104. [美] 哈罗德·布鲁姆：《西方正典》，江宁康译，译林出版社 2005 年版。
105. [美] 斯蒂芬·贝斯特等：《后现代转向》，陈刚译，南京大学出版社 2002 年版。

106. ［法］让·贝西埃等主编：《诗学史》，史忠义译，百花文艺出版社 2002 年版。

107. ［法］罗兰·巴特：《神化：大众文化诠释》，许蔷蔷等译，上海人民出版社 1999 年版。

108. ［法］罗兰·巴特：《符号学美学》，董学文等译，辽宁人民出版社 1987 年版。

109. ［法］罗兰·巴特：《文之悦》，屠有祥译，上海人民出版社 2002 年版。

110. ［英］艾略特：《艾略特文学论文集》，李赋宁译注，百花洲文艺出版社 1994 年版。

111. ［美］艾布拉姆斯：《镜与灯》，郦稚牛等译，北京大学出版社 1992 年版。

112. ［意］艾柯等：《诠释与过度诠释》，王宇根译，三联书店 1997 年版。

113. ［加拿大］马克·昂热诺等主编：《问题与观点：20 世纪文学理论综述》，史忠义等译，百花文艺出版社 2000 年版。

114. ［法］阿尔都塞：《保卫马克思》，顾良译，商务印书馆 1984 年版。

115. ［美］V. C. 奥尔德里奇：《艺术哲学》，程孟辉译，中国社会科学出版社 1986 年版。

116. 凯·贝尔塞等：《重解伟大的传统》，黄伟等译，社会科学文献出版社 1999 年版。

117. ［美］马克·波斯特：《信息方式：后结构主义与社会语境》，范静哗译，商务印书馆 2000 年版。

118. 杨大春：《文本的世界》，中国社会科学出版社 1998 年版。

119. ［英］沃尔什：《历史哲学导论》，何兆武、张文杰译，广西师范大学出版社 2001 年版。

120. 汪民安、陈永国、马海良：《福柯的面孔》，文化艺术出版社

2001 年版。
121. 汤因比等：《历史的话语》，张文杰编，广西师范大学出版社 2002 年版。
122. ［德］尼采：《论道德的谱系》，三联书店 1992 年版。
123. ［德］狄尔泰：《历史中的意义》，艾彦等译，中国城市出版社 2002 年版。
124. ［德］狄尔泰：《精神科学引论》，童奇志等译，中国城市出版社 2002 年版。
125. ［法］德里达：《论文字学》，汪堂家译，上海译文出版社 2005 年版。
126. ［法］德里达：《一种疯狂守护着思想：德里达访谈录》，何佩群译，上海人民出版社 1996 年版。
127. 陆扬：《德里达·解构之维》，华中师范大学出版社 1996 年版。
128. ［美］马克·爱德蒙森：《文学对抗哲学》，王柏华等译，中央编译出版社 2000 年版。
129. ［英］波普尔：《历史主义贫困论》，中国社会科学出版社 1998 年版。
130. ［法］丹纳：《艺术哲学》，傅雷译，人民文学出版社 1983 年版。
131. 陈永国：《文化的政治阐释学》，中国社会科学出版社 2000 年版。
132. 孙晶：《文化霸权理论研究》，社会科学文献出版社 2004 年版。
133. W. 费夫尔：《西方文化的终结》，于万江等译，江苏人民出版社 2004 年版。
134. ［法］保罗·利科尔：《解释学与人文科学》，河北教育出版社 1987 年版。
135. ［比利时］乔治·布莱：《批评意识》，郭宏安译，百花洲文艺出版社 1993 年版。
136. 金元浦：《接受反应文论》，山东教育出版社 1998 年版。
137. 金元浦：《文学解释学》，东北师范大学出版社 1997 年版。
138. 孟悦：《历史与叙事》，陕西人民出版社 1991 年版。
139. 张国清：《中心与边缘》，中国社会科学出版社 1998 年版。
140. 赵宪章：《西方形式美学》，上海人民出版社 1996 年版。
141. 周宪：《超越文学》，上海三联书店 1997 年版。
142. 周宪：《中国当代审美文化研究》，北京大学出版社 1997 年版。
143. ［美］阿普尔比等：《历史的真相》，中央编译出版社 1997 年版。
144. 张中载、王逢振、赵国新主编：《二十世纪西方文论选读》，外语教学与研究出版社 2003 年版。
145. ［德］迪特·森格哈斯：《文明内部的冲突与世界秩序》，张文武等译，新华出版社 2005 年版。
146. ［美］阿里夫·德里克：《后革命氛围》，王宁等译，中国社会科学出版社 1999 年版。
147. ［德］霍克海默、阿多尔诺：《启蒙辩证法》，洪佩郁、蔺月峰译，重庆出版社 1990 年版。
148. ［法］米·杜夫海纳：《审美经验现象学》，韩树站译，文化艺术出版社 1996 年版。
149. 洪谦编：《逻辑经验主义》，商务印书馆 1982 年版。
150. ［英］艾勒克·博爱默：《殖民与后殖民主义》，盛宁等译，辽宁教育出版社 1998 年版。
151. ［德］本雅明：《本雅明文选》，陈永国译，中国社会科学出版社 1999 年版。
152. 涂纪亮编：《当代美国哲学论著选译》，商务印书馆 1991 年版。
153. 蒋述卓主编：《批评的文化之路》，中国社会科学出版社 2003 年版。

154. [英] 维特根斯坦：《文化与价值》，黄正东、唐少杰译，清华大学出版社 1987 年版。

155. 廖炳慧：《形式与意识形态》，中国台北：联经出版事业公司 1990 年版。

156. 詹姆逊：《批评理论和叙事阐释》，载《詹姆逊文集》第 2 卷，中国人民大学出版社 2004 年版。

157. [俄] 车尔尼雪夫斯基：《美学论文选》，缪灵珠译，人民文学出版社 1957 年版。

158. 亚里斯多德：《诗学》，陈中梅译。商务印书馆 2003 年版。

159. 马克思：《1844 年经济学—哲学手稿》，人民出版社 1979 年版。

160. 伍蠡甫主编：《西方文论选》下卷，上海文艺出版社 1963 年版。

161. 朱刚编著：《二十世纪西方文论》，北京大学出版社 2006 年版。

162. [德] 韦伯：《韦伯的学术》，载《韦伯作品集》，广西社会科学出版社 2004 年版。

163. 希利斯·米勒：《解读叙事》，北京大学出版社 2001 年版。

164. 金元浦主编：《六洲·歌头当代文化批评丛书》，湖北教育出版社 2000 年版。

165. [德] 姚斯、[美] 霍拉勃：《接受美学与接受理论》，周宁、金元浦译，辽宁人民出版社 1987 年版。

166. 胡经之主编：《西方文艺理论名著教程》，北京大学出版社 2003 年版。

167. 艾勒克·博埃默：《殖民与后殖民文学》，盛宁、韩敏中译，辽宁教育出版社 1998 年版。

168. 王岳川：《新历史主义的理论盲区》，载《广东社会科学》1999 年第 4 期。

169. 徐贲：《该怎样满足我们的需要?》，http：//biz. 163. com，2006 年 8 月 31 日。

170. 曹莉：《剑桥批评传统的形成和演变》，载《外国文学》2006

年第 3 期。

171. 盛宁：《新历史主义·后现代主义·历史真实》，载《文艺理论批评》1997 年第 1 期。

172. 陆贵山：《新历史主义文艺思潮解析》，载《中国人民大学学报》2005 年第 5 期。

173. 周小仪：《从形式回到历史——关于文学研究方法论的探讨》，载《北京大学学报》2001 年第 6 期。

174. 陆扬：《关于新历史主义批评》，载《外国文学研究》1994 年第 3 期。

175. 杨正润：《文学研究的重新历史化——从新历史主义看西方文艺学的重大变革》（上），载《文艺报》1989 年 3 月 4 日。《文学研究的重新历史化——从新历史主义看西 方文艺学的重大变革》（下），载《文艺报》1989 年 3 月 12 日。

176. 杨正润：《文学的颠覆与抑制：新历史主义的文学功能与意识形态论述评》，载《外国文学评论》1994 年第 3 期。

177. ［美］格林布拉特：《什么是文学史》，孟登迎译、陈永国校，原载美国《批评探索》（*Critical Inquiry*）1997 年第 23 期，第 481 页。www. xschina. org，2005 年 2 月 1 日。

178. Ewa Domnáska：《当代新文化史家彼得·伯克访谈录》，竹山译，载《历史与当下》第二辑，上海三联书店 2005 年版。

179. 何兆武：《诗与真：历史与历史学》，载《历史学家茶座》2007 年第 2 期。

后　记

在生命自由而美好的时光里，我广泛涉猎基督教义、哲学、佛学、美学、中外文学批评、马克思主义等领域的书籍，眼界大开，深切感悟到天地间的浩然正气和智慧力量。制心一处、身心一如、动静无间、随缘自在，在这种境界中治学，是生命的盛宴，也是生命的更生。经年佛经的研读和修证，基督教《圣经》的养育，锻造和净化了我的生命。

与格林布拉特先生一样，我仿佛感受到了身边那些书的低语，那些圣者、智者、先行者的生命与智慧的流泻与奉献。每一本书，都是一种富有启迪的生命展现；每一句话，都是来自心灵的真诚表达。感谢我的恩师们，感谢启迪着我的这些作者、感谢给予我学术信任并终于使该书呈现出来的出版社朋友们，感谢所有默然重塑我的天地间的智慧力量。

最初选择格林布拉特的新历史主义与文化诗学进行研究，是想真正了解像格林布拉特这样的学术大家的思想历程、学术风范和学术精髓，以便能够追随成功者的足迹，来成功而自在地建构自己的学术天堂。所以，我很幸运地联系上格林布拉特，得到他的深切支持和鼓励，并一直为去哈佛大学访问到他而努力。直到有一天，国家留学基金委的访问学者资助项目的文件来到我的手上，我终于可以真的到哈佛大学去，并开始重构我新的生命与学术轨迹。2012 年我来到北美芝加哥做为期一年的学术访问。

另外，该书 2008 年曾受到教育部哲学与人文社会科学后期资助，并受 2013 年济南大学出版基金的资助，在此致谢！

生命是感恩的旅程，所以，在艰苦努力的时刻，能够让生活清净美好的是恩师们的教诲、亲友的期待和天地无言的期许。

寸草春晖，没有来自师友亲人无私的帮助和爱护，就没有今天的我。我愿意毕生努力，以奉献我的赤诚与挚爱。

傅洁琳

2013 年新春于泉城济南